DOCUMENTS HISTORIQUES
SUR LA
VENTE DU MOBILIER DES ÉGLISES
De la Sarthe
PENDANT LA RÉVOLUTION

DOCUMENTS HISTORIQUES

SUR LA

VENTE DU MOBILIER DES ÉGLISES

DE LA SARTHE

PENDANT LA RÉVOLUTION

Par F. LEGEAY

MEMBRE TITULAIRE DE LA SOCIÉTÉ D'AGRICULTURE, SCIENCES ET ARTS
DE LA SARTHE,
ET DE LA SOCIÉTÉ HISTORIQUE ET ARCHÉOLOGIQUE DU MAINE.

LE MANS

LEGUICHEUX ET C¹ᵉ, IMPRIMEURS, LIBRAIRES-ÉDITEURS
15, rue Marchande, et rue Bourgeoise, 16

1887

ABRÉVIATIONS

₶ Livres.
ſ Sous.
ᵭ Deniers.

AU LECTEUR

> « La Révolution et la Terreur n'ont jamais été qu'une seule et même chose.... Ce n'est pas ma faute si j'ai vu d'horribles choses. »
>
> (*Souvenirs de la Terreur*, G. Duval.)

L'histoire de la Révolution ne s'apprend pas dans les livres et les journaux multipliés à dessein depuis quelques années et qui dénaturent les faits, les embellissent de couleurs fausses, de tableaux de fantaisie où l'on fait voir des géants où il n'y a que des pygmées, de prétendus héros de patriotisme qui ne sont que d'ignobles scélérats, enfin on y fait l'apologie effrontée d'une époque de ruine, de sang et de larmes.

Jamais pouvoir ne bouleversa plus violemment les habitudes d'un peuple, c'était, sans contredit, la plus atroce des tyrannies (1). « Ici, écrit Chateaubriand, on noie les propriétaires par milliers (à Nantes); là, on ouvre les portes des cachots pleins de victimes, et l'on y décharge du canon à mitraille (à Lyon). Le coutelas des guillotines tombe jour et nuit. Ces machines de destruction sont trop lentes au gré des bourreaux; des artistes de mort en inventent qui peuvent trancher plusieurs têtes d'un seul

(1) Du 1er octobre 1791 au 23 septembre 1792, quinze mille personnes furent mises à mort; soixante-deux châteaux furent incendiés; on ajoute 1,050 millions d'assignats au 900 millions émis par la Constituante (G. Duval).

coup (à Arras). Les places publiques inondées de sang deviennent impraticables; il faut changer le lieu des exécutions; en vain d'immenses carrières ont été ouvertes pour recevoir les cadavres, elles sont comblées; on demande à en creuser de nouvelles (Messages à la Convention). Vieillards de 80 ans, jeunes filles de 16, pères et mères, frères et sœurs, enfants, maris, épouses, meurent couverts du sang les uns des autres..... Le peuple voit au même moment se fermer tous ses temples, ses ministres sacrifiés et son ancien culte banni sous peine de mort. »

Le Mans fut la première ville du diocèse qui vit couler le sang chrétien sur l'échafaud. Pierre-Jacques Bodereau, né au Mans, vicaire de la paroisse du Pré, où il exerçait avant la Révolution son ministère avec le zèle le plus édifiant, s'était réfugié à Coulombiers; surpris dans son asile, il fut amené au Mans et jeté dans les cachots. On avait trouvé dans sa cachette quelques vases sacrés et des ornements sacerdotaux. C'en fut assez pour le traduire devant une commission révolutionnaire sous l'accusation de *vol* et le condamner à mort. Il fut exécuté le 9 mai 1793; il était âgé de 40 ans.

Le second prêtre guillotiné au Mans, était attaché à la maison de la *Mission*, il se nommait Jean Guibaud, petit neveu de Massillon. Il se cacha dans une maison de la ville nommée La Motte, au lieu des Arènes. Une femme de la rue Basse fit connaître sa demeure, pour 100 livres en papier. Aussitôt il fut saisi et traîné en prison. Le 18 mars 1794, il fut condamné à mort, comme « convaincu d'avoir été sujet à déportation » et exécuté le lendemain; il était âgé de 30 ans; c'était un missionnaire plein de zèle et de piété. La personne chez laquelle il s'était caché, était une religieuse appelée Pavet. Elle fut emprisonnée et condamnée à la déportation; quant à la misérable femme qui avait dénoncé Jean Guibaud, elle mourut tristement à l'hôpital où elle n'avait pu s'introduire que par la charité d'un ecclésiastique; puis viennent les victimes suivantes : Martelé, prêtre-lazariste de la maison de la *Mission* du Mans, a été guillotiné à Besançon en 1798; Dorgueil, prêtre, né au Mans vers 1760, a été guillotiné à Laval le 27 juin 1793; Moulé, prêtre, né au Mans, le 26 mars 1716, a été guillotiné en 1794; Blanchardon, prêtre, né au Mans, a été guillotiné à Lyon le 5 avril 1794; Huet, chanoine du Mans, a été noyé à Nantes en 1793 par ordre du citoyen Carrier; Jupin, chanoine du Mans, grand pénitencier, a été noyé à Nantes en 1793 par ordre du citoyen Carrier; Le Cointre, chanoine du Mans, a été guillotiné à Paris le 11 mai 1794, etc.

Le 10 décembre 1793, les Vendéens entrèrent au Mans; l'armée républicaine les en chassa le 12 du même mois; on s'empressa aussitôt de déblayer les rues et quatre-vingt-quinze tombereaux transportèrent sur la place des Jacobins deux mille cadavres que l'on jeta dans deux fosses larges et profondes.

Pendant la bataille, vingt-deux vendéennes, dont quelques-unes avaient leurs enfants, s'enfuirent par la route de Bonnétable. La municipalité du Mans les fit revenir. « Le bruit de leur arrivée avait assemblé les furies de Saint-Gilles, de Gourdaine et du Pré, sur la place des Jacobins, où ces infortunées ne sont pas plutôt arrivées, qu'elles sont fusillées et sabrées en groupe; leur dépouille est abandonnée à ces harpies, qui avaient sollicité, dit-on, les hussards de les massacrer » (Renouard).

Dans ce temps, la ville du Mans possédait un *maratiste* dans la personne du citoyen Paul-Isaïe Valframbert qui habitait avec une domestique la rue Dorée, sa profession était d'être révolutionnaire.

En 1792, il était simple garde national dans le bataillon de Saint-Benoit, et en cette qualité il dénonçait les aristocrates au club qui se tenait dans l'église de Saint-Hilaire. Au club de Saint-Gilles il se fit nommer secrétaire, mais comme il connaissait peu l'orthographe, le citoyen Boulanger, vicaire épiscopal, rédigeait les procès-verbaux et Valframbert les signait.

Valframbert, dit M. H. Chardon (1), figure dans une série d'actes qui ont pour but l'expulsion et l'exil des prêtres, qui ont refusé de prêter le serment contraire à leur conscience; il a été chargé avec Levasseur, de conduire quatre-vingt-deux prêtres sur le chemin de l'exil; cent hommes, une pièce de canon et une brigade de gendarmerie avaient été mis à leur disposition pour cette mission. Plus tard il accepta de faire des visites domiciliaires et d'opérer des réquisitions de chevaux, chariots et harnais. Il parcourut les communes de Trangé, Coulans, Degré, etc..., où il fit main basse sur le mobilier, les chevaux, les charrettes, armes et vêtements trouvés chez les individus.

Le 19 septembre, Valframbert devint l'instigateur de scandaleux excès dans la ville du Mans, il fit FOUETTER ET TONDRE UNE DOUZAINE DE FEMMES SUR LA PLACE DES HALLES,

---

(1) *Notice sur un Maratiste peint par lui-même.*

après les avoir fait promener dans les rues MONTÉES SUR UN ANE ET DANS UNE BROUETTE, LES PIEDS NUS; il leur reprochait d'être des aristocrates et de ne pas aller à la messe des *intrus*, et les traitait de *p..... d'aristocrates, de s..... matines d'aristocrates.*

Au printemps de 1793, Valframbert se sauva à Paris, il fit tous ses efforts pour *maratiser* le département de la Sarthe par ses lettres aux sociétés populaires. On le nomma adjudant-général près l'armée des côtes de Brest.

Le 6 pluviose, le fils de Bucquet, de Fresnay, aide de camp de Valframbert, l'accusa de *contre-révolutionnaire et d'aristocrate*, le fit emprisonner à Rennes pour excès de pouvoir en sa qualité de chef de corps. Le 27 du même mois il comparut devant une commission militaire et les scellés furent mis à son domicile. Ses amis du Mans le renièrent et il mourut en prison de la maladie contagieuse qui décimait les prisonniers.

L'église de la Mission servit de prison aux prêtres destinés à la déportation pour avoir refusé le serment à la constitution civile. On y mit aussi les Vendéens des deux sexes faits prisonniers lors de la déroute du Mans. Les hommes, au nombre de quatre cents, furent condamnés à mort par le tribunal révolutionnaire et fusillés à Pontlieue, par groupe de trente à quarante.

Au Mans, raconte le conventionnel Carrier dans son *rapport*, les prêtres, presque toutes « *les femmes, presque tous les enfants tombèrent sous les coups des républicains.* » Et le général républicain Danican allait jusqu'à dire : « au Mans, on tua *toutes les femmes qu'on trouva.* » L'ex-oratorien Benaben, commissaire à la suite des armées républicaines, trace le tableau suivant des scènes qui suivirent le combat. « Les soldats, écrivait-il, s'étaient répandus dans les maisons et en ayant retiré les femmes et les filles des brigands, qui n'avaient pas eu le temps d'en sortir et de prendre la fuite, les emmenaient dans les places ou dans les rues, où elles étaient *entassées et égorgées sur le champ, à coup de bayonnettes ou de sabres ;* on les déshabillait ensuite toutes nues et on les étendait sur le dos dans une posture indécente. On appelait cela : *mettre en batterie.*

« Quoique dès mon arrivée au Mans j'eusse vu dans le bourg de Pontlieue, entre les mains des volontaires, une trentaine de femmes que l'on conduisait sans doute à la mort, je n'en vis néanmoins tuer aucune *qu'après l'arrivée des représentants du peuple,* Turreau et Bourbotte, c'est-à-dire 4 à 5 *heures après que l'armée des brigands avait totalement évacué la ville* (c'était donc l'effet d'une barbarie froide). Le principal massacre se faisait à la porte même de la maison qu'avaient choisie les représentants. *C'était une véritable boucherie.* Les femmes y étaient entassées par trentaine; on faisait sur elles des feux de peloton qu'il fallait redoubler, parce que ces femmes se jetant les unes sur les autres pour éviter la mort, il n'y avait guère que celles qui étaient à la surface qui reçussent les premiers coups de feu..... » Ces courts témoignages suffisent pour expliquer la pitié et la honte de braves soldats comme Marceau et Kléber, qui « versaient des larmes sur ce théâtre de désolation. »

A cette triste époque les biens des monastères, du clergé et des émigrés sont vendus. La Convention proclame le *culte de la Raison.* Plus de religion, la France est descendue plus bas que l'éléphant, qui plie le genou et remue sa trompe à l'aspect du soleil levant. Non seulement un grand nombre de monastères sont vendus et abattus, mais pas mal d'églises sont vendues et démolies; l'intérieur de celles qui restent est profané et n'offre que les traces de dévastations. Les statues des saints sont mutilées et renversées, les marbres des autels brisés, les tableaux lacérés, les ornements sacerdotaux déchirés, les églises dépavées, sous prétexte de chercher du salpêtre, les monuments funèbres et les tombes détruits pour s'emparer des cercueils de plomb, des bijoux et les cendres des morts sont outragées et dispersées (1).

Antoine Maguin, curé de La Couture, écrit la lettre suivante aux citoyens administrateurs.

« *Le Mans*, 31 *Janvier* 1793.

« Citoyens Administrateurs,

« L'inventaire fait dans les maisons religieuses depuis leur suppression a rassemblé dans le magasin de La Couture plusieurs ornements riches et du dernier goût.

« Il y en a plusieurs dans l'église paroissiale de La Couture, très riches, par les broderies en or et en argent dont ils sont couverts, mais absolument passés et du goût le plus antique.

---

(1) Plus tard Robespierre fit un rapport sur l'existence de l'Être suprême et l'immortalité de l'âme, et l'on écrivit sur le frontispice de toutes les églises : *Le peuple français reconnaît l'Être suprême et l'immortalité de l'âme.*

« Je désirerais pouvoir échanger les uns contre les autres, sous l'inspection du citoyen commissaire qu'il vous conviendrait nommer.

« La nation ne perdrait rien, parce que, dans le cas de fonte, le résultat serait le même.

« La sacristie de La Couture bénéficierait dans cet échange, la fraîcheur dans les étoffes et l'élégance du goût dans les formes.

« Dans le cas de vente, je pourrais rétablir l'équilibre dans les valeurs en donnant 2 pour 1 ou 3 pour 2, suivant les disproportions.

« Le désir de me concilier de plus en plus, l'estime et l'amitié des habitants de La Couture, mon goût particulier pour tout ce qui peut ajouter à la majesté du culte et affecter le cœur en remuant les sens, nous engage à vous présenter ces demandes. En les accueillant avec bonté vous obligerez singulièrement votre affectionné concitoyen.

« *Signé :* MAGUIN, curé de La Couture (1). »

Sa demande ne fut pas agréée par les vandales.

Quelques jours après on donnait ces ornements à des jeunes gens pour jouer au théâtre : *Le Pape aux Enfers, Arlequin Jésus-Christ, le Jugement dernier des Rois, les Dragons et les Bénédictins, la Guillotine de l'amour, le Curé patriote.*

Après l'abolition du culte le curé Maguin se maria, il

---

(1) Antoine Maguin, curé du Grand-Lucé en 1791, était âgé de 36 ans; il était né à Metz; sa conduite au Mans ne démentit point la mauvaise réputation qu'il s'était acquise au Grand-Lucé. A son installation au Mans, comme curé de La Couture, il fit l'éloge de la Constitution et du club des Minimes dont il faisait partie (D. PIOLIN).

devint garde magasin, puis commissaire du pouvoir exécutif.

Le samedi 11 novembre 1793, à 8 heures 1/2 du soir, Antoine Maguin, en sortant de la salle de spectacle, dans la rue de la Barillerie, reçut un coup de poignard dans la poitrine, et alla tomber deux cents pas plus loin en poussant des cris affreux. Les assassins au nombre de deux ou trois s'enfuirent en tirant un coup de pistolet. La victime fut relevée par des gens qui arrêtèrent un homme occupé à lui voler sa montre. Le lendemain, plusieurs citoyens portèrent dans toutes les rues du Mans le cadavre de la victime assis dans un fauteuil et nu jusqu'à la ceinture; sa chemise ensanglantée reposait sur ses genoux. On fit seize arrestations; les accusés furent envoyés à Paris et tous rendus à la liberté.

Le 25 nivôse an III, les administrateurs du district du Mans adressent aux officiers municipaux des communes de la Sarthe leur arrêté du 7 prairial an II, chargeant de faire passer au magasin du district : « 1° Toutes les matières d'or, d'argent, de cuivre, de bronze, de potin, d'étain, de plomb, provenant de la dépouille des églises et même le fer qui pourrait se détacher, sans détériorer ; 2° de déposer au dit magasin les linges des ci-devant églises et sacristies qui doivent servir aux hôpitaux militaires; 3° de faire le tri des ornements galonnés, brochés, et tissus en or et en argent, pour les déposer aussi au dépôt du district; 4° tous les autres effets qui n'avaient aucun galon, ni garniture en or et argent, ni de la nature de ceux compris dans les articles ci-dessus doivent être vendus dans la commune par les officiers municipaux après publications faites, et le prix en provenant être versé dans la huitaine dans la caisse du district par les officiers municipaux ».

Cet arrêté fut rigoureusement exécuté. On vendit à l'enchère les débris des meubles, les ornements sacerdotaux, jusqu'aux christs et aux reliques.

Ces faits ne justifient-ils pas pleinement ces lignes de G. Duval : « La Révolution et la Terreur n'ont jamais été qu'une seule et même chose ».

Les documents que nous publions sur la vente du mobilier des couvents, séminaires, églises, chapelles, etc., sont à peu près complets en ce qui concerne les districts du Mans, de Saint-Calais et de la Flèche, mais nous ne possédons rien ou presque rien sur les autres districts de la Sarthe ; les pièces ont probablement été détruites. Nous croyons cependant que ces documents quoiqu'incomplets sont assez nombreux, assez curieux, et pourront rendre service aux érudits et aux historiens de notre province, c'est le but que nous nous sommes proposé.

F. L.

DOCUMENTS HISTORIQUES

SUR LA

VENTE DU MOBILIER DES ÉGLISES

De la Sarthe

PENDANT LA RÉVOLUTION

VENTE DU MOBILIER

DU COUVENT DES CAPUCINS DU MANS

26 octobre 1791. — Un autel, adjugé à l'abbé Mauxion, vicaire épiscopal, pour 50 #.

Six tableaux au dessus du dit autel, adjugés à Louis Allard, de Saint-Benoît, pour 21 # 10 ſ.

Un christ et cinq mauvais tableaux, adjugés à l'abbé Mauxion, pour 20 #.

Quatre balustrades, adjugées à Guillotin fils, de Saint-Julien, pour 112 #.

Une chaire à prêcher, adjugée à Guillotin père, de Saint-Julien, pour 4 # 9 ſ.

Trois tableaux dans le chœur, adjugés à Guillotin fils, pour 4 # 12 ſ.

Toute la boiserie du chœur, adjugée à Guillotin père, pour 116 # 5 ſ.

Un pupitre, quatre crachoirs, sept tabourets, adjugés à Guillotin fils, pour 12 # 3 ſ.

Trois livres de chant, adjugés à Allard, pour 12 # 10 ſ.

Une armoire, adjugée à l'abbé Mauxion, pour 50 #.

Un bureau, adjugé à Janvier fils, de Saint-Julien, pour 15 # 16 ƒ.

Trois tableaux, deux Prie-Dieu et un encensoir, adjugés à Guillotin fils, pour 9 # 19 ƒ.

Dans la première chapelle, à gauche en entrant dans l'église, deux tableaux, adjugés à Bouttier, de Saint-Benoît, pour 10 # 15 ƒ.

Deux statues représentant saint Joseph et saint Séraphin, adjugées à Poilet, de La Couture, pour 11 # 19 ƒ.

Une horloge, son timbre et sa boisure, adjugés à Guillotin fils, pour 139 # 19 ƒ.

Un pressoir, son auge et ses ustensiles dans la cave, adjugés à Poilet, pour 97 # 10 ƒ.

Trois tables avec planches, dans la longueur du réfectoire, adjugées à Jacques Dutertre, aubergiste aux Capucins, pour 13 # 4 ƒ.

Deux autres tables dans le réfectoire, adjugées au même, pour 19 #.

Cinq tableaux, adjugés à Bouttier, pour 3 # 11 ƒ.

Un autre tableau, adjugé à Allard, pour 4 # 1 ƒ.

Une armoire et un petit placard, dans la cuisine, adjugés à Louis Allard, pour 4 # 19 ƒ.

Une table de cuisine, deux billots, adjugés à Dutertre, pour 5 #.

Un lot de chantiers et un poulain, adjugés à Jacques Gilodon, pour 100 # 1 ƒ.

Une lanterne, un chandelier de ténèbre, etc., adjugés à Gilodon, pour 3 #.

Trois mauvais tableaux, adjugés à Louis Mary, pour 13 #.

Six chaises, deux Prie-Dieu, deux bancelles, adjugées à Gilodon, pour 3 # 4 ƒ.

Deux petites bibliothèques à fil de fer, adjugées à Violette, de la Croix-de-Pierre, pour 5 # 10 ƒ.

Les carreaux composant la bibliothèque, adjugés à Allard, pour 25 # 2 ƒ, qui sont les meubles et effets trouvés dans la dite maison des Capucins.

La maison conventuelle des RR. PP. Capucins, ainsi que leur église, étaient situées à l'extrémité de la ville, sur la grande route du Mans à Bonnétable. « Quelques années avant la Révolution ils avaient très bien fait décorer leur église. Tout a été vendu à M. Fortis, receveur des domaines nationaux, qui a fait démolir le tout et a fait bâtir, dans le même emplacement, une maison qui lui sert de maison de campagne. »

(*Manusc.* de Négrier de la Crochardière.)

VENTE DU MOBILIER
DU COUVENT DES CORDELIERS

26 octobre et jours suivants 1791. — Dans la cuisine : Deux crémaillères, adjugées à Portier, de Saint-Julien, pour 2 # 2 s.

Un rôtissoir, adjugé à Gilodon, pour 8 #.

Un mauvais bas de comptoir, adjugé à Guillotin père, pour 1 # 10 s.

Une mauvaise armoire à quatre battants, un dressoir avec quatre planches, une table, adjugés à Pommerais, de La Couture, pour 3 # 1 s.

Une table, un banc, un billot, adjugés au même, pour 3 # 4 s.

Deux broches à rôtir, adjugées à Gilodon, pour 2 # 12 s.

Un hâtier, deux barres de fer, adjugés à Mary, pour 4 # 15 s.

Deux poêles à frire, adjugées à Pommerais, pour 2 # 11 s.

Deux casseroles de cuivre, adjugées à Janvier fils, de Saint-Julien, pour 5 # 2 s.

Une poissonnière en cuivre, adjugée à Bruneau, de Saint-Julien, pour 5 # 11 s.

Deux casseroles de cuivre, adjugées à Pommerais, pour 5 # 19 s.

Deux écumoires, une cuillère à pot, deux couvercles, adjugés à Fromentier, du Clos, pour 2 # 13 s.

Un petit chaudron en cuivre, adjugé à Jouye, de Saint-Benoît, pour 2 # 11 s.

Une poêle à frire, adjugée à Richefeu, hôte, pour 6 #.

Un pot à lapin, adjugé à Chaumier, de Saint-Julien, pour 18 s.

Deux marmites de fonte, adjugées à Bouttier, pour 4 #.

Une marmite de cuivre et son couvercle, adjugés à Bruneau, pour 8 # 8 s.

Un chaudron de cuivre, une lampe, un mortier, adjugés à Jacques Coudray, de Saint-Julien, pour 6 # 13 s.

Sept plats de caillou, un d'étain, un de terre, adjugés à Jean Pousse fils, pour 2 # 8 s.

Un gril, un soufflet, un couperet, adjugés à la femme Jouye, pour 3 ₶ 10 ſ.

Un pot à lièvre, adjugé à Guillotin fils, pour 1 ₶ 4 ſ.

Une tasse, une passerelle, une tourtière, adjugées à la femme Jouye, pour 3 ₶ 1 ſ.

Un petit brancard avec ses plateaux, des poids de 20, de 12, de 6 et de 4 livres, le tout en fonte, adjugés à la même, pour 10 ₶.

Un pot à bouillon, un plat, une terrine de terre, un petit bol, adjugés à Poilet, pour 1 ₶ 17 ſ.

Un placard, adjugé à Toupin (1), fripier à Saint-Julien, pour 6 ₶ 4 ſ.

Un autre placard, adjugé à François Hamelin, de La Couture, pour 6 ₶ 6 ſ.

Une table avec un banc, adjugé à Fromentin, pour 12 ₶ 1 ſ.

Une autre table et un banc, adjugés à Lapaix, de Saint-Julien, pour 12 ₶ 13 ſ.

Une autre table, adjugée à Poilet, pour 12 ₶ 15 ſ.

Deux autres tables, adjugées à Lapaix, pour 15 ₶ 13 ſ.

Boisure et bancs autour du réfectoire, adjugés à Lapaix, pour 20 ₶ 2 ſ.

Un crochet à viande et une planche, adjugés à Guillotin père, pour 3 ₶ 10 ſ.

Deux dressoirs, un charnier, un mauvais coffre, un bas de comptoir, adjugés à Hervé, de Saint-Benoît, pour 8 ₶.

Deux vieilles armoires et cloison, adjugées à Housseau, menuisier à Saint-Julien, pour 12 ₶ 6 ſ.

Une hotte, adjugée à Guillotin fils, pour 5 ₶ 2 ſ.

Une enclume de fonte, adjugée à Guillotin père, pour 2 ₶ 10 ſ.

Un matelas de bourre, adjugé à René Boutelou, pour 2 ₶ 1 ſ.

Trois tournans de grosse toile, adjugés à Toupin, pour 2 ₶ 1 ſ.

Trois mauvaises couettes remplies de plume usée, adjugées à Pellier, de Saint-Benoît, pour 54 ₶.

Trois mauvais matelas de bourre, adjugés à Mauchien, de Saint-Julien, pour 12 ₶ 6 ſ.

Une mauvaise paillasse et deux mauvaises couvertures, adjugées à Pellier, pour 4 ₶ 10 ſ.

(1) Ou Taupin.

Deux encoignures dans la salle, adjugées à Pellier, pour 36 ₶ 3 s.

Une paire de chenets et pinces, adjugés à Lapaix, pour 10 ₶.

Une armoire en chêne, adjugée à la femme Pitaut la jeune, pour 40 ₶ 11 s.

Quatre rideaux en toile peinte, adjugés à Toupin, pour 16 ₶ 14 s.

Un buffet en chêne à quatre battants, adjugé à Fromentin, pour 31 ₶ 4 s.

Quatre feuilles de paravent, adjugées à Louis Cormier, pour 7 ₶ 11 s.

Vingt morceaux de tapisserie, adjugés à Lapaix, pour 47 ₶ 13 s.

Une plaque de feu, adjugée à Guillotin fils, pour 13 ₶ 1 s.

Deux tables et un tapis, adjugés à Janvier, pour 4 ₶ 1 s.

Seize chaises, adjugées à Lapaix, pour 11 ₶ 3 s.

Dans une autre chambre : Deux chenets, une pelle et une pince, adjugés à Guillotin fils, pour 3 ₶.

Une couverture de laine verte, adjugée à Toupin, pour 9 ₶ 6 s.

Deux mauvaises couvertures de laine, adjugées à Guillotin père, pour 8 ₶ 7 s.

Une couette et un traversin de plume mêlée, adjugés à Voisin, pour 30 ₶ 7 s.

Un bois de lit, paillasse, vergettes, dossier, plafond d'indienne, tour de lit de serge verte, deux rideaux d'alcôve d'indienne, plusieurs rideaux d'étoffe verte, adjugés à la femme Pitaut la jeune, pour 93 ₶ 15 s.

Quatre petits cadres et une croix adjugés à François Constantin, pour 2 ₶ 13 s.

Un petit bureau, une table de nuit, adjugés à la femme Jouye, cédés à M. Fay, pour 4 ₶ 8 s.

Huit feuilles de paravent, adjugées à Rocher, pour 10 ₶.

Quatre morceaux de tapisserie de toile peinte, adjugés à Louis Voisin, pour 13 ₶.

Une alcôve avec ses portes, boisure de la bibliothèque, adjugées à l'abbé Pigalle, pour 54 ₶ 12 s.

Une bergère, six chaises, adjugées à la femme Pitaut la jeune, pour 7 ₶ 19 s.

Deux paillasses, adjugées à la femme Pellier, pour 6 ₶ 2 ſ.

Trois carries, un tabouret de commodité, quatre mauvais bois de lit, adjugés à Guillotin fils, cédés à M. le procureur du Séminaire, pour 12 ₶ 8 ſ.

Un lot de mauvaise boiserie, adjugé à Bouttier, pour 7 ₶ 4 ſ.

Un autre lot de mauvaise boiserie, boîte de bois, adjugés à Pousse fils, pour 20 ₶ 3 ſ.

Un mauvais bois de lit, deux mauvais rideaux, un petit bas de comptoir, adjugés à madame Letessier, de Saint-Benoît, pour 15 ₶ 1 ſ.

Un pressoir, son auge et ses autres ustensiles, adjugés à Jacques Gilodon, pour 141 ₶.

Trois fûts, deux portoirs, adjugés à Richefeu, pour 8 ₶ 7 ſ.

Dans la sacristie : Un bas de buffet avec quatre planches, adjugés à Lapaix, pour 12 ₶ 6 ſ.

Un buffet à deux battants, adjugé à Lapaix, pour 41 ₶.

Un bas de comptoir, deux placards, adjugés au même, pour 48 ₶.

Une boisure, adjugée au même, pour 36 ₶.

Une cuvette de plomb et sa champelure, adjugées au même, pour 20 ₶ 10 ſ.

Une vieille armoire, adjugée au même, pour 15 ₶ 16 ſ.

Une cloche, adjugée à Richefeu, pour 18 ₶ 8 ſ.

Dans la cave, tous les chantiers, un fût de busse, un quart et trois mauvais coffres, une planche percée, adjugés à Toupin, pour 35 ₶ 19 ſ.

Dans le chœur de l'église : Les stalles à droite en entrant, adjugées à Lapaix, pour 50 ₶.

Autres stalles à gauche, adjugées au même, pour 50 ₶.

Un pupitre, avec escabeau et sellette, adjugés à Lapaix, pour 18 ₶ 5 ſ.

Deux confessionnaux, adjugés à Janvier, pour 6 ₶ 2 ſ.

Un autre confessionnal, deux bancs, une grande boîte, adjugés à Bourgoin, pour 7 ₶ 1 ſ.

Un autel à l'appui d'un pilier, adjugé à Guillotin fils, pour 21 ₶ 13 ſ.

Un autre autel et ses dépendances, adjugés à Lapaix, pour 17 ₶.

Quatre mauvais coffres, un devant d'autel en bois, plusieurs bancs, adjugés au même, pour 18 # 19 s.

Une sainte en plâtre, adjugée à Franchet, pour 3 #.

Quatre figures avec supports, adjugées à Guillotin fils, pour 6 # 1 s.

Boisure de l'autel de Saint-François, le tableau en papier et le marchepied, adjugés à Barré, de Saint-Julien, pour 7 # 13 s.

Un confessionnal, plusieurs bancs, une boiserie, adjugés à Allard, pour 7 # 1 s.

Dans une petite chapelle du côté du chœur : Un autel et sa boiserie, adjugés à Guillotin fils, pour 22 # 19 s.

Porte de la chapelle et sa chambranle, adjugée à Hamelin Dragon, serrurier à Saint-Julien, pour 10 #.

Deux portes du chœur, adjugées au même, pour 4 # 6 s.

La balustrade de l'autel à côté du chœur, adjugée au même, pour 7 # 8 s.

La boisure des deux côtés du grand autel, adjugée au même, pour 22 # 5 s.

Deux grandes figures en terre cuite sur le dit autel, adjugées à Clermont, orfèvre, pour 15 #.

Le dessus du dit autel, le tabernacle, les gradins et le marchepied, adjugés à Guillotin fils, pour 19 # 15 s.

Deux figures en terre cuite, de grandeur moyenne, derrière le grand-autel, adjugées à Lapaix, pour 8 # 19 s.

Dans la chapelle du Sépulcre, un groupe de figures et une vierge au dessus, adjugés à M. Leprince de Claircigny, pour 40 #. (2 Novembre 1791.)

Un tableau encadré, adjugé au même, pour 8 #.

Trois figures, un carreau, un chandelier, adjugés au même, pour 2 # 7 s.

Trois autres figures, adjugées à Mauchien fils, pour 9 # 4 s.

Trois autres figures, représentant saint Sébastien, saint Étienne et saint Crépin, adjugées à Mauchien, pour 7 # 6 s.

Six autres figures dans des niches à côté de l'autel de Saint-François, au milieu de l'autel est aussi un saint François, adjugés à Mauchien, pour 15 # 7 s.

Deux autres figures avec leur niche, adjugées à Lapaix, pour 9 # 2 s.

— 8 —

19 décembre 1791. — La boisure de la chaire à prêcher, adjugée à Guillotin fils, pour 3 ₶.

La masse, colonnes et marchepied de l'autel ci-devant de Saint-François, adjugés à Guillotin père, pour 30 ₶ 6 s.

Deux autels collatéraux en tuflau et pierre de taille, représentant le sacrifice d'Abraham et celui d'Abel, adjugés à Mauchien, pour 40 ₶.

Le grand autel de l'église consistant dans la masse avec les deux escaliers en pierre et l'estrade, adjugés à Pierre Lefèvre, du Mans, pour 58 ₶.

La masse de l'autel privilégié, adjugée à Louis Richefeu, pour 12 ₶.

La boisure du chapitre des Cordeliers (bancs et lambris), adjugée à Laignel, pour 24 ₶.

Le *cuvoir* (sic) d'un des cloîtres donnant sur le parterre, adjugé à Louis-François Deniau dit Lamar, pour 30 ₶.

Une claire-voie, clôture ou barrière de jardin, adjugées à Pierre Hamelin, serrurier, pour 5 ₶.

La maison des RR. PP. Cordeliers, assez ancienne, était d'un très mauvais goût. « Quant à leur église, elle avait été réparée et décorée depuis trente ans, les matériaux provenant de ces démolitions ont été vendus, et le terrain, formant l'enclos, fait aujourd'hui partie des promenades des Jacobins ».

(*Manusc.* de Négrier de la Crochardière.)

VENTE DU MOBILIER

DU COUVENT DES JACOBINS

29 et 31 octobre et 2 novembre 1791. — Dans le chœur de l'église des Jacobins s'est trouvé : Un piédestal en marbre, adjugé à Lapaix, pour 30 ₶.

Les stalles à gauche en entrant, adjugées au même, pour 55 ₶ 1 s.

L'autre rang de stalles, adjugé au même, pour 55 ₶ 1 s.

Un banc, deux tabourets et leur marchepied, une bière, adjugés au même, pour 13 ₶ 8 s.

Trois tabourets, adjugés au même, pour 8 # 3 ƒ.

Deux consoles avec leurs tables de marbre, adjugées à Guillotin fils, pour 12 # 15 ƒ.

La balustrade en fer, adjugée à Lapaix, pour 150 #.

Dans une petite chapelle du côté du chœur : Un mauvais autel en bois, plusieurs coffres et boiseries de peu de valeur, adjugés à Doguet, de Saint-Benoit, pour 16 # 14 ƒ.

Une balustrade en bois, adjugée à Gagnot, pour 10 # 1 ƒ.

Une cloison, deux dressoirs, une boiserie, adjugés à Piteau, pour 24 # 19 ƒ.

Quatre tables et un parquet, adjugés à Levasseur fils, pour 20 # 10 ƒ.

Quatre autres tables avec parquet, adjugées à Guillotin père, pour 18 # 6 ƒ.

Une chaire à prêcher, adjugée à Allard, pour 41 # 5 ƒ.

Une porte, plusieurs bancs, deux tréteaux, une boiserie, adjugés à Hervé, pour 29 #.

Plusieurs morceaux de tapisserie, adjugés à la femme Mauguin, de Saint-Benoit, pour 22 #.

Dans l'église : Un autel, le tabernacle et les gradins vernis, adjugés à Guillotin fils, pour 201 # 5 ƒ.

Une armoire, plusieurs cuirs, adjugés à Allard, pour 14 # 12 ƒ.

Deux autels et leurs balustrades, adjugés à Mauchien, pour 73 # 10 ƒ.

Six bustes avec leurs piédestaux, adjugés à M. Leprince de Claircigny, pour 13 # 10 ƒ.

Deux bustes, adjugés à Legendre, horloger, pour 4 # 12 ƒ.

Quatre autres bustes, adjugés à Barré, de Saint-Julien, pour 9 # 11 ƒ.

Cinq figures, adjugées à Lapaix, pour 37 #.

Une figure représentant saint Crépin, adjugée à Crespon, notaire, pour 3 #.

Trois autres figures, adjugées à Lapaix, pour 12 #.

Trois autres figures, adjugées à Barré, pour 10 # 5 ƒ.

Deux autres figures, adjugées à Mauchien, pour 4 # 5 ƒ.

Dans une chapelle à côté du chœur : Un buste, la boisure, adjugés à Papin, menuisier, pour 24 # 19 ƒ.

Quatre figures, adjugées à Lapaix, pour 7 # 19 ʃ.

Une porte, adjugée à Lapaix, pour 6 # 13 ʃ.

Trois tableaux, adjugés à Bardou, de La Couture, pour 36 # 5 ʃ.

Un autel, un tableau, adjugés à Mauchien, pour 28 #.

Un autre autel, un tableau, adjugés à Mauchien, pour 21 # 10 ʃ.

La boisure et la porte d'entrée de l'église, adjugées à Hamelin Dragon, pour 48 # 15 ʃ.

Un balcon, adjugé à Mauchien, pour 6 # 15 ʃ.

Dans la cuisine : Un tourne-broche, adjugé à Hamelin, pour 36 #.

Un cabinet à six battants, adjugé à Touchard, de Saint-Benoit, pour 4 #.

Une armoire à deux battants, adjugée à Touchard, pour 14 #.

Deux cabinets et plusieurs mauvaises chaises, adjugés à Pousse fils ainé, pour 8 # 5 ʃ.

Un bas de buffet à deux battants, adjugé à Pellier, pour 7 # 1 ʃ.

Un fût de baril à vinaigre, adjugé à Pierre Bourgoin, de Saint-Benoit, pour 1 # 15 ʃ.

Trois cuvettes, un plat de terre et un pot à beurre, adjugés au même, pour 2 # 5 ʃ.

Une marmite et un garde-rôti, adjugés à Jean-Paul Godin, pour 10 # 4 ʃ.

Un dressoir, un coffre, adjugés à François Feau, du Pré, pour 3 # 15 ʃ.

Un fût de baril à vinaigre, deux dressoirs, adjugés à Gagnot, de Saint-Julien, pour 3 # 4 ʃ.

Quatre boites de fourneau, une grille et un fourneau, adjugés à Pellier, pour 3 # 12 ʃ.

Deux crémaillères, une barre de fer, une porte de fer, adjugées à Guillotin père, pour 12 #.

Deux mauvais coffres, adjugés à Laignel, plombier, pour 6 # 2 ʃ.

Deux dressoirs, adjugés à Feau, pour 13 # 10 ʃ.

Une carrie, deux rideaux en toile, une lanterne, un banc, adjugés à Pellier, pour 12 #.

Une alcôve, adjugée à Lapaix, pour 18 # 19 ʃ.

Deux jalousies, adjugées, au même, pour 13 # 19 ʃ.

Dans la sacristie : Huit bonnets carrés, deux chandeliers, deux lanternes, un lot de ferrailles, le tout de peu de valeur, adjugés à Mary, pour 20 #.

Deux Prie-Dieu, une table, un petit tabouret, un bas de buffet, adjugés à Guérin, pour 6 # 19 s.

Un bureau adjugé à Rocher, de Saint-Benoit, pour 6 #.

Un bas de buffet et parquet, adjugés à Papin, menuisier rue de la Tannerie, pour 39 # 3 s.

Une commode à six tiroirs, adjugée à Levilain, chirurgien à Saint-Benoit, pour 28 #.

La boisure d'autour la sacristie, adjugée à Guillotin fils, pour 40 #.

Quatre tableaux et un pied doré, adjugés à Lapaix, pour 8 # 7 s.

Une table, deux tréteaux, une figure et plusieurs boiseries, adjugés à Poilet, pour 3 # 14 s.

Plusieurs morceaux de tapisserie, adjugés à Guillotin père, pour 12 #.

Un cabinet à quatre battants et une table, adjugés à François Feau, pour 6 # 13 s.

Un banc au bout du jardin des Jacobins, adjugé à Crepon, pour 4 # 19 s.

Un tableau, une chaise, adjugés à Rocher, pour 3 # 1 s.

Un banc au bout du jardin et banquette, adjugés à Guérin, pour 2 #.

Dans la cave : Deux tables de marbre avec leurs supports, adjugées à Guérin, pour 22 # 19 s.

Tous les chantiers et morceaux de charpente, adjugés à Lapaix, pour 40 # 5 s.

Chantiers et boiseries, adjugés à Poilet, pour 31 # 2 s.

Quatre bouts de charpente, adjugés à Bourgoin, aubergiste à la Galère, pour 7 # 8 s.

21 décembre. — Le tombeau en marbre du grand autel de l'église, les deux marches en grès, adjugés à Mathurin Rouzé, pour 320 #.

Le tombeau de l'autel de la Trinité avec les deux marches et les deux gradins en marbre, adjugés à François Barré, pour 22 #.

Deux autels représentant la Résurrection et l'autre la mort de Notre Seigneur, adjugés à Pierre Lefèvre, pour 47 # 5 s.

— 12 —

Un bassin de chaux à prendre dans le jardin du ci-devant couvent et cinq pierres en grès, une auge, adjugés à Thomas Lechêne, pour 40 # 10 f.

« La maison des RR.PP. Jacobins, reparée en 1758, ainsi que leur église qu'ils avaient magnifiquement décorée et qui était un des plus beaux édifices qu'il y eût au Mans, ont été vendues : « partie du terrain ainsi que de celui qui formait l'enclos, a été vendue à différents particuliers qui y ont construit des maisons, et le surplus du terrain qui formait enclos, a été pris pour faire les promenades, telles qu'elles se voient aujourd'hui ».

(Manusc. de Négrier de la Crochardière.)

VENTE DU MOBILIER
DE LA
PSALLETTE DU CI-DEVANT CHAPITRE DE SAINT-JULIEN

8 novembre 1791. — Dans la cuisine : Une crémaillère, deux chenets, une barre de fer et un gril, adjugés à Lapoix, pour 13 #.

Trois casseroles de cuivre, adjugées à Hamelin Dragon, pour 8 #.

Un rôtissoir de fer blanc avec sa broche, une casserole, huit fourchettes de fer, une lampe, adjugés à Portier, de Saint-Julien, pour 3 # 4 f.

Deux poêlons de cuivre, une tourtière et son couvercle, adjugés à Allard, pour 5 # 12 f.

Un tournebroche, adjugé à Dogué, de Saint-Benoît, pour 7 # 12 f.

Un chaudron, un trépied, une marmite, adjugés à Allard, pour 10 # 4 f.

Une huche, une table, un billot, adjugés à Lecureuil, de Saint-Julien, pour 7 # 19 f.

Quatre boîtes de fourneau, adjugées à Guérin, pour 1 # 11 f.

Un chaudron, deux billots, un dressoir, adjugés à Hamelin Dragon, pour 2 # 1 f.

Un cabinet à quatre battants fermant à clef, adjugé à Portier, pour 15 # 3 f.

Un dressoir, un fût de baril à vinaigre, adjugés à Rocher, pour 2 # 3 ƒ.

Une armoire à deux battants, deux rideaux de croisées et vergettes, adjugés à Rocher, pour 13 #.

Douze chaises et un dressoir, adjugés à Lecureuil, pour 6 # 19 ƒ.

Dans le réfectoire : Une petite armoire, adjugée à Lécureuil, pour 5 # 13 ƒ.

Une grande armoire à deux battants, adjugée à la femme Portier, pour 11 # 1 ƒ.

Une table, un dressoir, deux coffres, cinq bancs, adjugés à Lapaix, pour 9 # 2 ƒ.

Dans une chambre haute : Six fauteuils, une tenture de tapisserie, adjugés à Denis, pour 4 # 19 ƒ.

Grand autel de Saint-Charles, adjugé à Hamelin Dragon, pour 300 #.

Un bluteau et un tréteau, adjugés à Lecureuil, pour 6 # 1 ƒ.

Un charnier adjugé à Hamelin Dragon, pour 2 #.

VENTE DU MOBILIER
DU SÉMINAIRE DE SAINT-CHARLES

8 novembre 1791. — Dans la sacristie : Une petite armoire à deux battants, adjugée à Voisin, de Saint-Julien, pour 12 #.

Une autre armoire à deux battants avec trois serrures, adjugée à Lapaix, pour 10 # 1 ƒ.

Un cabinet à quatre battants, adjugé à Voisin, pour 25 #.

Une petite commode à quatre tiroirs, adjugée au même, pour 6 # 14 ƒ.

Un grand bureau, adjugé au même, pour 14 #.

Un Prie-Dieu, une pierre de marbre, un fauteuil, deux chaises, un petit tiroir, adjugés à Guérin, pour 6 # 19 ƒ.

Dans la tribune : Une cloison, un Prie-Dieu, un banc et une porte, adjugés à Allard, pour 8 # 19 ƒ.

Dans une petite chambre haute : Un lot de ferrailles, adjugé à Hamelin Dragon, pour 14 # 12 ƒ.

Une fermeture de boutique et deux petites portes, adjugées au même, pour 28 ₶.

Quatre panneaux de vitres, quatre chassis, plusieurs autres boisures, adjugés à Lapaix, pour 19 ₶.

Dans une chambre : Un coffre, carrie de lit, dressoir, une bière, six chandeliers en bois et une boiserie, adjugés à Hervé, pour 0 ₶ 19 ƒ.

Dans les greniers : Un lot de carreaux et bois de charpente, adjugés à Allard, pour 14 ₶.

Dans le chœur : Un cabinet à quatre battants, adjugé à Leard, menuisier à Saint-Julien, pour 9 ₶.

Deux chapiers, adjugés à Bouttier, de Saint-Benoit, pour 9 ₶ 10 ƒ.

Les stalles, leur parquet et l'appui, adjugés à Voisin, pour 91 ₶ 2 ƒ.

Un tronc et plusieurs chandeliers de bois, adjugés à Lamarre, marchand, pour 29 ₶.

Un grand cabinet, adjugé à Bouttier, pour 8 ₶ 3 ƒ.

Deux morceaux de cuir, adjugés à Voisin, pour 5 ₶ 4 ƒ.

Deux balustrades adjugées à Hamelin, pour 65 ₶.

Deux autels au chœur, adjugés à Lamarre, pour 80 ₶ 1 ƒ.

Une chaire à prêcher en bois, adjugée à Hamelin Dragon, pour 65 ₶.

Une autre chaire à prêcher avec des balustrades, adjugées au même, pour 49 ₶ 10 ƒ.

L'église des ci-devant religieuses des Filles-Dieu et depuis leur destruction, connue sous le nom de Saint-Charles, n'a pas été démolie, mais le citoyen Martigné, notaire, s'en est rendu adjudicataire pour le citoyen Monnoyer, imprimeur, ainsi que de la maison de Saint-Charles, et en a fait des remises et écuries.

(*Manusc* de Négrier de la Crochardière.)

VENTE DU MOBILIER
DE L'ÉGLISE
DU CI-DEVANT CHAPITRE DE SAINT-MICHEL DU CLOITRE

9 novembre 1791. — Dans le chartrier du ci-devant chapitre : Un petit bureau, adjugé à Lapaix, pour 3 ₶.

Une banquette à deux battants fermant à clef, adjugée à Lamarre, pour 4 ₶.

Une autre petite banquette et un petit cabinet, adjugés à Lamarre, pour 2 ₶ 19 ʄ.

Un cabinet à quatre battants renfermant plusieurs tiroirs, quatre dressoirs et plusieurs planches, adjugés à Lapaix, pour 15 ₶.

Un coffre-fort, adjugé à Guillotin fils, pour 9 ₶ 1 ʄ.

Un vieux coffre, adjugé à Laudru, pour 2 ₶ 8 ʄ.

Dans l'église : Les stalles, leur boisure et parquet, porte et son imposte vitrée, adjugés à Duchemin, pour 81 ₶.

Un petit autel en bois, adjugé à Lamarre, pour 25 ₶ 1 ʄ.

La masse du grand-autel en bois, ses gradins, son parquet, adjugés à Lamarre, pour 21 ₶ 1 ʄ.

Un ballet au-dessus de la porte de l'église avec ses supports en fer, adjugé à Allard, pour 23 ₶ 19 ʄ.

VENTE DU MOBILIER

DE LA

CI-DEVANT ÉGLISE DE SAINT-PIERRE DE LA COUR

9 novembre 1791. — Les stalles et la boisure du chœur adjugées à Guérin, pour 157 ₶.

Deux petits autels et leur boisure, deux figures, adjugés à Lamarre, pour 55 ₶ 5 ʄ.

Deux confessionnaux, deux bancs, une bière, adjugés à Guérin, pour 13 ₶ 1 ʄ.

Une barre de fer qui se trouve sur le grand-autel, adjugée à Hamelin, pour 28 ₶.

Dans la grande sacristie : Un chapier, adjugé à Guérin, pour 18 ₶ 1 ʄ.

Un autre chapier, adjugé à Lapaix, pour 39 ₶ 11 ʄ.

Un bas de buffet à six battants avec son marchepied, adjugé à Lamarre, pour 38 ₶ 5 ʄ.

Un bas de buffet avec dix-huit tiroirs, deux Prie-Dieu, une

encoignure, adjugés à Barré, de Saint-Julien, qui a cédé son marché à monsieur de Claircigny, pour 14 ₶.

La boisure qui est autour de la sacristie, adjugée à Duchemin, pour 101 ₶ 5 ſ.

Dans un corridor : Une petite armoire à un battant, adjugée à Lamarre, pour 9 ₶ 1 ſ.

Un placard à sept battants, adjugé à Lamarre, pour 25 ₶ 19 ſ.

Une porte à deux vantaux avec serrure, ses chambranles, un banc et deux Prie-Dieu, adjugés à Girard, marchand, paroisse de La Couture, pour 28 ₶.

Une masse d'autel, son marchepied et quatre figures, adjugés à Mauchien, pour 15 ₶ 3 ſ.

Dans la petite sacristie : Une petite armoire à deux battants, un petit dressoir à claire-voie et boisure, adjugés à Lapaix, pour 18 ₶ 2 ſ.

Dans le chartrier : Une armoire à quatre battants, les dressoirs, adjugés à Voisin, pour 36 ₶ 3 ſ.

Une armoire à deux battants avec le placard au dessus, adjugés à Fouquet, cordonnier à Saint-Julien, pour 25 ₶.

Une autre armoire à deux battants avec tiroirs, adjugée à Voisin, pour 20 ₶.

Dans une alcôve donnant sur la place des Bas-Fossés : Une armoire à quatre battants, adjugée à Guillotin fils, pour 36 ₶ 12 ſ.

Une autre armoire à trois battants, adjugée à Lapaix, pour 20 ₶.

Un placard à six battants, adjugé à Lapaix, pour 67 ₶ 10 ſ.

Une porte et son chambranle, un placard, adjugés à Jolais, pour 30 ₶.

Boisure, bancs de la chapelle, adjugés à Lamarre, pour 16 ₶ 2 ſ.

Les fonds baptismaux, les pierres, leur balustrade en bois et une lanterne, adjugés à Lamarre, pour 4 ₶ 5 ſ.

« Le vaisseau de l'église du chapitre de Saint-Pierre de la Cour n'a pas été détruit sous la Révolution, mais cette église a servi de parc d'artillerie. » (*Manusc.* de Négrier de la Crochardière.)

VENTE DU MOBILIER
DE L'ÉGLISE DE SAINT-PIERRE LE RÉITÉRÉ

10 novembre 1791. — Dans l'église : Deux tabourets et leur marchepied, une banquette et un marchepied, un tabouret de bois, adjugés à Guérin, pour 6 # 10 ſ.

Un grand pupitre et deux petits, adjugés à Lapaix, pour 7 # 15 ſ.

Quatre chandeliers de fer et un morceau de fer, adjugés à Hamelin, pour 10 # 11 ſ.

Une balustrade en fer, adjugée au même, pour 75 # 1 ſ.

La masse du grand-autel et un marchepied en bois, adjugés à Lamarre, pour 16 #.

Un dais au dessus du grand-autel, adjugé à Picard, marchand fripier à Vallon, pour 18 # 17 ſ.

Toutes les stalles et la boisure du chœur, adjugées à Lamarre pour 8 # 13 ſ.

Une petite console de bois, adjugée à Guérin, pour 3 #.

La masse d'autel, à gauche en entrant, et une figure, adjugées à Allard, pour 8 #.

Une autre masse d'autel avec figure et piédestal, adjugée à Lamarre, pour 11 # 15 ſ.

Un rideau de croisée d'indienne avec vergettes, fauteuil en bois, adjugés à Guérin, pour 6 #.

Deux confessionnaux, la boisure du côté droit de l'église et une autre boisure de peu de valeur, adjugés à Guion, de Saint-Benoît, pour 18 #.

Un grand bas de buffet au bas de l'église, un drap mortuaire adjugés à Bellanger, menuisier à Saint-Benoît, pour 15 # 4 ſ.

Dans la sacristie : Une mauvaise armoire à deux battants et les portemanteaux à côté, adjugés à Papin, de Saint-Benoît, pour 3 # 6 ſ.

Un chapier, adjugé à Lamarre, pour 21 # 6 ſ.

Deux petits cabinets à un battant, adjugés à Denis, crieur, pour 2 # 15 ſ.

Un bas de cabinet à un battant, un dressoir, un coffre, adjugés à Lecureuil, pour 5 # 4 ſ.

Quatre figures et les fonds baptismaux en pierre, adjugés à Guérin, pour 7 # 19 ſ.

« L'église de Saint-Pierre le Réitéré a été vendue et elle a servi à y établir une filature de coton ; abattue depuis pour accroître un jardin et embellir la maison du sieur Chevallier, prêtre. »
(*Manusc.* de Négrier de la Crochardière.)

VENTE DU MOBILIER
DE LA COMMUNAUTÉ DES MINIMES

10, 12, 14, 15 novembre 1791. — Dans l'église : Quatre confessionnaux, un trône, adjugés à Drouet fils, du Pré, pour 12 # 6 ſ.

Deux bancelles, un banc, un chandelier de bois, un escabot, adjugés à Toutain, libraire, pour 3 # 3 ſ.

Deux balustrades en bois, adjugées à Guérin, pour 5 #.

Une autre balustrade en fer, adjugée à Lapaix, pour 75 #.

Une chaire à prêcher, adjugée à Guérin le Romain, pour 8 #.

Quatre tableaux, adjugés à Lamarre, pour 20 # 1 ſ.

Un autel dans la première chapelle à gauche en entrant dans l'église, deux tableaux et deux figures, adjugés à Lamarre, pour 20 # 3 ſ.

Un autre autel dans la deuxième chapelle à gauche en entrant dans l'église, quatre colonnes en bois, plusieurs figures et un tableau, adjugés à Lamarre, pour 30 # 1 ſ.

Un autre autel dans la troisième chapelle à gauche en entrant avec ses colonnes en bois, plusieurs figures, sous la réserve des trois qui se trouvent enclavées dans le milieu dudit autel, adjugés à Lapaix, pour 37 # 1 ſ.

Le grand autel avec la boisure, son tabernacle, ses gradins, toutes ses figures, adjugés à Lamarre, pour 150 #.

Le tambour de la porte de l'église, adjugé à Guérin le Romain, pour 60 # 1 ſ.

Une figure au-dessus de la porte de l'église en dehors, un petit soleil, adjugés à Duchemin, pour 6 # 1 *s.*

Dans le jubé de la dite église : La boisure, adjugée à Petauge, pour 45 # 12 *s.*

Quinze bouquins, adjugés à Guérin le Romain, pour 5 # 1 *s.*

Un mauvais cabinet, plusieurs mauvais fauteuils et autres boiseries, adjugés à Joseph Touchard, de Saint-Benoît, pour 2 # 13 *s.*

Dans la sacristie : Un cabinet à quatre battants avec deux tiroirs, adjugé à Lapaix, pour 8 # 17 *s.*

Deux fauteuils, un carreau, un marchepied, un bas de buffet et la boisure au-dessus, adjugés à Mauchien, pour 7 # 7 *s.*

Un marchepied, un bas de buffet et la boisure au-dessus, adjugés à Lapaix, pour 14 # 3 *s.*

Un chapier et plusieurs cabinets dessus, la boisure des deux côtés, adjugés à Lapaix, pour 39 #.

Un cabinet à cinq battants avec boisure des deux côtés, adjugés à Picard, de Vallon, pour 32 # 10 *s.*

Une bière, un pupitre, trois chandeliers de bois, adjugés à Guérin le Romain, pour 3 # 15 *s.*

Les grillages en bois du cloître donnant sur le parterre, adjugés à Petauge, pour 40 # 1 *s.*

Une pierre creuse dans le parterre, adjugée à Mauchien, pour 30 # 7 *s.*

Dans le jardin : Une pierre creuse avec une corde de puits et sa chaîne, adjugées à Petauge, pour 21 # 1 *s.*

Une horloge et son timbre, une petite clochette, adjugées à Mauchien, pour 246 # 5 *s.*

Deux clochettes, adjugées à Guérin, pour 15 # 13 *s.*

Une boisure, deux double-portes, adjugées à Petauge, pour 68 # 8 *s.*

Une table de marbre et son support, plusieurs autres morceaux de marbre, adjugés à Petauge, pour 25 # 2 *s.*

Dans la cuisine : Une cremaillère, une barre de fer, adjugées à Hamelin Dragon, pour 8 # 11 *s.*

Une paire de chenets, pelles, pinces, deux grils, adjugés à Guérin, pour 8 # 1 *s.*

Un tourne-broche, deux broches et ses poids en pierre, adjugés à Hamelin, pour 15 #.

Un buffet à quatre battants fermant à clef et deux tiroirs, adjugés à Bisson, taillandier, au Pré, pour 30 # 3 f.

Neuf feuilles de paravent, adjugées à Guérin le Romain, pour 10 # 3 f.

Un buffet à quatre battants fermant à clef et deux petits tiroirs, adjugés au même, pour 10 # 1 f.

Un réchaud en cuivre argenté, une fontaine en fer blanc, un triangle, une râpe, adjugés au même, pour 2 # 10 f.

Deux tables, un billot et un dessus de table, adjugés à Joseph Touchard, de Saint-Benoît, pour 11 # 13 f.

Un poêle avec ses tuyaux, adjugé à Guérin, pour 36 #.

Trois casseroles en cuivre et leurs couvercles, adjugés à Guérin, pour 6 # 1 f.

Un garde-feu en tôle, adjugé à Guérin, pour 4 # 19 f.

Une petite poêlette, un petit chaudron de cuivre, adjugés à Guérin le Romain, pour 3 # 15 f.

Un lot de poterie, adjugé à Dogué, pour 1 # 14 f.

Un charnier en marbre avec son couvercle en bois, adjugé à veuve Gault, pour 4 # 1 f.

Un petit cabinet à un battant fermant à clef, adjugé à Guérin, pour 2 # 3 f.

Deux tables et deux tréteaux, adjugés au même, pour 1 # 14 f.

Un billot, un vaisselier, une table, un baquet, un fût de busse, adjugés à Dugué, pour 2 # 10 f.

Un garde-manger, un dressoir à cinq planches et autres planches, adjugés à Guérin le Romain, pour 5 # 1 f.

Un petit cabinet à deux battants, adjugé au même, pour 4 # 1 f.

Deux poêles à frire avec un poêlon, adjugés à Pousse fils aîné, pour 2 # 12 f.

Un coquemar, une passette de cuivre, adjugés à Guérin le Romain, pour 7 # 3 f.

Un chaudron d'airain, une passette, une écumoire, une cuellère à pot, une casse de cuivre, adjugés au même, pour 7 #.

Deux chaudrons de fonte et un poissonnier en cuivre, adjugés au même, pour 8 #.

Vingt-huit serviettes, adjugées au même, pour 20 #.

Quarante-quatre torchons, adjugés à Barré, de Saint-Julien, pour 12 # 6 f.

Six nappes, adjugées à Bourgoin, de la Galère, pour 10 # 1 ſ.

Treize tournans, adjugés à l'abbé Pigalle, pour 11 #.

Douze serviettes, adjugées à Guérin, pour 5 # 19 ſ.

Douze autres serviettes, adjugées à l'abbé Pigalle, pour 8 #.

Deux draps de chacun cinq aunes, adjugés à Portier-Cartier, rue Dorée, pour 8 # 10 ſ.

Douze serviettes, adjugées au même, pour 11 #.

Trois draps, adjugés à Barré, pour 9 # 4 ſ.

Trois autres draps, adjugés à Guérin le Romain, pour 9 # 8 ſ.

Six autres draps, adjugés à l'abbé Pigalle, pour 37 # 12 ſ.

Trois fûts et un quart, deux côtés de dressoirs, un câble plusieurs carreaux, adjugés à Nicolas Pottier-Grandmaison, de La Couture, pour 9 #.

Une mue, adjugée à Guérin le Romain, pour 2 # 18 ſ.

Dans les chambres hautes : Une petite armoire à deux battants adjugée à Guérin le Romain, pour 4 #.

Une armoire à deux battants avec sa boisure, adjugée au même, pour 8 # 19 ſ.

Une tenture de tapisserie en bergame avec un devant de cheminée, une boisure d'alcôve et la boisure de l'embrasure de la fenêtre, adjugés au même, pour 26 # 1 ſ.

Une armoire à deux battants, adjugée à Joseph Touchard, de Saint-Benoît, pour 20 # 10 ſ.

Couchette avec sa paillasse, trois chaises et un bout de sangle, adjugés à Guérin le Romain, pour 5 # 19 ſ.

Plusieurs tableaux et un lot de planches, adjugés au même, pour 20 # 13 ſ.

Quatorze chaises, adjugées à Guérin, pour 3 # 19 ſ.

Une plaque de fonte, adjugée à Guérin le Romain, pour 3 # 19 ſ.

Une porte avec ses gonds, adjugée à l'abbé Pigalle, pour 5 #.

Plusieurs baguettes de moulure, un vieux pupitre, adjugés à Barré, pour 2 # 2 ſ.

Un bois de lit de couchette avec son fond sanglé, une table avec deux tiroirs, un cabinet avec quatre battants, un autre petit cabinet, deux chaises, adjugés à Dorise, de Saint-Benoît, pour 8 # 17 ſ.

Une armoire à un battant, un dressoir, une petite table, une chaise, deux planches, adjugés à Létang, de Saint-Julien, pour 10 # 1 ƒ.

Une boisure en lambris, le chambranle d'une porte, adjugés à l'abbé Pigalle, pour 40 #.

Une plaque de cheminée, deux chevrettes, une pelle, une pince, un pot de chambre, adjugés à M. Lefèbre-Desalay, bourgeois, pour 8 # 1 ƒ.

Dans la bibliothèque : Plusieurs dressoirs, une table, adjugés à l'abbé Pigalle, pour 27 # 7 ƒ.

Quatre boîtes de fourneau, adjugées à Bellanger, de la Grande-Rue, pour 5 # 1 ƒ.

Cinq nappes, adjugées à Guérin le Romain, pour 7 # 9 ƒ.

Quarante-deux torchons, adjugés au même, pour 8 #.

Une armoire à deux battants, adjugée à Guérin, pour 35 # 19 ƒ.

Dans la cave : Un lot de chantiers, un petit fût, deux morceaux de bois, adjugés à Henry, de Saint-Julien, pour 8 # 1 ƒ.

Dans une petite chambre haute : Un petit bois de lit, adjugé à Joseph Touchard, pour 7 #.

Dans une autre petite chambre : Six cadres, une carrie, un fauteuil, deux chassis, adjugés à Guérin le Romain, pour 9 # 19.

L'église des RR. PP. Mineurs a été totalement abattue et on a ouvert sur le terrain la rue des Minimes.

Une partie de la maison conventuelle est restée et a servi au tribunal de commerce pendant plusieurs années.

VENTE DU MOBILIER

DE LA CI-DEVANT ÉGLISE DE SAINT-PAVIN LA CITÉ

15 novembre 1791. — Quatre barrettes, un pot d'étain, deux burettes de cristal, une de faïence, une *crousille*, une cafetière de fer blanc, adjugés à Barreau fils, pour 1 # 6 ƒ.

Quatre chandeliers de fer, adjugés à Hamelin Dragon, pour 2 # 11 ƒ.

Deux pupitres et un chandelier en cuivre, adjugés à Lapaix, pour 6 #.

Une stalle à deux places dans le chœur, adjugée à Voisin, pour 6 ⋕ 8 ƒ.

La boisure des côtés du grand autel, deux petites consoles, la balustrade en bois avec ses deux portes, adjugées au même, pour 48 ⋕.

Le banc de l'œuvre, adjugé au même, pour 3 ⋕ 10 ƒ.

Deux autres bancs, adjugés au même, pour 5 ⋕ 19 ƒ.

Les stalles du chœur, le banc de la fabrique, une petite banquette, adjugés à Lapaix, pour 16 ⋕ 2 ƒ.

Un confessionnal, adjugé à Voisin, pour 17 ⋕ 17 ƒ.

Les fonts baptismaux, adjugés à Guérin, pour 3 ⋕.

Une boîte longue et sa serrure, adjugée à Hamelin Dragon, pour 3 ⋕ 6 ƒ.

Le tabernacle avec la boisure du grand autel, adjugés à Voisin, pour 19 ⋕ 1 ƒ.

L'autel représentant Notre-Dame de Piété avec plusieurs figures, adjugés à Mauchien, pour 21 ⋕.

Un autre autel avec sa boisure dans la chapelle à droite du chœur, adjugés au même, pour 30 ⋕.

Une armoire à deux battants, adjugée à Desduits, sacriste de Saint-Benoît, pour 10 ⋕ 3 ƒ.

Un grand banc, une petite selle, un escabeau, adjugés à Duchemin, pour 7 ⋕ 18 ƒ.

La chaire à prêcher avec l'arcade du chœur et la croix, adjugés à Lamarre, pour 20 ⋕ 1 ƒ.

Neuf devants d'autel, adjugés à Petitpain, de Saint-Julien, pour 30 ⋕ 14 ƒ.

Un chapier, une boîte en bois, un grand bas de buffet, un confessionnal, une bière, adjugés au même pour 17 ⋕ 1 ƒ.

La masse du grand autel et les figures qui se trouvent dessus, adjugées à Barré, pour 40 ⋕.

Dans la sacristie : Deux bas de buffet et toute la boisure de la sacristie, adjugés à Lapaix, pour 16 ⋕ 2 ƒ.

Cinq bouquins, adjugés à Mary, de Saint-Pavin-des-champs, pour 1 ⋕ 7 ƒ.

Une armoire à un battant dans le jubé, adjugée à la femme Portier, de Saint-Julien, pour 15 ⋕ 1 ƒ.

Une bannière, une échelle double, adjugées à Toupin, pour 5 ⋕ 6 ƒ.

Une porte avec son chambranle, adjugée à Duchemin, pour 8 # 1 ƒ.

Un banc dans le jubé, plusieurs tringles autour de l'église avec leurs pattes, adjugés à Duchemin, pour 17 # 1 ƒ.

L'église de Saint-Pavin-la-Cité, a été vendue et démolie et on a bâti des maisons en son lieu et place.

VENTE DU MOBILIER

DE LA CI-DEVANT ÉGLISE DE SAINT-HILAIRE

15 novembre 1791. — Dans le jubé de l'église : Deux grandes banquettes, adjugées à Coudray jeune, pour 4 #.

Un grand coffre, adjugé à Duquesnoy, pour 8 #.

Un autre petit coffre, adjugé à Coudray jeune, pour 4 # 8 ƒ.

Une armoire à deux battants, adjugée à Dumaine chez madame de Souarais, pour 21 #.

Un chapier, adjugé à la femme Cherouvrier, de Saint-Julien, pour 4 #.

Six chandeliers, adjugés à Denis, pour 1 # 11 ƒ.

Des balustrades en bois autour du chœur, adjugées à Allard, pour 12 # 13 ƒ.

Un pupitre avec les stalles et banc du chœur, adjugés à Rocher pour 12 # 5 ƒ.

Un coffre et trois bancelles, adjugés à Allard, pour 8 # 10 ƒ.

Un banc de la fabrique, une bancelle, adjugés à Bouttier, pour 2 # 13 ƒ.

Six devants d'autel, adjugés à Guérin, pour 6 # 6 ƒ.

Cinq autres devants d'autel, adjugés à Rouillard, paveur, pour 8 #.

Deux confessionnaux, adjugés à Joseph Touchard, pour 6 # 6 ƒ.

Une horloge, adjugée à Hamelin Dragon, pour 25 # 3 ƒ.

Dans la sacristie : Cinq nappes, une aube, adjugées à Janvier fils, pour 17 # 19 ƒ.

Une armoire à un battant, un coffre, adjugés à Lépine, pour 6 # 11 ƒ.

Un bas de buffet à trois battants avec les dressoirs, adjugé à Lépine, pour 18 # 10 *f*.

Une chaîne de fer, adjugée à Bouttier, pour 2 # 11 *f*.

Un autel à gauche du chœur, adjugé à Touchard, pour 28 # 5 *f*.

Un autre autel à droite du chœur avec les figures, adjugés à Bellanger, pour 26 # 9 *f*.

Le tabernacle et les gradins du grand autel, adjugés à Lapaix, pour 17 # 12 *f*.

La masse du grand autel et les figures, adjugées à Bellanger, pour 11 # 1 *f*.

Une grande croix et sa figure, adjugées à Guillotin père, pour 17 # 1 *f*.

L'église de Saint-Hilaire a été abattue, et le terrain vendu à plusieurs individus qui y ont bâti des maisons.

VENTE DU MOBILIER
DE LA CI-DEVANT ÉGLISE DE GOURDAINE

17 novembre 1791. — « Le bruit occasionné par l'enlèvement des bancs et la foule innombrable et scandaleuse des citoyens dont l'église est remplie rendait impossible la vente du mobilier. N'ayant pu rétablir le calme et empêcher le tapage malgré les remontrances et exhortations que nous avons pu faire, nous nous sommes retirés et avons remis la vente au lendemain. »

18 novembre. — Dans l'église : Dix chandeliers et un tréteau, adjugés à Denis, pour 4 # 6 *f*.

Un chandelier de fer, adjugé à Hamelin Dragon, pour 1 # 16 *f*.

Une figure représentant saint François, adjugée à Guérin, pour 7 # 14 *f*.

Une autre figure, adjugée à Barré, pour 6 # 19 *f*.

Une autre figure, adjugée à Lapaix, pour 7 # 1 *f*.

Deux autres figures, adjugées à Barré, pour 11 #.

Quatre autres figures avec leurs supports, adjugés à Barré, pour 22 #.

Trois autres figures qui se trouvent sur l'autel à droite du chœur, adjugées à Lamarre, pour 19 # 1 f.

La masse dudit autel, adjugée à Barré, pour 36 # 1 f.

La masse de l'autel à gauche du chœur et un devant d'autel, adjugés à Bellanger, pour 83 # 3 f.

Quatre devants d'autel, adjugés à Toupin, pour 12 # 3 f.

Le tambour de la porte d'entrée du chœur, adjugé à Boullier, pour 17 #.

La chaire à prêcher, adjugée à l'abbé Pigalle, pour 18 # 1 f.

Dans la sacristie : Une grande table, adjugée à l'abbé Pigalle, pour 7 # 2 f.

Une figure représentant la sainte Vierge, adjugée à Janvier, pour 3 # 15 f.

Huit bouquets d'hiver, un balai de crin, adjugés à Rouillard, pour 1 # 16 f.

Une armoire à deux battants, adjugée à Janvier, pour 13 # 8 f.

Une autre armoire, adjugée à Gagnot, de Saint-Julien, pour 7 #.

Une petite armoire à deux battants, une boite et une lanterne, adjugées à Touchard, pour 3 # 11 f.

Une exposition, quatre bouquets d'hiver, quatre pots à fleurs en cristal, un plat d'étain, adjugés à Lamarre, pour 6 # 1 f.

Vingt-neuf cadres, adjugés à Mauchien, pour 4 # 4 f.

Dix chandeliers, adjugés à Guérin, pour 1 # 10 f.

Une armoire à deux battants, adjugée à Daulnay, de Saint-Julien, pour 21 # 8 f.

Une autre armoire à deux battants, adjugée à Piteau, de Saint-Julien, pour 21 # 8 f.

Un coffre, adjugé à Touchard, pour 4 # 12 f.

Six aubes et un cordon, adjugés à Toupin, pour 46 #.

Six autres aubes et leurs cordons, adjugés à Valframbert, de Saint-Benoit, pour 39 #.

Cinq nappes et cinq tournants, adjugés à l'abbé Pigalle, pour 22 # 12 f.

L'église de Gourdaine, décorée et réparée peu d'années avant la Révolution aux frais des habitants a été abattue. Le terrain sur lequel elle était construite a été vendu à des individus qui y ont bâti des maisons.

VENTE DU MOBILIER

DE LA CI-DEVANT ÉGLISE DE SAINT-NICOLAS

18 novembre 1791. — Dans la dite église : Deux autels, l'un de la Vierge, l'autre de Saint-Sébastien, adjugés à Douay, procureur de la commune de Teloché, et à François Lorieux, officier municipal de Teloché, pour 145 ₶ 5 ƒ.

Un confessionnal près de la chaire à prêcher, adjugé à Belin, négociant, pour 7 ₶ 1 ƒ.

Quatre confessionnaux, adjugés à Odard, vérificateur des domaines, rue Saint-Jacques, pour 17 ₶ 4 ƒ.

Plusieurs morceaux de tapisseries de haute lisse avec la boisure de l'encadrement, adjugés à Lamarre, pour 121 ₶ 6 ƒ.

La boisure des deux côtés du bas de l'église, adjugée à Haudard, pour 24 ₶.

Un tambour au dessus de la porte, adjugé à Dogué, pour 32 ₶ 3 ƒ.

L'autel dans une chapelle à gauche du chœur, adjugé à Mauchien, pour 80 ₶.

Dans le chœur : La boisure qui se trouve autour, adjugée à Bizeray, menuisier à La Couture, pour 148 ₶ 15 ƒ.

Les deux rangs de stalles, la banquette, adjugés à Testarode, tailleur, pour 49 ₶ 11 ƒ.

19 novembre. — Une armoire à un battant, adjugée à Guérin, pour 5 ₶ 5 ƒ.

Une autre armoire à trois battants, adjugée à Fresneau, pour 8 ₶.

Une autre armoire à deux battants, adjugée à Toupin, pour 10 ₶.

Dans la sacristie : Un cabinet à six battants, adjugé à Godin, pour 6 ₶.

Un cabinet à dix battants et quatre tiroirs, une boîte, adjugés à Bouttier, pour 13 ₶.

Un chapier à huit battants, adjugé à Bouttier, pour 25 ₶.

Quatre chandeliers de fer et un de bois, adjugés à Hamelin, pour 4 # 4 f.

Trois madriers, un coffre, un cercueil, adjugés à Chapelain, pour 10 # 13 f.

L'église de Saint-Nicolas a été abattue une des premières sous la Révolution : Tous les matériaux ont été vendus et son emplacement a servi de marché au fil. Cette église avait été réparée et magnifiquement ornée vers 1780.

VENTE DU MOBILIER

DE LA CI-DEVANT ÉGLISE DE LA MADELEINE

19 novembre 1791. — Vergettes de fer, adjugées à Hamelin Dragon, pour 1 # 17 f.

Les stalles, la chaire à prêcher, le confessionnal, le pupitre, la bière et le tambour de la porte, adjugés à Bellanger, de Saint-Julien, pour 47 # 1 f.

Le grand autel avec son tabernacle, ses gradins et son marchepied, adjugés à Mancellière, de Saint-Julien, pour 49 #.

Un dais, adjugé au même, pour 1 # 16 f.

Deux tabourets, un fauteuil, un tapis et un vieux bouquin, adjugés à Lepine, pour 12 #.

Un cabinet à quatre battants, une table, une petite armoire, un Prie-Dieu, un pupitre, adjugés à Voisin, pour 21 # 3 f.

L'église de la Madeleine a été vendue et abattue.

VENTE DU MOBILIER

DE LA

CI-DEVANT ÉGLISE DE SAINT-JEAN DE LA CHEVRIE

19 novembre 1791. — Dans la sacristie : Une armoire à deux battants, adjugée à Duquesnoy, pour 13 #.

Deux petites armoires, adjugées à Poirier, sacriste du Pré, pour 18 # 14 f.

Un chapier, un petit cabinet au dessus de la boisure, un tronc, adjugés à Lapaix, pour 18 ₶ 2 ſ.

Un banc, un portemanteau, adjugés à Jean Poirier, jardinier, pour 3 ₶ 10 ſ.

Un fauteuil garni, adjugé à madame veuve Hubert, pour 4 ₶.

Deux figures, l'une représentant sainte Barbe et l'autre saint Maurice, adjugées à Lefaucheux, menuisier, à Saint-Benoît, cédées à M. Lamarre, pour 10 ₶.

La masse de l'autel de Saint-Sébastien, avec sa figure et son marchepied, adjugés à René Rouillard, pour 30 ₶.

Deux figures représentant sainte Marguerite et sainte Anne, adjugées à Letourneau, pour 17 ₶ 5 ſ.

La masse de l'autel à côté de celui de Saint-Sébastien, avec ses figures et son marchepied, adjugés à Mauchien, pour 11 ₶ 1 ſ.

Une statue représentant saint Pierre, une autre figure représentant saint François, adjugées à Lamarre, pour 15 ₶ 4 ſ.

La chaire à prêcher, adjugée à Lefaucheux, pour 12 ₶ 19 ſ.

Une figure avec son support, deux bancs, adjugés à Lechat, bourrelier, pour 12 ₶.

Un confessionnal, adjugé à Laignel, de Saint-Julien, pour 12 ₶.

Un placard à deux battants avec chambranle, un dressoir à cinq planches, adjugés à Fresneau de La Couture, pour 22 ₶.

Le tambour de la grande porte de l'église, adjugé à Lecureuil, de Saint-Julien, pour 30 ₶ 1 ſ.

Un autre tambour de la petite porte, adjugé à Etienne Chaudor, de Saint-Benoist, pour 19 ₶ 1 ſ.

Deux pupitres, un banc garni, deux tabourets, adjugés à Lefaucheux, pour 3 ₶.

22 novembre. — Une statue représentant saint Sébastien, adjugée à Hourdet, pour 5 ₶.

Deux confessionnaux, adjugés à Mancellière, pour 16 ₶ 19 ſ.

Les stalles et pupitre du chœur, adjugés à Jean Gilodon, pour 26 ₶.

La chaire à prêcher, adjugée à Mancellière, pour 37 ₶ 19 ſ.

Le grand autel y compris la masse et le gradin, adjugés à Jacques Gilodon, pour 61 ₶ 1 ſ.

Deux petits autels avec la boisure, adjugés à Mauchien, pour 13 ₶ 6 ſ.

Un chapier, adjugé à Jean Huiloir, pour 10 ₶.

Une armoire à un battant, un bas de buffet, un morceau de boisure, un fauteuil de bois, un Prie-Dieu, adjugés à Louis Allard, pour 23 ₶ 19 ſ.

Une exposition, quatre chandeliers, adjugés à Jacques Gilodon, pour 4 ₶ 6 ſ.

Les fonts baptismaux, adjugés à Marin Letourneau, pour 12 ₶ 2 ſ.

L'église de Saint-Jean de la Chevrie a été vendue et le sieur Desportes de la Fosse y a établi une manufacture d'indienne.

« Ce sont tous les meubles et effets qui se sont trouvés dans les ci-devant communautés et églises supprimées de cette ville. Le prix des meubles et effets s'est élevé à 10.483 ₶ 8 ſ. »

VENTE D'ORNEMENTS
ET
MEUBLES DES ÉGLISES ET COMMUNAUTÉS
Supprimées dans la ville du Mans

Déposés au garde-meubles du directoire du district.

Jacques-Philippe Mancellière, tapissier au Mans, paroisse de Saint-Julien, a été nommé pour faire valoir la vente, et Pierre Denis, pour crier les enchères.

27 Février 1792. — Douze pots de bois dorés, autant de fleurs, un canon de messe et un dessus d'autel, adjugés à Cailleteau, curé de La Guierche, pour 5 ₶.

Plusieurs plumets, adjugés au curé de Souligné-sous-Ballon, pour 12 ₶.

Un canon de messe, adjugé à Aleton, curé de Marigné, pour 3 ₶.

Douze pots dorés en bois, six de fayence et un lot de bouquets, adjugés à Coquerel, pour 1 ₶ 4 ſ.

Cinq cartons d'autel, adjugés au curé d'Ardenay, pour 3 ₶.

Trois chapes de satin tricolore, adjugées à Renaut, de Brette, pour 92 ₶.

Deux chapes, adjugées à Coqueret, pour 13 ₶ 10 ſ.

Une chape Dauphine tricolore, adjugée au curé de Tuffé, pour 53 ₶.

Cinq mauvaises chapes, adjugées à Toupin, pour 41 ₶ 4 ſ.

Huit chapes, adjugées à Guillotin père, du Mans, pour 93 ₶ 18 ſ.

Deux vieilles chapes, adjugées à Coqueret, pour 18 ₶.

Neuf chapes, adjugées à Gillet, pour 44 ₶ 9 ſ.

Trois chapes, adjugées à Pierre Veau, de Joué, pour 120 ₶.

Sept chapes, adjugées à veuve Roullier, pour 24 ₶ 4 ſ.

Deux chapes, adjugées à Toupin, pour 21 ₶ 1 ſ.

Une chape, adjugée au curé d'Ardenay, pour 70 ₶ 10 ſ.

Quatre chapes, adjugées à Voisin, pour 37 ₶.

Trois chapes, adjugées à veuve Roullier, pour 9 ₶ 11 ſ.

Cinq chapes, adjugées au curé d'Ardenay, pour 33 ₶.

Deux chapes, deux tuniques, une chasuble de damas blanc, adjugées à l'abbé Pigalle, pour 74 ₶.

Cinq chapes, adjugées à veuve Roullier, pour 43 ₶ 6 ſ.

Trois chapes, adjugées à l'abbé Cullier, pour 171 ₶.

Trois chapes de damas cramoisi, adjugées au curé de la Quinte, pour 430 ₶.

Une chape brodée, adjugée à Voisin, pour 113 ₶.

Une chasuble, deux tuniques de damas blanc, une chasuble de damas violet et blanc, adjugées à Henry, pour 21 ₶ 3 ſ.

Trois chasubles de damas et droguet blanc, adjugées au curé de Tuffé, pour 10 ₶ 12 ſ.

Une chasuble de damas blanc doré, adjugée à Poisson, curé de Domfront, pour 3 ₶.

Deux chasubles de satin tricolore, adjugées à Henry, pour 30 ₶ 5 ſ.

Une chasuble noire, adjugée à Antoine Martin, procureur de la fabrique de Saint-Julien, pour 10 ₶ 1 ſ.

Deux chasubles, quatre tuniques de damas dont deux brochées en or, adjugées à l'abbé Pigalle, curé de Montreuil, pour 401 ₶ 19 ſ.

Une chasuble de velours cramoisi à galons d'or, adjugée au curé de Joué-l'abbé, pour 123 ₶.

Un tableau, une chasuble de satin tricolore, adjugés à l'abbé Pigalle, pour 93 ₶ 4 ſ.

Une chasuble, deux tuniques de damas blanc, adjugées au même, pour 52 # 19 ƒ.

Une chasuble de camelot violet, adjugée au curé de Tuffé, pour 20 # 1 ƒ.

Une chasuble et deux tuniques de damas blanc, adjugées à Pellier, pour 50 # 1 ƒ.

Une chasuble de velours rouge, adjugée au curé de Marigné, pour 80 #.

Deux chasubles dont une de satin vert et l'autre de damas, adjugées à Henry, pour 69 #.

Une chasuble et deux tuniques de damas vert, adjugées au curé de Tuffé, pour 120 #.

Deux chasubles de damas vert, adjugées à Mancellière, pour 20 #.

Deux chasubles de damas vert, adjugées à Jacques Fronteau, pour 20 #.

Une chasuble de damas blanc, adjugée à Renault, pour 76 #.

Une chasuble de damas gris, une chasuble de damas blanc, adjugées à la femme Gillet, pour 20 #.

Deux chasubles de damas vert, une chasuble de satin vert, une chasuble et deux tuniques à fleurs aurore, une chasuble et deux tuniques de damas vert, deux chasubles de damas blanc, adjugées à l'abbé Pigalle, pour 220 # 3 ƒ.

Deux chasubles de damas vert, adjugées à Coqueret, pour 14 #.

Deux chasubles de brocatelle et de damas, trois chasubles de damas vert, adjugées au curé de Tuffé, pour 73 # 8 ƒ.

Une chasuble de velours ciselé vert, une chasuble de damas vert, une chasuble et deux tuniques de damas blanc, adjugées à Henry, pour 93 #.

Une chasuble de satin à fleurs grise, une chasuble et deux tuniques de damas djugé, avertes à Mancellière, pour 43 #.

Une chasuble de laine verte et une de damas vert, adjugées à Pocheton, pour 11 # 1 ƒ.

Une chasuble tricolore et une blanche, adjugées à l'abbé Pigalle, pour 18 # 14 ƒ.

Deux chasubles de damas blanc, une chasuble et deux tuniques de damas et velours cramoisi, adjugées au curé de Tuffé, pour 67 # 6 ƒ.

Une chasuble et deux tuniques de damas blanc, adjugées à Henry, pour 90 ₶ 10 s.

28 février. — Trois chapes, une chasuble, deux tuniques noires, un drap mortuaire, trois tuniques rouges et trois blanches, adjugées à Coquerel, pour 72 ₶.

Une chasuble violette et deux tuniques de même couleur, une autre chasuble et deux tuniques violettes, adjugées à Pocheton, pour 17 ₶ 3 s.

Deux chasubles violettes, deux autres chasubles, adjugées au curé de Tuffé, pour 9 ₶ 3 s.

Deux chasubles violettes, adjugées à Toupin, pour 3 ₶ 3 s.

Deux chasubles violettes, adjugées au curé d'Ardenay, pour 4 ₶ 10 s.

Une chasuble brochée, deux chasubles violettes, adjugées à l'abbé Pigalle, pour 121 ₶.

Deux chasubles violettes, adjugées à Lepreux et Pocheton, pour 4 ₶ 19 s.

Cinq chasubles violettes, adjugées à Lapaix, pour 27 ₶ 19 s.

Une chasuble de damas violet, une autre chasuble et deux tuniques de damas violet, adjugées au même, pour 15 ₶ 19 s.

Une chasuble de damas blanc, adjugée au procureur de la fabrique de Saint-Mars-d'Outillé, pour 30 ₶.

Deux chasubles violettes, adjugées à Thoré, pour 15 ₶ 1 s.

Une chasuble violette à fleurs, une chasuble et deux tuniques, adjugées à l'abbé Pigalle, pour 91 ₶ 3 s.

Une chasuble et une tunique de damas violet, adjugées à la femme Gillet, pour 12 ₶.

Une chasuble, adjugée à Mancellière, pour 7 ₶.

Une chasuble violette, une chasuble rouge, deux chasubles noires, adjugées à la femme Gillet, pour 21 ₶ 1 s.

Quatre chasubles de panne violette, adjugées au curé de Fyé, pour 63 ₶ 19 s.

Une chasuble violette, adjugée au curé de Tuffé, pour 12 ₶.

Une chasuble de velours violet, adjugée à Lapaix, pour 12 ₶.

Deux chasubles violettes, adjugées à Martin le jeune, pour 9 ₶.

Deux chasubles noires, deux autres chasubles, deux tuniques, de damas noir, adjugées à Pocheton, pour 21 ₶ 11 s.

Deux chasubles noires, adjugées à Hamelin Dragon, pour 9 ₶ 4 ʃ.

Une chasuble de velours noir, adjugée à Thoré, pour 8 ₶ 4 ʃ.

Une chasuble noire, un drap mortuaire, adjugés à Buon, procureur de la fabrique de Sargé, pour 36 ₶.

Deux chasubles de camelot noir, adjugées au curé de Tuffé, pour 6 ₶.

Une chasuble et deux tuniques de panne noire, adjugées à Martin le jeune, pour 23 ₶.

Deux chasubles violettes, adjugées à l'abbé Pigalle, pour 22 ₶ 12 ʃ.

Deux chasubles violettes, adjugées à la veuve Roullier, pour 5 ₶ 12 ʃ.

Cinq pentes de dais dépareillées, adjugées au curé d'Ardenay, pour 3 ₶.

Six chasubles de damas vert, adjugées à Pocheton, pour 68 ₶ 5 ʃ.

Une chasuble et deux tuniques noires, adjugées à Lapaix, pour 7 ₶.

Une chasuble de velours noir, adjugée à Voisin, pour 12 ₶ 10 ʃ.

Une chasuble et deux tuniques de damas vert, adjugées au même pour 64 ₶.

Une étole pastorale, adjugée au curé d'Ardenay, pour 6 ₶.

Une chasuble et deux tuniques rouges, adjugées au curé de Saint-Benoît, pour 90 ₶.

Deux chasubles en laine verte, adjugées au curé de Fyé, pour 29 ₶ 1 ʃ.

Deux chasubles noires, adjugées à Denis, pour 37 ₶.

Une chasuble de velours rouge, adjugée à Renault, de Brette, pour 41 ₶ 1 ʃ.

Quatre chasubles de damas blanc, adjugées à Voisin, pour 80 ₶ 10 ʃ.

Une chasuble, deux tuniques de damas cramoisi, trois chapes, deux tuniques noires, adjugées au curé de Tuffé, pour 240 ₶.

Une chasuble et deux tuniques de damas blanc, adjugées à Hamelin Dragon, pour 18 ₶.

Deux tuniques de damas vert, deux chasubles vertes, adjugées à Lecureuil, pour 17 ₶ 9 ʃ.

Une chasuble de damas blanc, deux chasubles vertes, adjugées à la femme Gillet, pour 16 " 6 ʃ.

Un drap mortuaire, une chasuble et deux tuniques roses, adjugés à Voisin, pour 80 " 4 ʃ.

Deux chasubles de damas vert, adjugées au même, pour 21 " 1 ʃ.

Quatre devants d'autel et un devant d'autel rouge, adjugés à Renault, de Brette, pour 56 ".

Une chasuble adjugée à la femme Toupin, pour 4 " 7 ʃ.

Trois chapes, une chasuble, deux tuniques, adjugées à l'abbé Cullier, pour 361 ".

Une chasuble noire, adjugée à Lecamus, de Renaudin, pour 20 " 1 ʃ.

Une chasuble, deux tuniques de damas rouge, adjugées à Lecureuil, pour 45 " 3 ʃ.

Une chasuble noire, une chape noire, adjugées à Renault, de Brette, pour 28 " 5 ʃ.

Une chape blanche, une chasuble, deux tuniques, une chasuble verte, adjugées à Lapaix, pour 26 " 17 ʃ.

Deux chasubles de damas blanc, adjugées à Lecamus, de Ruaudin, pour 16 " 2 ʃ.

Une chasuble de damas blanc, deux chasubles, adjugées à la femme Pilaut, pour 14 " 11 ʃ.

Une chasuble de damas blanc, trois chapes de panne noire, adjugées à la femme Gillet, pour 16 " 9 ʃ.

Une chasuble de damas blanc, adjugée à Mancellière, pour 10 ".

Deux chasubles, adjugées à Martin le jeune, pour 17 " 19 ʃ.

Trois chasubles, adjugées à Louis Mary, pour 6 " 3 ʃ.

Deux chasubles, deux chapes noires, adjugées à Pocheton, pour 21 " 8 ʃ.

Une chasuble verte, adjugée à Guillotin, tapissier, pour 12 " 4 ʃ.

Deux chasubles vertes, trois chapes, une chasuble et deux tuniques vertes, adjugées à Voisin, pour 226 " 9 ʃ.

Une boîte, adjugée à Gargam, pour 12 ʃ.

Trois chapes « allemandes noires », adjugées à la fabrique de Saint-Mars-d'Outillé, pour 80 " 15 ʃ.

Une chasuble, deux tuniques violettes, une chape noire, adjugées à Voisin, pour 31 # 3 ſ.

Deux chasubles violettes, adjugées à Denis de Saint-Mars-d'Outillé, pour 9 # 1 ſ.

Six chapes, adjugées au curé de Tuffé, pour 138 # 15 ſ.

Cinq chapes, adjugées à Pierre Veau, pour 30 #.

Cinq chasubles dont trois rouges et trois chapes, adjugées à l'abbé Pigalle, pour 58 #.

Une chasuble de damas blanc et une de taffetas violet, deux tabourets, un pupitre, adjugés à Coqueret, pour 39 #.

29 février. — Une chasuble et deux tuniques de satin rouge, adjugées au curé du Grand-Saint-Georges, pour 12 # 5 ſ.

Une chasuble de damas rouge, adjugée à Toupin, pour 4 #.

Un ornement complet de velours rouge, trois chapes noires, une chasuble avec deux tuniques, deux draps mortuaires, une chasuble noire, adjugés à Hamet, de Bouloire, pour 479 # 3 ſ.

Une chasuble, un devant d'autel noir, adjugés au curé de Saint-Mars-d'Outillé, pour 24 #.

Deux chasubles rouges et deux roses, adjugées au curé de Tuffé, pour 49 # 6 ſ.

Une chasuble et deux tuniques violettes, adjugées à Lapaix, pour 137 # 3 ſ.

Deux chasubles, deux tuniques de différentes couleurs, deux chasubles rouges, adjugées à Mancellière, pour 41 #.

Une chasuble, deux dalmatiques, trois chapes fond blanc, adjugées à Malherbe, de La Ferté-Bernard, pour 72 # 4 ſ.

Deux chasubles tricolores, adjugées au curé du Grand-Saint-Georges, pour 9 #.

Une chasuble et deux tuniques fond blanc, adjugées à Hamelin, curé d'Aigné, pour 80 # 5 ſ.

Une chasuble et deux tuniques, adjugées à Daniel, pour 157 #.

Une chape fond vert, trois chapes fond rouge, deux chasubles, adjugées à la femme Gillet, pour 32 # 2 ſ.

Deux tuniques, adjugées à Daunay, pour 3 # 19 ſ.

Une chape fond violet, deux chasubles, deux tuniques, une chape, adjugées à l'abbé Pigalle, pour 58 # 2 ſ.

Deux chapes, adjugées à Toupin, pour 11 #.

Deux chapes vertes, adjugées à Coqueret, pour 10 #.

Deux tuniques rouges, adjugées à l'abbé Pigalle, pour 30 ₶.
Trois chapes, adjugées à Billard, pour 42 ₶.
Une chasuble, une dalmatique, adjugées à Daunay, pour 8 ₶ 2 ſ.
Une chasuble, adjugée au curé de Pontvallain, pour 25 ₶.
Deux chasubles et une tunique, adjugées à Lecureuil, pour 14 ₶.
Une chape ferme, adjugée à la femme Gillet, pour 8 ₶.
Plusieurs tabourets et pupitres de bois, deux prie-Dieu, adjugés à Léon David, pour 13 ₶ 8 ſ.
Deux chasubles noires, adjugées au même, pour 4 ₶ 7 ſ.
Plusieurs bancs de bois, adjugés à Nouet, pour 8 ₶ 12 ſ.
Deux ventaux de portes et plusieurs serrures, adjugés à Leger, pour 21 ₶ 4 ſ.
Deux chapes noires, adjugées au curé de Rouillon, pour 25 ₶.
Trois chapes noires, adjugées à la femme Gillet, pour 15 ₶ 11 ſ.
Sept chapes noires, une chasuble et deux tuniques, adjugées à Léon David, pour 56 ₶ 3 ſ.
Une chasuble et deux tuniques noires, adjugées à Mary, pour 5 ₶.
Deux chasubles rouges, adjugées à la femme Pitaut, pour 3 ₶ 12 ſ.
Une chasuble, adjugée à Pigalle, pour 5 ₶ 1 ſ.
Trois chapes noires, deux chasubles rouges, adjugées à la femme Roullier, pour 25 ₶ 4 ſ.
Trois chasubles, adjugées à Lapaix, pour 19 ₶ 14 ſ.
Deux chasubles noires, adjugées à Lepreux, pour 5 ₶ 19 ſ.
Deux chasubles, adjugées à la femme Gillet, pour 10 ₶ 1.
Deux chasubles, adjugées à Coquerel, pour 4 ₶ 12 ſ.
Deux chasubles dont une rouge, adjugées à Mancellière, pour 47 ₶ 19 ſ.
Deux chasubles, adjugées à Lecureuil, pour 7 ₶ 14 ſ.
Deux tuniques, adjugées à Lapaix, pour 16 ₶ 2 ſ.
Deux chasubles, adjugées à Lemeunier, pour 15 ₶ 1 ſ.
Une chape rouge, adjugée à Pigalle, pour 10 ₶ 11 ſ.
Deux chasubles dont une noire, adjugées à Lapaix, pour 43 ₶ 15 ſ.
Une chasuble, une chape violette, adjugées à Malherbe, de La Ferté, pour 124 ₶.
Une chasuble rouge, adjugée à Voisin, pour 10 ₶ 6 ſ.

Une chape, adjugée à Léon David, pour 4 # 19 ƒ.
Une chape, adjugée à la femme Gillet, pour 11 #.
Trois chapes de satin blanc, adjugées à Couppel, pour 59 # 15 ƒ.
Une chasuble et deux dalmatiques, adjugées à la femme Leprince, pour 14 #.
Deux chapes noires, adjugées à Pavé, pour 15 #.
1er Mars. — Trois mauvais dais, deux chasubles et deux tuniques, adjugés à Léon David, pour 9 # 18 ƒ.
Deux chasubles et deux tuniques, adjugées à Pocheton, pour 26 #.
Trois chasubles, deux tuniques, plusieurs devants d'autel, adjugés au curé d'Oizé, pour 68 #.
Un lot d'étoles, adjugé à Mary, pour 5 #.
Une chasuble et deux tuniques, adjugées à Lapaix, pour 9 # 1 ƒ.
Cinq chasubles noires, un lot de chasubles, adjugés à Mary, pour 15 # 8 ƒ.
Plusieurs chasubles, deux tuniques, un lot de chasubles, adjugés à Lapaix, pour 20 # 11 ƒ.
Plusieurs chasubles, adjugées à Léon David, pour 6 # 1 ƒ.
Un lot de chasubles, adjugé à Daniel, pour 10 # 8 ƒ.
Un lot de chasubles, adjugé à Léon David, pour 11 # 19 ƒ.
Trois vieilles chapes, adjugées à Toupin, pour 7 #.
Deux chapes, adjugées au même, pour 15 #.
Deux chapes, adjugées à Rouchet, pour 12 # 4 ƒ.
Deux devants d'autel, adjugés au curé d'Oizé, pour 6 # 1 ƒ.
Une chasuble, adjugée à la femme Gillet, pour 2 #.
Un lot de chasubles et tuniques, deux chasubles et deux tuniques noires, adjugés à Lapaix, pour 18 # 8 ƒ.
Une chasuble, adjugée au curé d'Aigné, pour 21 # 1 ƒ.
Une chasuble, deux tuniques, un drap mortuaire, cinq devants d'autel, adjugés à l'abbé Pigalle, pour 102 # 2 ƒ.
Deux draps mortuaires, adjugés à la femme Gillet, pour 9 # 19 ƒ.
Une chasuble et deux tuniques, adjugées au procureur de la fabrique de Saint-Mars-d'Outillé, pour 9 # 10 ƒ.
Une chasuble, adjugée à Mancellière, pour 6 # 16 ƒ.
Un lot de chasubles, un drap mortuaire, adjugés à Léon David, pour 11 #.

Un lot de chasubles, deux dalmatiques, un lot de plusieurs effets, plusieurs devants d'autel, adjugés à Coqueret, pour 41 # 16 s.

Un lot de chasubles, deux autres lots de plusieurs effets, adjugés à Girard, de Montdoubleau, pour 22 # 4 s.

Deux devants d'autel, adjugés à Laudru, pour 6 # 1 s.

Un drap mortuaire, une chasuble, adjugés à Toupin, pour 7 # 9 s.

1er mars. — Trois chapes noires, une chasuble rouge, adjugées à l'abbé Pigalle, pour 54 #.

Trois chapes noires, adjugées à Bellisle, pour 10 #.

Deux chasubles, deux tuniques noires, deux dalmatiques violettes, adjugées à Lapaix, pour 13 # 16 s.

Deux chapes, sept devants d'autel, adjugés à Bouchet, pour 15 # 3 s.

Un lot d'ornements de peu de valeur, adjugé à la veuve Roullier, pour 10 # 14 s.

Un couvre tabernacle, adjugé à Lecureuil, pour 5 # 4 s.

Plusieurs devants d'autel, morceaux de devants d'autel, cinq crédences, deux chasubles tricolores, adjugés à la femme Pitaut, pour 25 #.

Un drap mortuaire, cinq devants d'autel, adjugés à Bouttier, pour 13 #.

Six chasubles, adjugées à Lecureuil, pour 6 # 11 s.

Cinq devants d'autel, adjugés à Léon David, pour 23 # 10 s.

Une chasuble rouge, sept devants d'autel, trois chapes, adjugés à la femme Gillet, pour 30 # 19 s.

Deux tuniques, une chasuble, adjugées à Mancellière, pour 2 # 1 s.

Une chasuble et deux tuniques, adjugées à Daniel, pour 19 #.

Une chape verte, adjugée à Bouttin, pour 5 #.

Une chasuble et deux tuniques tricolores, adjugées au curé de La Couture, pour 37 #.

Une chasuble, cinq chapes, adjugées à Lapaix, pour 21 # 11 s.

Quatre chapes, une chasuble, adjugées à David, pour 43 # 1 s.

Une chasuble et deux tuniques, adjugées à Malherbe, de La Ferté, pour 131 # 2 s.

Une chasuble et deux tuniques, adjugées à Maillet, pour 100 # 10 s.

Deux chapes de différentes couleurs, deux autres chapes, deux chasubles, adjugées à la femme Gillet, pour 17 # 9 *f.*

Deux chapes, adjugées à Lapaix, pour 11 # 1 *f.*
Deux chapes, adjugées à la femme Toupin, pour 3 # 1 *f.*
Six robes de bedeau, adjugées à Coquerel, pour 14 #.
Deux chapes, adjugées à Daunay, pour 8 # 10 *f.*
Une chasuble et deux tuniques, adjugées à Daniel, pour 18 #.
Une chasuble, adjugée à l'abbé Pigalle, pour 8 # 10 *f.*
Une chasuble, adjugée à la femme Pitaut, pour 7 #.
Une chape, adjugée à Leger, pour 5 # 6 *f.*
Quatre devants d'autel, adjugés à la fabrique de Ruaudin, pour 18 # 4 *f.*

Trois devants d'autel, une chape, adjugés à l'abbé Pigalle, pour 35 # 2 *f.*

2 mars. — Un lot de chandeliers, adjugé à Léon David, pour 4 #.

Un lot de chandeliers, deux expositions, adjugés à Lapaix, pour 3 # 19 *f.*

Trois expositions et deux miroirs, adjugés à Lapaix, pour 9 # 19 *f.*

Une exposition, un dais, adjugés à l'abbé Pigalle, pour 38 # 2 *f.*

Plusieurs cadres et morceaux de bois, adjugés à Mary, pour 1 # 11 *f.*

Deux chasubles, quatre tuniques, une chasuble tricolore, deux chasubles, quatre tuniques, trois chapes, adjugées à Mancellière, pour 404 #.

Trois chapes, adjugées à Lapaix, pour 60 # 7 *f.*
Trois chapes rouges, adjugées à Daniel, pour 212 #.
Plusieurs devants d'autel, adjugés à Pocheton, pour 20 #.
Différents tapis d'autel, adjugés à Lapaix, pour 12 # 3 *f.*
Plusieurs tapis, adjugés à Girard, de Montdoubleau, pour 6 # 2 *f.*

Plusieurs rideaux, adjugés à la femme Gillet, pour 14 #.
Des morceaux de tapisserie, deux chandeliers, un lutrin de fer, adjugés à Mary, pour 9 # 9 *f.*

Plusieurs morceaux de toile et de tapisserie, deux chandeliers de fer, adjugés à la femme Gillet, pour 8 # 4 *f.*

Plusieurs morceaux de toile, huit chandeliers, adjugés à Daniel, pour 25 # 1 s.

Plusieurs morceaux de tapisserie, six pièces de tapisserie, sept autres pièces de tapisserie, adjugés à Girard, pour 126 #.

Six pièces de tapisserie, adjugées à l'abbé Pigalle, pour 39 # 1 s.

Six pièces de tapisserie, adjugées à la femme Gillet, pour 30 # 5 s.

Quatre pièces de tapisserie, six morceaux de tapisserie, quatre tableaux, trois devants d'autel, deux tables de marbre et autres ustensiles, adjugés à Mancellière, pour 98 #.

Quatre pièces de tapisserie, quatre torches de fer blanc couvertes en cire, une gloire et des gradins, adjugés à Lapaix, pour 56 # 18 s.

Un lot de cordes, adjugé à Bouttier, pour 7 # 18 s.

Quatre chandeliers de fer, adjugés à Coqueret, pour 6 # 2 s.

Cinq chandeliers de fer, adjugés à la femme Hervé, de Saint-Benoit, pour 5 # 11 s.

Dix morceaux de tapisserie, adjugés à la femme Hervé, pour 30 # 1 s.

Dix autres morceaux de tapisserie, adjugés à Guérin-le-Romain, pour 28 #.

Un lot de plomb, adjugé à la femme Gillet, pour 59 # 19 s.

Un lot d'étain, un pupitre, un lot de chassis, quatorze cents livres de ferrailles, plusieurs battants de cloches, adjugés à Lapaix, pour 171 # 8 s.

Un pupitre de fer et son pied, adjugé à Coqueret, pour 16 # 2 s.

Deux lampes de fer, adjugées à l'abbé Pigalle, pour 50 #.

Un buffet à quatre battants fermant à clef, adjugé à la femme Leprince, pour 30 #.

Un autre petit buffet, adjugé à la même femme, pour 3 # 10 s.

Un buffet à quatre battants fermant à clef, adjugé à Bouttier, pour 20 # 1 s.

Une cuve, adjugée à Guérin-le-Romain, pour 122 # 19 s.

3 mars. — Douze essuie-mains, six aubes, adjugés à la femme Mauguin, pour 24 # 10 s.

Douze essuie-mains, adjugés à la femme Hervé, pour 4 # 10 s.

Six aubes, adjugées à Daniel, pour 22 # 6 s.

Douze essuie-mains, adjugés à la femme Culerier, pour 7 # 1 s.

Six aubes, adjugées à Plessis, de Vallon, pour 20 ₶ 6 ſ.
Six aubes, adjugées au curé de Pontvallain, pour 25 ₶ 10 ſ.
Six aubes, adjugées à la veuve Roullier, pour 19 ₶ 3 ſ.
Six aubes, adjugées à la femme Gillet, pour 19 ₶ 4 ſ.
Six aubes, adjugées à Coqueret, pour 18 ₶.
Douze aubes, adjugées à Léon David, pour 35 ₶ 8 ſ.
Six aubes, adjugées à la femme Leprince, pour 20 ₶.
Douze aubes, adjugées à la femme Culerier, pour 57 ₶ 7 ſ.
Six aubes, adjugées à la femme Hervé, pour 15 ₶ 19 ſ.
Six aubes, adjugées à Malherbe, de La Ferté, pour 18 ₶.
Six aubes, adjugées à Plessis, pour 15 ₶.
Douze aubes, adjugées à Duval, pour 41 ₶ 1 ſ.
Six aubes, adjugées à Leduc, pour 23 ₶.
Six aubes, adjugées à la femme Mauguin, pour 26 ₶ 5 ſ.
Huit aubes, adjugées à Leger, pour 30 ₶ 2 ſ.
Six petites aubes, adjugées à Daniel, pour 16 ₶ 2 ſ.
Six petites aubes, quatre aubes, douze nappes, adjugées à la veuve Roullier, pour 24 ₶.
Six aubes, adjugées au curé de Pontvallain, pour 15 ₶.
Six surplis, adjugés à la femme Mauguin, pour 27 ₶ 1 ſ.
Trois petites aubes, adjugées à Lemeunier, pour 6 ₶.
Des nappes d'autel, un lot de nappes d'autel, vingt-quatre nappes d'autel, adjugées à la femme Leprince, pour 68 ₶ 5 ſ.
Douze nappes d'autel, adjugées à la femme Mauguin, pour 20 ₶ 1 ſ.
Douze nappes d'autel, adjugées à la femme Hervé, pour 10 ₶ 19 ſ.
Douze nappes d'autel, sept morceaux de linge, adjugés à la femme Mauguin, pour 32 ₶ 1 ſ.
Deux douzaines d'essuie-mains, plusieurs autres essuie-mains, adjugés à la femme Gillet, pour 38 ₶ 4 ſ.
Un lot de mauvais linge, adjugé à Daniel, pour 16 ₶ 3 ſ.
Deux aubes d'autel, adjugées à Mancellière, pour 18 ₶.
Une aube, adjugée à Denis, pour 3 ₶.
Un lot de bouquins, huit livres de plain-chant, sept lots de livres d'église, adjugés à Toutain, pour 98 ₶ 7 ſ.
Un lot de bouquins, adjugé à Mary, pour 3 ₶ 1 ſ.
Trois serrures, adjugées à Franchet, pour 4 ₶.

« Qui sont tous les ornements, meubles, ustensiles et autres effets mobiliers provenant des églises et communautés supprimées de la ville du Mans. »

CI-DEVANT ÉGLISE DE LA MISSION

1ᵉʳ octobre 1793. — Un buffet d'orgue, tribune et dépendances, adjugés à Auguste Guillotin, marchand, paroisse de Saint-Julien, pour 1,210 ₶.

VENTE AU PROFIT DES PAUVRES
DE DIFFÉRENTS ORNEMENTS ET LINGE
Trouvés dans les églises du Mans.

21 brumaire an II. — Un lot d'étoles de différentes étoffes et autres effets, adjugé au citoyen Janvier, fripier, pour 9 ₶.

Un lot d'étoles et autres effets, adjugé au citoyen Gaufretin, épicier, pour 6 ₶.

Un lot de bougran servant de doublure, trois chasubles noires, une doublure, adjugés au citoyen Miliasse, pour 21 ₶ 12 ſ.

Un lot de doublures, trois chasubles violettes, adjugés au citoyen Mauguin, fripier, pour 11 ₶ 1 ſ.

Un lot de doublures, un lot d'étoles et autres effets, adjugés au citoyen Mary, pour 9 ₶ 9 ſ.

Un lot de bougran, adjugé au citoyen Hérault, pour 12 ₶ 15 ſ.

Quatre chasubles, deux tuniques garnies, une tunique noire, une tapisserie, adjugées à la citoyenne femme Gillet, fripière, pour 8 ₶ 15 ſ.

Deux tuniques, adjugées au citoyen Godin, pour 3 ₶ 1 ſ.

Deux tuniques, quatre chasubles, plusieurs amicts, des morceaux de linge, une chape, un lot de doublures, adjugés au citoyen Fromentin la Liberté, pour 19 ₶ 11 ſ.

Trois chasubles de diverses couleurs, trois chasubles violettes, deux autres chasubles avec étoles, deux tuniques, deux chasubles noires, deux grandes aubes et deux petites, adjugées au citoyen Bernard, pour 53 # 15 f.

Deux aubes, adjugées à Penard, pour 27 # 10 f.

Cinq rochers, quatre aubes, trois nappes, adjugés au citoyen Mauguin, pour 53 # 8 f.

Quatre aubes, adjugées au citoyen Boutot, pour 16 #.

Cinq morceaux de bougran, adjugés à la citoyenne Gillet, pour 6 # 5 f.

Des morceaux de doublures, adjugés au citoyen Janvier, pour 7 # 6 f.

Trois chasubles, neuf morceaux de doublures, adjugés à la veuve Charpentier, pour 31 # 11 f.

Cinq morceaux de doublures, adjugés au citoyen Lechêne, du Pré, pour 12 #.

Un lot de doublures, adjugé à Fromentin, pour 9 # 2 f.

22 brumaire. — Un lot de doublures, adjugé à la femme Bougard, pour 5 # 7 f.

Un lot de bougran, adjugé à Miliasse, tailleur, pour 25 # 15 f.

Un lot de doublures, adjugé au citoyen Bouvet, du Marché, pour 6 #.

Un lot de doublures et bougran, adjugé au citoyen Millory, tailleur, pour 7 # 11 f.

Trois lots de bougran de différentes couleurs, une chape, une chasuble, deux tuniques noires, adjugés à la citoyenne femme Subre, pour 29 # 11 f.

Deux lots de bougran de différentes couleurs, adjugés au citoyen Mary, pour 12 # 19 f.

Un lot de bougran, adjugé au citoyen Venterplauk, pour 7 # 10 f.

Trois chasubles de soie, adjugées à la citoyenne femme Pijard, pour 7 # 2 f.

Trois petites aubes d'enfant de chœur, adjugées au citoyen Hocdet, pour 3 # 5 f.

Deux aubes, adjugées au citoyen Godin, de la rue Saint-Flaceau, pour 15 #.

Deux aubes, adjugées au citoyen Dessalles, pour 17 #.

Trois petites aubes d'enfant de chœur, adjugées au citoyen Thoury fils, pour 3 # 2 f.

Trois petites aubes, adjugées à la femme Blondeau, pour 4 ⋕ 12 ſ.

Trois aubes, adjugées au citoyen Rouillard, notable, pour 15 ⋕.

Deux aubes, un lot de bougran, adjugés à la femme Gillet, fripière, pour 22 ⋕ 18 ſ.

Deux petites aubes, deux doublures de chasubles en bougran, adjugées à la femme Pijard, pour 10 ⋕ 13 ſ.

Deux aubes adjugées au citoyen Nouchet, pour 16 ⋕ 2 ſ.

Deux aubes, adjugées au citoyen Goyé, pour 17 ⋕ 2 ſ.

Une aube, adjugée au citoyen Mancellière, pour 7 ⋕.

Une chasuble, une tunique, des tapisseries, adjugées au citoyen Mary, pour 4 ⋕ 19 ſ.

Une chasuble, une tunique, adjugées à la femme Subre, pour 8 ⋕ 1 ſ.

Deux lots de bougran, deux chapes à fleurs, deux chapes, une dalmatique, un lot de doublure en toile rose, adjugés à la femme Culerier, pour 63 ⋕ 7 ſ.

Un lot de bougran, trois chasubles à fleurs, adjugés au citoyen Bouttier, pour 12 ⋕ 5 ſ.

Plusieurs étoffes, une chape de soie, deux chasubles vertes, adjugées au citoyen Bernard, pour 21 ⋕ 4 ſ.

Deux tuniques, une chasuble violette, adjugées au citoyen Bernard, pour 9 ⋕ 15 ſ.

Deux chapes, une chasuble, adjugées au citoyen Cornu, pour 4 ⋕.

Deux chasubles, adjugées au citoyen Denis, banisseur (crieur de ventes), pour 5 ⋕ 1 ſ.

Deux chapes, adjugées au citoyen Pavillon, pour 5 ⋕ 4 ſ.

Deux doublures de chape en bougran, adjugées au citoyen Lechêne, du Pré, pour 4 ⋕.

Deux doublures de bougran, adjugées à la femme Mancellière, pour 5 ⋕ 10 ſ.

Deux doublures de chape, adjugées au citoyen Lelourmel, pour 5 ⋕.

Quatre aubes, treize lavabos, adjugés au citoyen Bouttier, pour 23 ⋕ 5 ſ.

Deux chasubles, adjugées au citoyen Pijard, pour 15 ⋕ 8 ſ.

Deux nappes d'autel ouvrées, une chasuble, deux doublures, adjugées à la citoyenne Culerier, pour 18 ⋕ 3 ſ.

Trois nappes d'autel, adjugées au citoyen Aubry, pour 5 # 15 s.
Trois nappes d'autel, adjugées au citoyen Louvel, pour 3 # 5 s.
Trois nappes d'autel, adjugées au citoyen Merruan, pour 6 #.
Vingt morceaux de linge, adjugés au citoyen Hatton, du Pré, pour 5 # 1 s.
Trois petites aubes, adjugées au citoyen Lamarre, jardinier, rue Montoise, pour 6 #.
Deux petites aubes, adjugées au citoyen Bougard, pour 2 # 14 s.
Une aube et deux cordons, adjugés au citoyen Gasse, pour 7 # 8 s.
Deux chasubles, adjugées au citoyen Godin, rue Saint-Flaceau, pour 8 # 14 s.
Plusieurs morceaux d'étoffes, adjugés au citoyen Voisin, journalier, grande-rue, pour 4 # 5 s.
Une chape de satin cramoisi, adjugée au citoyen Mancellière, pour 18 # 10 s.
Une vieille chasuble, adjugée au citoyen Charpentier, pour 5 #.
Plusieurs étoles de différentes étoffes, adjugées au citoyen Lechêne, père, pour 2 # 10 s.
Un lot semblable, adjugé au citoyen Denis, pour 2 # 10 s.
23 brumaire. — Un lot de doublures en bougran, adjugé au citoyen Lelourmel, pour 26 #.
Un lot de doublures, adjugé au citoyen Ventreplauk, pour 13 #.
Un fond de dais, un lot de doublures, adjugés au citoyen Pierre Guérin, pour 30 # 13 s.
Un lot de doublures, adjugé à la citoyenne Cornu, de Bonnétable, pour 16 # 9 s.
Une chasuble et plusieurs morceaux d'étoffes, adjugés au citoyen Bernard, pour 19 # 10 s.
Six chapes, adjugées à la citoyenne Sutterre, pour 57 #.
Deux corps de chape, adjugés au citoyen Bouttier, pour 18 # 19 s.
Deux chapes violettes, adjugées au citoyen Pierre Guérin, pour 35 #.
Trois chapes de damas, adjugées au citoyen Lechêne, du Pré, pour 28 # 15 s.
Une chasuble, deux tuniques, deux étoles, adjugées au citoyen Mary, pour 5 # 9 s.

Quatre chasubles, adjugées au citoyen Bouillon, pour 26 ⩸.

Deux chapes noires, adjugées au citoyen Bernard, pour 18 ⩸ 15 *f*.

Deux chapes et deux dalmatiques, adjugées au citoyen Mancellière, pour 36 ⩸.

Trois chapes, une chasuble, une petite tunique, adjugées au citoyen Pijard, pour 13 ⩸ 5 *f*.

Trois chapes noires, adjugées à la femme Culerier, pour 18 ⩸.

Un lot de doublures, adjugé à Guillotin père, pour 8 ⩸ 3 *f*.

Un lot de doublures de bougran, plusieurs morceaux d'étoffes, adjugés à Guillotin fils, pour 12 ⩸.

Trois chapes, trois tuniques, deux chasubles, deux étoles, adjugées à la citoyenne Subre, pour 50 ⩸ 10 *f*.

Une tunique, une étole violette, adjugées à la citoyenne Rouillard, fripière Grande-Rue, pour 35 ⩸ 5 *f*.

Deux chapes, adjugées au citoyen Lapommerais fils, fripier, pour 11 ⩸.

Deux chapes blanches, adjugées à Merruau, pour 47 ⩸.

Quatre rochets, adjugés au citoyen Bellœuvre, pour 12 ⩸.

Deux aubes, adjugées à la citoyenne Moreau, pour 23 ⩸.

Quatre aubes, adjugées au citoyen Gaigneau, pour 40 ⩸.

Quatre aubes, adjugées au citoyen Lamarre, du Pré, pour 30 ⩸.

Deux aubes, adjugées au citoyen Nouchet, pour 20 ⩸ 10 *f*.

Deux aubes, adjugées au citoyen Pottier, maire du Mans, pour 24 ⩸.

Deux aubes, adjugées au citoyen Lapommerais, pour 21 ⩸ 10 *f*.

Deux coussins, adjugés au citoyen Crépon, l'un des commissaires de la vente, pour 3 ⩸.

Deux aubes, adjugées au citoyen Merruau, pour 20 ⩸ 15 *f*.

Trois nappes d'autel et treize lavabos, adjugés au citoyen Gaigneau, pour 11 ⩸ 5 *f*.

Trois chapes, une chasuble, adjugées à la citoyenne Subre, pour 50 ⩸ 15 *f*.

Deux tuniques, une étole, adjugées à la citoyenne Sutterre pour 28 ⩸ 10 *f*.

Deux chapes, adjugées au citoyen Fromentin, pour 15 ⩸.

24 brumaire. — Un lot de doublures, adjugé à la citoyenne Culerier, pour 12 ⩸.

Deux corps de chape, deux aubes, une chasuble noire, adjugés au citoyen Mancellière, pour 30 ₶.

Cinq chasubles, deux corps de chape de velours violet, cinq tuniques, plusieurs morceaux de tapisserie, adjugés à la citoyenne Subre, pour 153 ₶ 15 s.

Trois chapes, adjugées au citoyen Bernard, pour 13 ₶ 5 s.

Deux chapes, adjugées au citoyen Coindon, pour 62 ₶ 5 s.

Un lot de morceaux de soie, adjugé au citoyen Pierre Guérin, pour 16 ₶ 5 s.

Plusieurs morceaux de velours rouge, deux aubes, adjugés au citoyen Guillotin fils, pour 46 ₶.

Plusieurs morceaux d'étoffe de soie, adjugés au citoyen Guillotin père, pour 22 ₶ 5 s.

Plusieurs morceaux de tapisserie, adjugés à la citoyenne Subre, pour 5 ₶ 15 s.

Plusieurs morceaux de velours et étoffes, adjugés au citoyen Bernard, pour 9 ₶ 15 s.

Sept aubes, adjugées au citoyen Papin, pour 48 ₶ 15 s.

Quatre aubes, adjugées au citoyen Bonmartin, tailleur, pour 25 ₶ 15 s.

Deux petites aubes, adjugées au citoyen Crépon, l'un des commissaires de la vente, pour 10 ₶.

Un lot de bougran, adjugé au citoyen Bonmartin, pour 12 ₶ 10 s.

Un lot de bougran, trois tuniques, deux chasubles de velours de diverses couleurs, adjugés à la citoyenne Culerier, pour 66 ₶ 15 s.

Trois aubes, adjugées au citoyen Guillotin père, pour 6 ₶ 5 s.

Deux tuniques, une chasuble, adjugées au citoyen Janvier, pour 31 ₶ 10 s.

Deux tuniques, deux chasubles, adjugées au citoyen Nouchet, pour 26 .

Trois aubes, adjugées à la citoyenne Fouquet, pour 6 ₶ 5 s.

Deux aubes, adjugées au citoyen Bellœuvre, pour 15 ₶ 5 s.

Deux aubes, adjugées au citoyen Hervé, pour 18 ₶ 5 s.

Trois nappes d'autel, adjugées au citoyen Leroux, de Saint-Vincent, pour 9 ₶ 5 s.

Deux aubes, adjugées au citoyen Rocheteau, pour 21 ₶.

Deux aubes, adjugées au citoyen Mancellière, pour 12 ₶.

Deux aubes, adjugées au citoyen Hervé, pour 14 # 15 f.

Deux aubes, adjugées au citoyen Guillotin père, pour 20 # 10 f.

Deux rochets, deux aubes, une nappe d'autel, adjugés au citoyen Papin, pour 28 #.

Trois aubes, adjugées au citoyen Bellœuvre, pour 16 # 15 f.

Trois aubes, adjugées au citoyen Lapommerais, pour 22 #.

Trois aubes, adjugées au citoyen Rocheteau, pour 18 # 5 f.

Deux aubes, adjugées au citoyen Brard, pour 12 #.

Une aube, plusieurs morceaux de linge, plusieurs morceaux de soie, un morceau de velours vert, un plafond de dais en satin cramoisi, adjugés au citoyen Bernard, pour 82 # 10 f.

Quatre aubes, adjugées au citoyen Janvier, pour 16 #.

Quatre aubes d'enfant, adjugées au citoyen Grassin, pour 11 # 5 f.

Quatre nappes d'autel, quatre petites aubes, adjugées au citoyen Lecot, garde, pour 12 # 15 f.

Quatre aubes, adjugées au citoyen Lorain, cordonnier, pour 11 # 5 f.

Quatre petits rochets, adjugés au citoyen Blondeau, pour 8 # 5 f.

Huit nappes d'autel et cinq petits lavabos, adjugés au même, pour 5 #.

Quatre petites aubes, adjugées au citoyen Denis, pour 4 # 12 f.

Quatre aubes, adjugées au citoyen Ventreplauk, pour 18 # 5 f.

Trois aubes, adjugées au citoyen Thourry, pour 9 # 5 f.

Quatre aubes, adjugées au citoyen Lecot, pour 36 #.

25 brumaire. — Six aubes, adjugées au même citoyen, pour 43 # 5 f.

Sept aubes, adjugées au citoyen Denis, pour 36 # 10 f.

Cinq aubes, adjugées au citoyen Bernard, pour 37 # 5 f.

Deux aubes, adjugées au citoyen Lechêne, du Pré, pour 16 # 10 f.

Neuf aubes, adjugées au citoyen Janvier, pour 32 #.

Deux aubes, adjugées au citoyen Miliasse, pour 12 #.

Deux aubes, adjugées au citoyen Duclos, pour 16 # 15 f.

Une nappe d'autel, vingt-cinq morceaux de toile, adjugés au citoyen Dutertre, pour 9 # 10 f.

Deux aubes, adjugées au citoyen Boucher, serrurier, pour 15 ₶ 5 ſ.

Trois aubes, adjugées au citoyen Liger, pour 20 ₶.

Deux nappes, une aube, adjugées à la citoyenne Hareau, pour 9 ₶.

Cinq aubes, adjugées au citoyen Gagé, pour 36 ₶ 5 ſ.

Une nappe, une aube, adjugées au citoyen Papin, pour 7 ₶ 5 ſ.

15 brumaire. — Deux lots de velours de diverses couleurs, plusieurs corps de chape de velours de soie, cinq morceaux de velours noir, une chasuble, une tunique de velours vert, adjugés au citoyen Bernard, pour 127 ₶ 15 ſ.

Un corps de chape de velours rouge, adjugé au citoyen Savattier, pour 41 ₶.

Un corps de chasuble de velours violet, adjugé au citoyen Dubourg, pour 42 ₶ 15 ſ.

Deux chasubles de velours noir, adjugées au citoyen Guillotin père, pour 20 ₶.

Un lot de bougran, adjugé au citoyen Savattier, pour 16 ₶ 5 ſ.

Quatre aubes, adjugées au citoyen Guillotin père, pour 28 ₶ 10 ſ.

Quatre aubes, deux morceaux de velours, un rouge et l'autre noir, adjugés au citoyen Dubourg, pour 123 ₶ 5 ſ.

Deux aubes, morceaux d'étoffes, adjugés à la citoyenne Cuvelier, pour 23 ₶.

Une aube, une nappe d'autel, adjugées au citoyen Houdet, tailleur, pour 16 ₶ 5 ſ.

Deux aubes, adjugées à la citoyenne Grolleau, pour 16 ₶.

Deux aubes, adjugées à la citoyenne Gaignot, pour 31 ₶ 10 ſ.

Un lot de morceaux de linge, adjugé au citoyen Dagoreau, pour 17 ₶ 5 ſ.

Deux tuniques, deux corps de chape, adjugés au citoyen Mancellière, pour 34 ₶.

Un lot de velours, un corps de chape vert, adjugés au citoyen Larol, pour 44 ₶ 5 ſ.

Deux aubes, adjugées au citoyen Martin, pour 11 ₶.

Deux lots de morceaux de velours de différentes couleurs, adjugés à la citoyenne Subre, pour 37 ₶ 10 ſ.

Un lot de velours, adjugé à Miliasse, pour 25 ₶.

Un lot de différentes étoffes, adjugé au citoyen Lapommerais fils, pour 25 #.

Un lot de velours rouge, deux aubes, adjugés au citoyen Rouillard, fripier, pour 51 # 10 f.

Deux aubes, adjugées au citoyen Bernard, pour 32 # 5 f.

Trois aubes, un lot de morceaux de linge, adjugés au citoyen Dagoreau, pour 12 #.

Un corps de chape de velours rouge, un morceau de velours noir, adjugés au citoyen Thuillier, pour 78 #.

Un morceau de velours rouge, adjugé au citoyen Barbier, sellier, pour 30 #.

Un morceau de velours noir, adjugé au citoyen Léon, canonnier, pour 51 # 10 f.

Un morceau de velours noir, adjugé au citoyen Salmon, pour 56 # 10 f.

Un morceau de satin rose, adjugé au citoyen Crépon, pour 16 # 15 f.

Deux aubes, adjugées au citoyen Rouillard, pour 12 #.

Deux chapes de velours violet, adjugées au citoyen Dubourg, pour 64 #.

VENTE DES ORNEMENTS

ET

AUTRES EFFETS TROUVÉS DANS LES DIFFÉRENTES

ÉGLISES DU MANS

Cette vente est faite à la maison commune par Charles-Louis-Alexandre Crépon, officier municipal, et Brard, membre du conseil (1).

---

(1) 7 Nivose an II. — Mise en vente sur la ci-devant place des Jacobins des différentes voitures prises sur les brigands. Vente faite par Crépon et Brard, commissaires, membres du Conseil général.
Une voiture à bœufs, adjugée au citoyen Guillotin fils, pour 60 livres.
Une autre voiture semblable, adjugée au citoyen Duquesnay, salpêtrier, pour 110 livres.
Une autre voiture semblable, adjugée au citoyen Juteau, procureur de la commune, pour 121 livres.

16 nivôse 1795. — Un lot de bois, adjugé au citoyen Verfy, pour 2 # 5 f.

Deux lustres, adjugés au citoyen Gillet, pour 4 #.

Un banc, adjugé à Jarossay, pour 2 # 10 f.

Un banc, adjugé à Boultier, pour 5 # 19 f.

Un banc, deux portes, adjugés à Brard, pour 2 # 16 f.

Un petit coffre, un bas de buffet, adjugés à Simier, pour 15 # 5 f.

Un coffre, adjugé à Chaplain, pour 6 #.

Une petite armoire en sapin, adjugée à Juteau, pour 3 # 15 f.

Un banc, adjugé à Crépon, pour 3 #.

Deux devants d'autel, adjugés à Cuvelier, pour 21 #.

Deux devants d'autel, adjugés au citoyen Mancellière, pour 8 # 15 f.

Trois devants d'autel, un lot d'ornements, un lot de morceaux de soie, vingt-sept bourses, un morceau de tapis, quatorze morceaux de linge, adjugés au citoyen Rouillard, de la Grande-Rue, pour 135 # 5 f.

Deux devants d'autel, adjugés au citoyen Dagoreau, de Saint-Jean, pour 4 #.

Deux devants d'autel, adjugés au citoyen Lebourdais, fripier, pour 15 f.

Deux devants d'autel, adjugés à la citoyenne femme Gillet, fripière, pour 6 # 15 f.

Dans la cour du Palais, une grande voiture couverte, adjugée au citoyen Duquesnay, pour 155 livres.

Un carrosse à quatre roues, fond vert tendre, adjugé au citoyen Thuillier, carrossier, pour 350 livres.

21 nivôse. — Voitures dans les cours de l'hôpital et de l'hôtel-Dieu : une voiture à bœufs, adjugée au citoyen Ronsard, de Coulaines, pour 100 livres.

Une voiture semblable, adjugée au citoyen Provost, de Congé, pour 110 livres.

Une voiture semblable, adjugée au citoyen Gourdin, pour 80 livres.

Une voiture semblable, adjugée au citoyen Lemarié, de Saint-Mars, pour 80 livres.

Une charrette à deux bouvards, adjugée au citoyen Barré, pour 105 livres.

Une voiture à bœufs, adjugée au citoyen Divaret, pour 80 livres.

Une voiture semblable, adjugée au citoyen Gourdin, pour 85 livres.

Une voiture à bœufs, adjugée au citoyen Jean Goulet, de Louplande, pour 160 livres.

Une voiture à deux brancards, adjugée au citoyen Chevalier, pour 210 livres.

Une voiture à bœufs, adjugée au citoyen Girard, de Joué, pour 200 livres.

Une voiture à bœufs, adjugée au citoyen Labelle, de Fay, pour 113 livres.

Un cabriolet couvert de cuir déchiré en plusieurs endroits, adjugé au citoyen Bellœuvre, pour 68 livres.

Une voiture à bœufs, adjugée au citoyen Davase, de Saint-Ouen-en-Belin, pour 100 livres.

Deux devants d'autel, adjugés à la citoyenne femme Culerier, pour 8 ₶ 10 s.

Quatre chasubles, une tunique, un devant d'autel, plusieurs tuniques, adjugés au citoyen Martin, pour 123 ₶.

Un lot d'ornements, deux chapes noires, plusieurs ornements, adjugés à la citoyenne Larcher, du marché Saint-Pierre, pour 31 ₶ 10 s.

Une aube, un surplis, plusieurs morceaux de toile, adjugés au citoyen Larcher, rue Marat, pour 15 ₶ 15 s.

Quatre chapes, adjugées au citoyen Lebourdais, pour 20 ₶.

Deux chasubles et dalmatiques, un devant d'autel, adjugés à la citoyenne femme Vannier, pour 23 ₶ 15 s.

17 nivôse. — Trois chapes noires, adjugées au citoyen Doguel, fripier, pour 10 ₶ 5 s.

Trois aubes et plusieurs morceaux de linge, adjugés au citoyen Derudel, rue des Poules, pour 17 ₶ 5 s.

Plusieurs morceaux de linge, deux devants d'autel, adjugés au citoyen Bouttier, pour 9 ₶ 16 s.

Un drap mortuaire, adjugé au citoyen Pierre David, de Sainte-Jammes, pour 49 ₶.

Une aube et divers morceaux de linge, adjugés au citoyen Coudray, pour 25 ₶ 5 s.

Deux parties de dais, adjugées au citoyen Thuillier, pour 15 ₶ 10 s.

Un lot de linge, adjugé au citoyen Coudray, pour 11 ₶.

Une aube et deux nappes d'autel, adjugées au citoyen Henry, pour 14 ₶ 10 s.

Quatre aubes, deux nappes d'autel, une petite *lavoyalle* (sic), un morceau de linge, adjugés au citoyen Vannier, pour 25 ₶.

Deux aubes, une nappe d'autel, adjugées au citoyen Dessommes, pour 12 ₶ 10 s.

Une aube et trois serviettes, adjugées au citoyen Coudray, pour 19 ₶ 5 s.

Une aube et trois nappes, adjugées au citoyen Thuillier, pour 11 ₶.

Une chape, adjugée au citoyen Doguel, pour 32 ₶ 15 s.

Un dais, une tunique, un ciel de dais, deux tuniques de velours, adjugés à Martin, pour 110 ₶ 15 s.

Une chape de velours vert, adjugée au citoyen Cuvelier, pour 18 # 5 ſ.

Six aubes, une nappe, adjugées au citoyen Derudel, pour 45 #.

Trois aubes, une tunique, un porte-soleil, plusieurs morceaux de linge, adjugés au citoyen Larcher, pour 43 # 1 ſ.

Trois aubes, deux nappes d'autel, adjugées au citoyen Henry, pour 54 # 15 ſ.

Cinq lavabos, deux nappes d'autel, adjugés au citoyen Avignon, rue de Gourdaine, pour 9 # 10 ſ.

Une chape de velours rouge, une tunique, étoles, onze morceaux d'étoffes brochées, un autre lot de morceaux d'étoffes, trois couvre-calices, un porte-soleil, une étole, adjugés au citoyen Rouillard, pour 192 # 10 ſ.

Cinq nappes d'autel, un surplis, adjugés au citoyen Toupin, pour 12 # 5 ſ.

Deux nappes, deux surplis, adjugés au citoyen Liard, menuisier, pour 7 # 5 ſ.

Cinq nappes, deux *lavoyalles* (sic), adjugés au citoyen Gaignot, pour 18 #.

Deux aubes, adjugées au citoyen Denis, pour 15 #.

18 nivôse. — Huit bourses, deux lavabos, plusieurs morceaux de carton, six étoles, une bannière, une bourse, une tunique, deux aubes, une serviette, deux nappes, plusieurs morceaux de linge, quatre chasubles, trois chapes, huit voiles, adjugés à Rouillard, pour 379 # 15 ſ.

Sept nappes d'autel, deux morceaux de toile, quatre aubes, adjugés au citoyen Gillet, pour 15 # 15 ſ.

Quatre aubes, quatre nappes d'autel, deux lavabos, deux tournants, une chape, une chasuble, adjugés au citoyen Larcher pour 94 # 5 ſ.

Deux chapes de damas, adjugées au citoyen Crépon, pour 17 #.

Deux consoles, deux chapes de damas vert, adjugées à Crépon, pour 39 #.

Trois nappes, une aube, adjugées au citoyen Guillotin, pour 6 #.

Deux nappes, deux aubes, adjugées au citoyen Martin, du marché Saint-Pierre, pour 18 #.

Trois chasubles, adjugées au citoyen Boivin, pour 9 #.

Une chape, deux nappes d'autel, trois aubes, un drap mortuaire, adjugés au citoyen Bertelage, pour 100 ₶.

Un tabernacle, adjugé au citoyen Bouttier, pour 3 ₶ 10 s.

Trois aubes, adjugées au citoyen Bedeau, poëlier, pour 17 ₶.

Deux chasubles, trois aubes, adjugées au citoyen Derudel, pour 30 ₶.

Deux aubes, adjugées au citoyen Doguet, des Pans-de-Gorron, pour 10 ₶ 15 s.

Deux aubes, adjugées au citoyen Larcher, pour 12 ₶.

Une chape, adjugée au citoyen Bertelage, pour 88 ₶ 5 s.

Une chape, un drap mortuaire, adjugés à Bedeau, poëlier, pour 338 ₶ 10 s.

Une chape de velours, une autre chape, adjugée au citoyen Larcher, pour 102 ₶ 10 s.

Une chape, adjugée au citoyen Derudel, pour 110 ₶.

Un fauteuil garni, adjugé au citoyen Dupré, du Pré, pour 8 ₶ 5 s.

Une chape de velours noir, adjugée au citoyen Bertelage, pour 135 ₶.

19 nivôse. — Une chape, un porte-soleil, deux morceaux de ...le, une petite aube, onze amicts, un lot de cordons, adjugés au citoyen Larcher, pour 26 ₶ 5 s.

Une chasuble, cinq nappes d'autel, deux aubes, adjugées au citoyen Culerier, pour 75 ₶ 10 s.

Une chasuble, une chape de velours noir, deux petites aubes, adjugées au citoyen Pompallier, pour 86 ₶.

Une chape, un porte-soleil, adjugés à la citoyenne Gillet, pour 32 ₶ 15 s.

Deux aubes, adjugées au citoyen Legendre, pour 21 ₶.

Une aube, une nappe d'autel, adjugées au citoyen Miliasse, pour 11 ₶ 10 s.

Une chape verte, adjugée au citoyen Fay, pour 10 ₶.

Deux nappes d'autel, un morceau de toile, adjugés au citoyen Culerier, pour 8 ₶ 10 s.

Quatre nappes d'autel, adjugées au citoyen Bouttier, pour 10 ₶.

Quatre tables de marbre blanc avec leurs consoles, adjugées au citoyen Pottier, pour 91 ₶ 10 s.

Un tapis, adjugé au citoyen Toupin, pour 15 ₶ 5 ƒ.

Deux aubes, deux chapes de velours, une violette et l'autre noire, adjugées au citoyen Bertelage, pour 235 ₶ 10 ƒ.

Un tapis, adjugé au citoyen Bellœuvre, pour 7 ₶ 10 ƒ.

Trois fauteuils, un tabouret, adjugés au citoyen Boullier, pour 17 ₶.

Deux nappes d'autel, plusieurs morceaux de linge, quatre aubes, adjugés au citoyen Mauguin, pour 118 ₶.

Un lot de morceaux d'étoffe de soie, un dessus de table de marbre, adjugés à la citoyenne Gillet, pour 28 ₶ 15 ƒ.

Un dais, adjugé au citoyen Godin, rue Jean-Jacques, pour 57 ₶.

Une chasuble, adjugée au citoyen Paumier, perruquier, pour 50 ₶.

Deux chasubles, une chape, adjugées à la citoyenne Culerier, pour 30 ₶.

Une chasuble, adjugée à la citoyenne Larcher, pour 46 ₶.

Deux chapes, adjugées au citoyen Mancellière, pour 91 ₶ 10 ƒ.

Deux aubes, adjugées à Crépon, pour 18 ₶.

Une chaise, un tabouret, adjugés au citoyen Lapierre, pour 4 ₶ 5 ƒ.

Une chape de velours rouge, adjugée au citoyen Pompallier, pour 55 ₶.

Un dessus de table de marbre, adjugé au citoyen Lefebvre, substitut, pour 15 ₶.

Un dessus de table de marbre, adjugé au citoyen Mauclair, pour 10 ₶.

Un morceau de tapisserie, adjugé à Lapommerais, pour 3 ₶.

VENTE DU MOBILIER

DE LA CI-DEVANT ÉGLISE DE SAINT-BENOIT

22 nivôse an II. — Boisure du placard servant de chapier, deux confessionnaux, un coffre, un porte-dais, adjugés au citoyen Allard, pour 37 ₶ 5 ƒ.

Deux confessionnaux, un vieux fauteuil, un morceau de tapisserie, adjugés au citoyen Larcher, pour 11 tt 5 f.

Un confessionnal, un bas de buffet, un tombeau, une autre *machine* (sic) garnie en étoffe, adjugés au citoyen Brard, pour 13 tt.

Une bannière, adjugée au citoyen Friquet, pour 105 tt.

Un lot de bois, adjugé au citoyen Girouard, de Saint-Hilaire, pour 45 tt.

Une armoire, adjugée au citoyen Boucher, de Saint-Benoît, pour 5 tt.

Un christ, adjugé au citoyen Allard, pour 4 tt.

La dorure du grand autel, adjugée au citoyen Valentin, doreur, pour 10 tt.

LOCATION

DE LA CI-DEVANT ÉGLISE DE SAINT-BENOIT

6 floréal an III. — Cette église est louée par bail au sieur Michel Grigné, section de l'Union. On y remarque « les masses des trois autels démolis, le grand autel en marbre mourron est épars par morceaux écornés et cassés ; dans les décorations on voit deux tableaux ovales peints sur toile et au-dessus deux figures de cinq pieds de hauteur. Dans la *Gloire* qui est placée au milieu de la décoration se trouve plusieurs endroits rompus. Les grandes et les petites stalles sont éparses dans l'église et brisées en différents endroits. Les vitraux de couleurs sont à moitié cassés et brisés ».

LOCATION

DE LA CI-DEVANT ÉGLISE DE L'ABBAYE DU PRÉ

Donnée à bail pour trois, six ou neuf années à Jean-Baptiste Poirier, section de l'Union, paroisse du Pré. On a démoli le Jubé, ce qui a occasionné des ruptures dans les murs et colonnes. Les statues sont brisées. « Une grande quantité de pavés sont cassés ou écornés et la moitié des vitres sont brisées. »

VISITE ET MONTRÉE

DE LA CI-DEVANT ÉGLISE DE SAINTE-CROIX
AU MANS

11 floréal an III. — La moitié des pavés de l'église sont cassés, la tribune en bois est fracturée, le quart des vitres est brisé.

VENTE DU MOBILIER

DE LA CI-DEVANT ÉGLISE DU PRÉ

22 nivôse an II. — Un confessionnal et deux bancs, adjugés au citoyen Guillotin fils, pour 12 ＃.

Deux confessionnaux, un banc, adjugés au citoyen Fromentin, pour 20 ＃ 15 ƒ.

Un lot de boisure, adjugé au citoyen Larcher, pour 41 ＃ 10 ƒ.

Toute la boisure du chœur, le parquet, les tableaux, adjugés au citoyen Guillotin fils, pour 273 ＃.

Toute la boisure et les figures, à l'exception de Saint-Sébastien et cinq grandes planches, adjugées au citoyen Allard, pour 76 ＃.

Un autel en bois près la porte du cimetière, douze tableaux, adjugés au citoyen Lechêne, pour 51 ＃ 10 ƒ.

Deux consoles avec leurs tables de marbre, les stalles du chœur, la boisure, le tambour de la grande porte, un tombeau, deux chandeliers de bois, adjugés au citoyen Fromentin, pour 403 ＃ 10 ƒ.

Le tabernacle du grand autel, adjugé au citoyen Valentin, pour 14 ＃.

La boisure de l'orgue, adjugée au citoyen Bellœuvre, pour 131 ＃.

Une chaire à prêcher adjugée au citoyen Larcher, pour 28 ＃.

VENTE DU MOBILIER

DE LA CI-DEVANT ÉGLISE DE SAINT-VINCENT

23 nivôse an II. — Un buffet d'orgue et la boisure, adjugés au citoyen Chauvin, pour 460 ff.

Un lot de boisure au dessus de l'orgue, adjugé au citoyen Brard, pour 21 ff.

Plusieurs armoires à côté de l'orgue, une grande armoire à deux battants, la boisure de la chapelle de Saint-Laurent, deux tableaux, un banc, adjugés au citoyen Fromentin, pour 198 ff.

Plusieurs petites armoires dans la sacristie, adjugées au citoyen Allard, pour 36 ff.

Stalles et boisure, adjugées au citoyen Larcher, pour 181 ff.

Un autel en bois, un tableau, adjugés au citoyen Chauvin, pour 21 ff.

Un autel en bois, un tableau, adjugés au citoyen Pellier, pour 17 ff.

Boisure de l'autel de Saint-Pierre, une armoire, adjugées au citoyen Bourdais, fripier, Grande-Rue, pour 18 ff 5 f.

Une balustrade en bois, adjugée au citoyen Martin, pour 23 ff 10 f.

Boisure d'un autel, bancs près de la chapelle et les balustrades, adjugés au citoyen Housseau, menuisier, pour 100 ff.

Trois figures de terre, adjugées au citoyen Allard, pour 3 ff 5 f.

Une chaire et un confessionnal, adjugés au citoyen Hamelin, pour 6 ff.

Deux autels en face du chœur, adjugés au citoyen Valentin pour 20 ff 5 f.

Un lot de bordure en face du chœur, cloture en bois, adjugés au citoyen Leloup, hôte à la Biche, pour 108 ff.

Un banc, un lambris, adjugés au citoyen Biseray, menuisier, rue de la Paille, pour 17 ff 15 f.

Un autel en bois, adjugé au citoyen Dupuit, menuisier, rue Basse, pour 24 ff 5 f.

Plusieurs figures de la chapelle sous terre, un lot de boisure, vingt et une chaises, adjugés au citoyen Fromentin, pour 12 # 5 *s*.

Boisure du buffet d'orgue, la chaire, un morceau de boisure, adjugés aux citoyens Moreau et Lapommerais, fripiers rue Basse, pour 222 #.

VENTE DU MOBILIER

DE LA CI-DEVANT ÉGLISE DE SAINT-PAVIN

27 prairial an II. — Huit étoles, deux dalmatiques, quatorze chasubles, trois étoles, adjugées au citoyen Guibert, pour 38 #.

Un lot de mauvais ornements, adjugé au même, pour 6 # 2 *s*.

Deux chasubles et étoles, adjugées au citoyen Chérouvrier, pour 11 # 12 *s*.

Trois chapes, adjugées au citoyen Mary, pour 7 #.

La garniture du dais, une soutane de drap noir, trois tapis d'autel, une bannière et le bâton, un lot de bouquets, plumets, pots à fleurs, le pupitre avec le tapis, huit pots à fleurs avec deux lustres en bois, cinq devants d'autel, adjugés au citoyen Gillet, pour 75 # 1 *s*.

Une soutane d'étamine, adjugée au citoyen Guépin, pour 5 #.

Quatre rideaux d'indienne, adjugés au citoyen Vérité, pour 24 # 5 *s*.

Tous les chandeliers en bois et souches en bois, adjugés au citoyen Blot, pour 2 # 5 *s*.

Signé : Bellanger, maire; Guépin, agent nationnal; Lagogué et Grignon, officiers municipaux: Jamme, secrétaire-greffier.

EXTRAIT DE L'INVENTAIRE

DE LA CI-DEVANT ÉGLISE DE SAINT-PAVIN

3 floréal an III. — « Le quart des pavés du sanctuaire est fracturé, le pavage entier de l'église est en mauvais état et les saints sont brisés ».

VENTE DES EFFETS

DE LA CI-DEVANT ÉGLISE D'AIGNÉ

28 pluviôse an III. — Deux chapes rouges, deux dalmatiques, deux chasubles, adjugées à Leroy, pour 20 ⋕ 15 ſ.

Trois tuniques des enfants de chœur, adjugées à la citoyenne Coutard, pour 2 ⋕ 5 ſ.

Deux chasubles, adjugées à Tessier, pour 3 ⋕.

Deux chapes et une tunique, adjugées à Fournigault, pour 8 ⋕ 10 ſ.

Deux chapes et deux chasubles, adjugées à Julien Girard, pour 27 ⋕.

Une chasuble blanche, adjugée à Renout, pour 2 ⋕ 9 ſ.

Une chape, adjugée à Lamarre, pour 4 ⋕ 10 ſ.

Une chasuble, adjugée à René Girard, pour 4 ⋕.

Trois petites robes rouges pour les enfants de chœur, adjugées à Julien Girard, pour 15 ⋕.

Une chape, adjugée à Cordier, pour 3 ⋕.

LOCATION

DE LA CI-DEVANT ÉGLISE D'ARNAGE

23 floréal an III. — Bail de l'église est consenti au citoyen Cornilleau, maître particulier de l'administration forestière du Mans, demeurant au village d'Arnage. — « Le pavage de l'église est cassé et écorné, plusieurs pavés manquent ; la moitié est à refaire, il y a aussi quelques carreaux de vitres brisés. »

VENTE DU MOBILIER

DE LA CI-DEVANT ÉGLISE D'ARDENAY

25 messidor an II. — Une corbeille au pain, deux tuniques noires, adjugées à Charles Brasseur, pour 5 # 5 ƒ.

Une chape noire d'étamine, adjugée à René Dugas, pour 3 # 7 ƒ.

Un vieux drap mortuaire, adjugé à René Levasseur, pour 3 # 1 ƒ.

Une bannière blanche, adjugée à Jacques Dangeul, pour 8 # 12 ƒ.

Une chasuble violette, adjugée à Louis Ledean, pour 7 # 5 ƒ.

Une chasuble blanche damassée, adjugée à Charles Levasseur, pour 6 # 5 ƒ 6 ƛ.

Une chasuble rouge damassée, adjugée à René Levasseur, pour 5 # 19 ƒ 9 ƛ.

Une vieille chape blanche, adjugée à François Doucet, pour 3 # 15 ƒ 3 ƛ.

Une chasuble verte, adjugée à Jean Chartier, pour 4 # 1 ƒ 6 ƛ.

Une chasuble verte et violette, adjugée à Charles Plisson, pour 3 # 15 ƒ.

Une ancienne chasuble à fleurs de toutes couleurs, adjugée à René Dugas, pour 3 # 5 ƒ.

Une ancienne chasuble, adjugée à Joseph Bruneau, pour 2 # 8 ƒ.

Un lot d'étoles, de galons et d'oripeaux, adjugés à Mathurin Choplin, pour 1 # 9 ƒ.

Une petite chape d'enfant de chœur, adjugée à Julien Clément, pour 4 # 10 ƒ.

Un vieux dais en mauvaise étoffe, une vieille chape, adjugés à Étienne Cottereau, pour 15 # 10 ƒ.

Deux tuniques d'enfant de chœur adjugées à Louis Ledean, pour 2 #.

Deux vieilles tuniques à grandes fleurs rouges, adjugées à François Doucet, pour 6 ₶.

Trois vieilles chapes blanches damassées, adjugées à Jacques Dangeul, pour 14 ₶.

Une vieille chape à fleurs rouges, adjugée à René Gohin, pour 6 ₶ 19 ſ.

Une vieille chape semblable, adjugée à Jacques Jouanneau, pour 7 ₶ 1 ſ.

Une chape déchirée, adjugée à René Levasseur, agent national, pour 4 ₶ 15 ſ.

Une chape, adjugée à René Plisson, pour 4 ₶ 19 ſ.

Une vieille chape de couleur passée, adjugée à François Doucet, pour 5 ₶ 1 ſ.

Une garniture de dais, adjugée à Jacques Dangeul, pour 5 ₶ 7 ſ.

Deux vieux rideaux d'indienne, deux chandeliers de bois, adjugés à René Levasseur, pour 17 ₶ 13 ſ 6 ₰.

Un vieux rideau, adjugé à Etienne Cottereau, pour 6 ₶ 15 ſ.

Deux vieux rideaux d'ancienne indienne, adjugés à Jacques Dangeul, pour 13 ₶ 2 ſ.

Un vieux rideau, adjugé à Jacques Hulot, pour 9 ₶ 1 ſ.

Une planche de tiroir, adjugée à Charles Plisson, pour 2 ₶ 1 ſ.

Une planche de tiroir, une carie, une boîte de fer blanc, adjugées à Jacques Dangeul, pour 5 ₶ 17 ſ.

Une planche de tiroir, adjugée à Julien Clément, pour 2 ₶ 5 ſ.

Une carie, un petit tabouret de bois, adjugés à René Gohin, pour 1 ₶ 9 ſ.

Une mauvaise lanterne, un petit tabouret de bois, adjugés à René Gohin, pour 1 ₶ 9 ſ.

Un petit coffre de bois, adjugé à René Levasseur, pour 2 ₶ 5 ſ.

Neuf bouquets de papier peint, adjugés à Marin Bouvet, pour 10 ſ.

Quatre bouquets semblables, adjugés à Julien Common, pour 3 ſ.

Trois autres bouquets, adjugés à Joseph Langlais, pour 1 ₶ 6 ſ.

Deux chandeliers de bois, adjugés à Joseph Guitton, pour 5 ſ.

Deux autres chandeliers de bois, adjugés à la veuve Michel Grignon, pour 5 ſ 3 ₰.

Une petite carie, adjugée à René Hervé fils, pour 3 ₶ 3 ſ.

LOCATION

DE LA CI-DEVANT ÉGLISE D'ALLONNES

19 floréal an III. — Julien Ragot se rend adjudicataire de l'église. Un grand nombre de pavés manquent et les autres sont cassés. Le grand autel est orné de ses attributs ordinaires et de cinq statues de saints et d'une table avec toile déchirée dans le bas. L'autel à droite a un tableau peint sur toile et trois saints. L'autel à gauche est en pierre sculptée, il y a trois saints et une partie du mobilier. Les murs de l'église sont lézardés en différents endroits. La couverture de l'église est en tuiles et bardeaux; il manque 1500 de tuiles et 2.000 bardeaux ; il y a de grands trous vis à vis le grand autel. Il manque des pavés à la sacristie qui est couverte en ardoises, pour réparer cette couverture il faut 2.000 d'ardoises.

VENTE DU MOBILIER

DE LA CI-DEVANT ÉGLISE DE BALLON

6 messidor an II. — Une bannière rouge de damas, adjugée à Louis Tison, de Mézières, pour 4 ₶ 12 s.

Deux petites croix en bois, adjugées au citoyen Cabaret, perruquier, pour 1 ₶.

Un tapis d'autel de mauvais taffetas, six voiles de saints pour le Carême, adjugés à la femme de Jacques Hatton, marchande à Ballon, pour 13 ₶ 11 s.

Un lot de coupons d'étoffe de soie, adjugé à Gervais Delion, maçon à Saint-Mars, pour 5 ₶ 1 s.

Une chasuble, une étole, un manipule avec deux voiles, adjugés à Julien Maréchal, marchand à Ballon, pour 6 ₶ 2 s.

Un petit dais garni en faux or, adjugé à la femme de Jean Besnard, de Ballon, pour 3 ₶.

Un dais de damas rouge à frange en faux argent, adjugé à Pierre Aubry, hôte à Ballon, pour 19 ₶.

Une chasuble équipée de son étole, manipule et voile, adjugée à François Morancé, marchand à Ballon, pour 4 ₶ 5 ʄ.

Une chasuble très ancienne de plusieurs couleurs, adjugée à François Pierre, marchand à Ballon, pour 4 ₶.

Une mauvaise chasuble noire équipée de son étole, manipule, et voile, adjugée à François Aubert, cultivateur à Saint-Mars, pour 3 ₶ 10 ʄ.

Six petites chemises de toile peinte servant à des chandeliers, adjugées à Julien Belloche fils, serrurier à Ballon, pour 9 ₶ 10 ʄ.

Un lot de bouquets d'hiver avec leurs pots de faïence, adjugé à François Letourneau, sellier à Ballon, pour 2 ₶ 19 ʄ.

Quatre chandeliers de bois avec des pots à bouquets, adjugés au citoyen Pierre Aubry, hôte à Ballon, pour 2 ₶ 9 ʄ.

Plusieurs étuis ci-devant servant à ramasser les calices adjugés à Louis Vaillant, serrurier à Ballon, pour 19 ʄ.

Un livre de plain-chant et plusieurs autres livres, adjugés à François Elbert, marchand à Ballon, pour 4 ₶ 11 ʄ.

Un livre de plain-chant et autres livres, adjugés à la femme de François Moulinneuf, pour 6 ₶ 19 ʄ.

Deux morceaux de linge dont un garni de dentelle, adjugés à la femme de Claude Doré, de Saint-Mars, pour 2 ₶ 12 ʄ.

Une chasuble violette, étole, voile et manipule garni en faux argent, adjugés à Gervais Delion, du bourg de Saint-Mars, pour 7 ₶ 12 ʄ.

Une chape blanche à fleurs tricolores, galons en faux or, adjugés à Louis Guichard, marchand à Saint-Mars, pour 22 ₶ 1 ʄ.

Une chasuble avec ses étoles, manipules et voiles, adjugés à Tison de Mézières, pour 5 ₶ 1 ʄ.

Une chape à fleurs tricolores, garnie en faux argent, adjugée à la femme de Michel Gautier, marchand à Ballon, pour 26 ₶ 10 ʄ.

Une tunique, adjugée à André Torin, journalier à Saint-Mars, pour 5 ₶.

Une chape, adjugée à Louis Cabaret, meunier à Saint-Mars, pour 28 ₶.

Une chasuble, étole, manipule, voile, garni en faux argent, adjugés à Louis Nicolas, cordonnier à Ballon, pour 8 ₶ 1 ʄ.

Un rideau de toile d'Orange, adjugé à la femme de Julien Dehayes, marchande à Ballon, pour 8 # 1 ſ.

Une chasuble équipée, adjugée à Jean Moreau, tisserand à Ballon, pour 5 # 10 ſ.

Une tunique à fond blanc et galons en faux argent, adjugée à la femme de Jean Guy, marchande à Ballon, pour 4 # 16 ſ.

Une chasuble blanche et verte à galons faux, adjugée à la veuve Chassevent, de Ballon, pour 6 # 8 ſ.

Une tunique à fond blanc, adjugée à Marin-Clément Tourneur, à Ballon, pour 5 #.

Trois rideaux de toile d'Orange, adjugés à Jean Belloche, serrurier à Ballon, pour 32 #.

Un rideau, adjugé à Belle, serrurier à Ballon, pour 11 # 19 ſ.

Une tunique, adjugée au citoyen François Moulinneuf, marchand à Ballon, pour 9 # 10 ſ.

Une chasuble garnie de faux galons d'argent, adjugée à la femme de François Morancé, marchande à Ballon, pour 30 #.

Une chasuble blanche à fleurs tricolores avec voile, étole, manipule, garnie en faux galons d'argent, adjugée à François Pierre, marchand à Ballon, pour 23 # 1 ſ.

Une chape blanche à fleurs tricolores garnie en faux argent, adjugée à Louis Guichard, pour 27 # 19 ſ.

Une tunique noire et blanche, adjugée à Jacques Bignon, journalier à Saint-Mars, pour 5 # 1 ſ.

Une tunique, adjugée à la femme de Julien Dehayes, marchande à Ballon, pour 3 # 13 ſ.

Une tunique tricolore garnie en faux argent, adjugée à Julien Gilles, sabotier à Ballon, pour 9 # 15 ſ.

Huit étoles, adjugées à la femme du citoyen Guillier, de Ballon, pour 4 # 2 ſ.

Un confessionnal, adjugé à Gervais Delion, maçon à Saint-Mars, pour 8 # 1 ſ.

Un autel en bois, adjugé au citoyen Joseph Davaudet, hôte à Ballon, pour 8 # 16 ſ.

Un devant d'autel, adjugé à Leprou, tailleur de pierre, à Ballon, pour 1 # 10 ſ.

Une petite balustrade en bois tourné, adjugée à François Morancé, marchand à Ballon, pour 4 # 4 ſ.

Six bancelles, adjugées à Pierre Provost, marchand à Ballon, pour 2 #.

Un pupitre en bois fermant du bas, avec « une fenêtre », adjugé à François Doinne, cordonnier à Ballon, pour 9 # 10 ſ.

7 messidor. — Un petit tabouret, adjugé à Julien Dehayes, marchand à Ballon, pour 7 ſ.

Six chaises enfoncées en jonc, adjugées à Pierre Courboulay, cultivateur à Saint-Mars, pour 7 # 5 ſ.

Deux chaises, adjugées à Julien Maréchal, marchand à Ballon, pour 2 # 2 ſ.

Six chaises, adjugées au citoyen Pierre Leprince, marchand à Ballon, pour 7 #.

Six chaises, adjugées à Pierre Turquelelet, marchand à Ballon, pour 7 # 2 ſ.

Une vieille chape, adjugée à François Daniel, marchand à Ballon, pour 5 # 19 ſ.

Une chape antique, adjugée à la femme de Jacques Hatton, de Ballon, pour 4 #.

Une chape antique, adjugée à Mathurin Lambert, marchand à Ballon, pour 4 # 16 ſ.

Deux vieilles chapes de damas couleur verte, adjugées à Mathurin Guillemin, marchand à Ballon, pour 19 # 10 ſ.

Une chape, adjugée à François Morancé, marchand à Ballon, pour 12 #.

La taille d'un vieux tableau, adjugée à Jean Vieille, marchand à René, pour 1 # 10 ſ.

Un tronc et une boîte, adjugés à Jean Besnard, tisserand à Ballon, pour 1 # 7 ſ.

Une lampe en bois argenté, adjugée à François Daniel, marchand à Ballon, pour 19 ſ.

Deux tabourets de pupitre, adjugés à Jacques Boisseau, cultivateur à Saint-Mars, pour 1 # 7 ſ.

Deux tabourets de pupitre, adjugés au citoyen Boutigny, chirurgien à Ballon, pour 1 # 10 ſ.

Un petit pupitre, quatre chandeliers de bois et autres objets, adjugés à la femme Hatton, de Ballon, pour 2 # 11 ſ.

Un grand coffre servant à ramasser les ornements, auquel il

y a plusieurs tiroirs, adjugé à Julien Belloche, serrurier à Ballon, pour 36 #.

Un bénitier de marbre, adjugé à Jean Doinne, cordonnier à Ballon, pour 1 # 5 *s*.

Les fonds de baptême en pierre avec couvercle en bois, adjugés à François Elbert, marchand à Ballon, pour 1 # 7 *s*.

Une guérite à monter la garde (le confessionnal), adjugée au citoyen Bodard, marchand à Ballon, pour 2 # 5 *s*.

ÉTAT

DE LA CI-DEVANT ÉGLISE DE SAINT-GEORGES DE BALLON

23 floréal an III. — « Il y a dans l'église un autel à la romaine, un lustre à six branches, cinq statues en terre cuite en mauvais état et en partie cassée, des vitres brisées, d'autres manquent. Dans la chapelle il y a sept morceaux de statues. La nef de l'église est toute dépavée ; il y a quatre figures en terre cuite très mauvaises. La chaire à prêcher est en mauvais état ainsi que l'escalier pour y monter. Un christ est attaché à un tirand de la charpente qui est pourrie. La couverture n'existe plus dans une grande partie de l'église. Il y a une mauvaise horloge qui ne marche plus. La couverture est en tuiles et en ardoises. Il pleut presque partout dans l'église. L'église de Ballon a été louée à Jean Guillier, marchand à Ballon.

VENTE DU MOBILIER

DE LA CI-DEVANT CHAPELLE DE NOTRE-DAME DE PIÉTÉ À BALLON

7 messidor an II. — Un devant d'autel et parement, adjugés à François Brunet, marchand à Saint-Mars, pour 2 # 5 *s*.

Une chasuble, manipule et voile, adjugés à Jacques Hubert, boucher à Ballon, pour 4 #.

Une chasuble, adjugée à Jacques Hubert, pour 4 # 10 *s*.

Une petite grotte, deux petites figures de saints, adjugées à la femme de Guillaume Louvet, « seillaire » à Ballon, pour 1 # 14 s.

Une grotte, adjugée à la femme de Barthélémy Tremblaye, cordonnier à Ballon, pour 4 #.

Un placard fermant à clef, adjugé au citoyen François Cabaret, de Ballon, pour 15 #.

Un missel avec son pupitre, six chandeliers en bois, adjugés à Louis Vaillant, serrurier à Ballon, pour 1 # 4 s.

Une échelle, un petit bénitier de marbre, adjugés à François Morancé, marchand à Ballon, pour 14 # 7 s.

L'autel en bois de la chapelle, adjugé à François Barbet, marchand à Saint-Mars, pour 5 # 12 s.

VENTE DU MOBILIER

DE LA

CI-DEVANT CHAPELLE DE NOTRE-DAME DES CHAMPS

A BALLON

5 messidor an II. — Une chasuble tricolore, étole, voile et manipule galonné en faux argent, adjugés à la femme du citoyen Bellot, tailleur à Ballon, pour 4 #.

Une chasuble, adjugée à Antoine Ligot, menuisier à Ballon, pour 3 # 10 s.

Deux devants d'autel, adjugés à Louis Saillant, serrurier à Ballon, pour 14 # 9 s.

Un devant d'autel, adjugé à Michel Bigot, de Saint-Mars, pour 3 #.

Un devant d'autel, adjugé à la femme de Charles Chassevent, du bourg de Saint-Mars, pour 2 # 12 s.

Quatre mauvais tapis d'autel, adjugés à Jean-Marie Huillier, de Ballon, pour 7 # 4 s.

Un autre tapis d'autel, adjugé à la femme Chassevent, pour 1 #.

Six pots avec bouquets de faïence, avec autant de bouquets

d'hiver, quatre chandeliers de bois, adjugés à Louis Saillant, serrurier à Ballon, pour 1 # 16 *s.*

Quatre pots de bouquets de faïence avec autant de vieux bouquets, adjugés à la veuve Bois, de Saint-Mars, pour 1 # 13 *s.*

Un pupitre, une crédence, adjugés à Louis Saillant, serrurier à Ballon, pour 3 #.

Une bancelle, adjugée à Michel Gautier, marchand à Ballon, pour 1 #.

Un marchepied d'autel, adjugé à Gervais Bouteloup, de Saint-Mars, pour 4 #.

Six corporaux et quatre bourses, adjugés à la femme de Charles Chassevent, pour 4 #.

La balustrade au bas de la dite chapelle, adjugée à Michel Gautier, de Ballon, pour 4 #.

Trois gradins, adjugés à Ligot, de Ballon, pour 1 #.

Un lot de vieux morceaux de linge, adjugé à Michel, tisserand à Ballon, pour 6 # 15 *s.*

Une bonne vierge avec deux anges, adjugées à Médard Cabaret, tisserand à Ballon, pour 9 #.

Un petit lot de linge, adjugé à Anne Cordelet, de Saint-Mars, pour 2 # 2 *s.*

Un coffre, adjugé à la femme de François Guy, voiturier à Saint-Mars, pour 3 #.

Un grand coffre, un petit dressoir, deux missels, un vieux et un nouveau, adjugés à Louis Sedilleau, tisserand au bourg, pour 5 # 16 *s.*

Les carreaux qui servent de bancelles, adjugés à Gervais Bouteloup, menuisier à Saint-Mars, pour 1 #.

Un vieux pupitre, adjugé à Antoine Ligot, de Ballon, pour 10 #.

VENTE DU MOBILIER

DU CI-DEVANT HOPITAL DE BALLON

8 messidor an II. — Un devant d'autel de damas vert, galons jaunes en faux or, adjugés au citoyen Viemont, marchand à Ballon, pour 9 #.

Une chasuble de damas violet, galons en faux argent, adjugés à François Morancé, de Ballon, pour 7 # 5 *s.*

Une chasuble avec étole, manipule et voile, adjugés à François Megret, de Saint-Mars, pour 24 # 10 *s.*

Une chasuble noire, d'étamine, étole, manipule et voile, adjugé à Michel Aubry, de Ballon, pour 9 # 2 *s.*

Une chasuble tricolore, étoles, manipule et voile, adjugés au citoyen Médard Cabaret, pour 10 #.

Une chasuble verte, étole, manipule et voile, un devant d'autel tricolore, une niche, une petite châsse de bois doré, adjugés au citoyen Bodard, de Ballon, pour 29 #.

Une chasuble tricolore, adjugée à Michel Aubry, pour 8 #.

VENTE DU MOBILIER

DE LA CI-DEVANT ÉGLISE DE BRAINS

27 prairial an II. — Deux chasubles noires, deux chasubles de couleur, deux dalmatiques de couleur, un dais cramoisi, adjugés à François Compain, marchand à Brains, pour 74 #.

Une bannière, adjugée à Pierre Le Besle, de Brains, pour 10 # 5 *s.*

Trois chasubles de couleur, trois chapes de couleur, une chape noire, adjugées à Pierre Porcher, marchand à Brains, pour 105 #.

Une chasuble de couleur, adjugée à Jean Lelièvre, de Brains, pour 3 #.

Une chasuble, une chape de couleur, un drap mortuaire, adjugés à Louis Launay, de Coulans, pour 51 # 15 *s.*

Une chape de couleur, adjugée à Louis Aubry, de Brains, pour 7 #.

Un devant d'autel, la carrie du dais, adjugés à René Foucault, de Coulans, pour 16 #.

Signé : Compain, maire ; Vincent Le Besle, greffier.

LOCATION

DE LA CI-DEVANT ÉGLISE DE BRAINS

21 floréal an III. — Jean Cocu, charpentier à Brains, est adjudicataire de l'église. « Il y a cinq autels nuds et sans ornements. Il manque environ 50 pavés. L'église n'est pas pavée sous les bancs. Il y a 20 pieds de vitres cassées ou tombées. La voûte de l'église est tombée en plusieurs endroits ».

LOCATION

DE LA CI-DEVANT ÉGLISE DU BREIL

26 floréal an III. — « Jean Lesève a pris l'église à ferme. Il faut 1 millier de pavés à y remettre. La clef de voûte de la chapelle de Saint-Sébastien manque, il y a urgence d'en mettre une autre, 3 panneaux de vitrage sont brisés ».

VENTE DU MOBILIER

DE LA CI-DEVANT ÉGLISE DE BRETTE

4 messidor an II. — Une chasuble blanche, adjugée à Pierre Papin, pour 3 #.

Une chape blanche, adjugée à Julien Lenoir, pour 16 #.

Une tunique, adjugée à Pierre Leroy, pour 3 # 10 /.

Une chape rouge, adjugée à Jacques Leroy, pour 16 # 5 /.

Une chasuble fond vert, adjugée à Louis Rottereau, pour 8 # 3 /.

Un devant d'autel, une étole, un voile, adjugés à la femme de Louis Rottereau, pour 3 # 15 /.

Une chasuble avec son accompagnement à fond noir, adjugée à Toussaint Chevarry, pour 9 # 1 /.

Une chasuble avec fond rouge, adjugée à Jacques Lambert, pour 16 ₶ 4 ſ.

Une chasuble à fond vert, adjugée à Pierre Leroy, pour 8 ₶.

Quatre étoles, deux voiles de couleurs verte et noire, une chape noire avec accompagnement, adjugés à Laurent Bruneau, pour 47 ₶ 2 ſ.

Une chasuble à fond blanc, adjugée à Julien Soyer, pour 10 ₶.

Une chape blanche, adjugée à Jean Lambert, pour 19 ₶ 19 ſ.

Une chasuble à fond rouge, adjugée à François Boivin, pour 3 ₶ 10 ſ.

Une chasuble blanche, adjugée à Jean Beurey, pour 18 ₶ 5 ſ.

Une chape blanche, adjugée à Charles Barrier, pour 19 ₶ 10 ſ.

Une chasuble barrée rouge, adjugée à Jean Loiseau, pour 5 ₶.

Une chasuble violette avec ses accompagnements et une chape noire, adjugées à Mathurin Monchâtre, pour 25 ₶ 7 ſ.

Une chasuble noire, adjugée à Joseph Hugué, pour 3 ₶ 9 ſ.

Une chasuble, adjugée à Joseph Gouas, pour 6 ₶ 7 ſ 6 ₔ.

Une chape noire, adjugée à Pierre Maubert, pour 33 ₶.

Deux chasubles d'étamine blanche, adjugées à René Renault, pour 14 ₶ 2 ſ.

Un devant d'autel, adjugé à Pierre Maubert, pour 4 ₶.

Une chape à fond blanc, adjugée à François Moulinet, pour 45 ₶.

Une chape noire avec accompagnement, adjugée à Laurent Bruneau, pour 4 ₶ 2 ſ.

Une chasuble bleue avec accompagnement, adjugée à René Cottereau, pour 8 ₶ 16 ſ.

Une chasuble verte avec accompagnement, adjugée à Jacques Launay, pour 5 ₶ 5 ſ.

Deux rideaux d'autel, adjugés à Julien Lair, pour 13 ₶ 7 ſ.

Deux autres rideaux, adjugés à Simon Loiseau, pour 5 ₶ 1 ſ.

Un devant d'autel à fond blanc et bleu, adjugé à Julien Soyer, pour 10 ₶.

Un devant d'autel à fond rouge, adjugé à Jean Leballeur, pour 15 ₶ 3 ſ.

Une tunique à fond blanc, adjugée à Julien Lair, pour 4 ₶ 10 ſ.

Une mauvaise tunique, adjugée à Joseph Gouas, pour 1 ₶ 12 ſ 6 ₔ.

Une chasuble, une tunique, adjugées à Jean Lair, pour 1 # 12 ſ 6 λ.

Une bannière et plusieurs morceaux d'étoffe, adjugés à Jean Lejeune, pour 3 # 14 ſ.

Deux rideaux d'autel, adjugés à Jean Adde, pour 5 #.

Deux petits rideaux, adjugés à Mathurin Monchâtre, pour 5 # 10 ſ.

Quatre petits morceaux d'étoffe, adjugés à Louis Rouillard, pour 2 # 2 ſ.

Un mauvais dais, adjugé à Joseph Gouas, pour 6 # 1 ſ.

Trois mauvaises lanternes de fer blanc, adjugées à René Renault, pour 1 # 4 ſ.

VENTE DU MOBILIER

DE LA CI-DEVANT ÉGLISE DE CHALLES

10 messidor an II. — Une chape rouge et blanche, adjugée à François Barbier, de Challes, pour 49 #.

Une chape rouge et blanche, adjugée à André Ragé, marchand à Challes, pour 51 #.

Une chape rouge et blanche, adjugée à Jean Coinard, pour 51 #.

Un fond de dais de damas couleur rouge, adjugé à Jean Garnier, pour 35 #.

Deux voiles, deux chasubles, deux manipules vert et blanc, étole, adjugés à Anne Hiron fille, couturière, pour 38 # 10 ſ.

Deux étoles, un manipule, une chasuble violette, adjugés à François Denieu, pour 36 #.

Un voile, un manipule, une chasuble, adjugés à Julien Hervé, pour 21 #.

Une chasuble, voile, étole et un manipule, adjugés à René Renault, pour 11 # 19 ſ.

Une chasuble, étole et manipule, adjugés à Anne Hiron fille, couturière, pour 6 # 15 ſ.

Une chape rouge, adjugée à René Pateau, pour 30 #.

Deux chapes tricolores, adjugées à Michel Barré, pour 21 # 5 ſ.

Un mauvais devant d'autel, un manipule, adjugés à Anne Hiron fille, ouvrière, pour 8 # 6 ſ.

Deux tuniques blanche et rouge, adjugées à Jean Coutable, pour 12 #.

Une chasuble blanche et rouge, étole et manipule, adjugés à Marin Pavy, pour 6 # 5 ſ.

Une chasuble verte, étole et manipule, adjugés à Pierre Leroy, pour 11 #.

Une courtine de dais de damas, couleur rouge, adjugée à Protais Touchard, pour 20 #.

Une autre courtine, adjugée à François Coulon, pour 21 # 12 ſ.

Un bout de courtine, adjugé à Pierre Leroy, pour 14 #.

Un autre bout de courtine, adjugé à René Mongazon, pour 21 # 15 ſ.

Une chasuble, adjugée à François Coulon, pour 7 # 13 ſ.

Une chasuble, étole, manipule, voile vert et blanc, adjugés à Julien Hervé, pour 4 #.

Deux tuniques noires, une chasuble, étole et manipule, adjugés à Jean Garnier, pour 7 # 3 ſ.

Un lot de pièces d'étoffe, une chape noire, adjugés à Michel Pavy, pour 10 # 10 ſ.

Un devant d'autel noir, adjugé à Michel Barré, pour 21 # 16 ſ.

Deux autres petits devants d'autel d'indienne, adjugés à Jean Garnier, pour 62 # 7 ſ.

Une bannière et un lot d'étoffe, adjugés à Jean Marlette, pour 3 # 14 ſ.

Un mauvais lot d'étoffe, adjugé à Pierre Deneu, pour 1 #.

Un devant d'autel à deux faces violet et rouge, adjugé à Jean Cosnard, pour 14 # 5 ſ.

VENTE DU MOBILIER

DE LA CI-DEVANT ÉGLISE DE CHAMPAGNÉ

23 messidor an II. — Trois chasubles, trois étoles, adjugées à Pierre Jourdan, pour 15 # 10 f.

Une chasuble, adjugée à Jacques Gouin, pour 2 #.

Une chasuble, adjugée à François Montarou, pour 5 # 5 f.

Deux chasubles, deux étoles, adjugées à la veuve Houdineau, pour 6 # 7 f.

Une chasuble, une étole, adjugées à Julien Thenaire, pour 7 #.

Une chasuble, une étole, adjugées à Bouhourd, pour 1 # 11 f.

Une chasuble et étole, adjugées à Michel Langlois, pour 5 # 15 f.

Deux tuniques, adjugées au citoyen Mortier, pour 7 # 17 f.

Six chasubles et plusieurs étoles, cinq tuniques, un rideau, adjugés à Joseph Ory, de Changé, pour 112 # 5 f.

Un dais, une tunique, plusieurs étoles, adjugés à la citoyenne Hourdet, pour 21 # 3 f.

Une chasuble, adjugée à Michel Pitard, pour 7 # 5 f.

Une chasuble, adjugée à Chevalier, pour 3 #.

Six voiles ou couvre calice, adjugés à la femme de Louis Langlois, pour 6 # 15 f.

Sept voiles, adjugés à Jean Veron, pour 6 # 5 f.

Un devant d'autel, adjugé à François Montarou, pour 1 # 15 f.

Une chape, adjugée à François Brossard, pour 10 # 5 f.

Deux chapes, deux rideaux, adjugés à Jean Pelouas, du Mans, pour 48 # 15 f.

Une chape, adjugée à Pierre Fouin, pour 20 # 10 f.

Une chape, adjugée à Anne Greigné, pour 11 # 15 f.

Une chape, adjugée à Doire, pour 7 # 5 f.

Une chape, un tapis, une bannière, un devant d'autel, adjugés à Pelouas, pour 39 #.

Trois rideaux d'indienne, adjugés à François Pinot, pour 3 # 1 f.

Trois rideaux, adjugés à Michel Langlois, pour 5 #.

Deux morceaux de tapisserie, adjugés à Pierre Gaudin, pour 3 # 5 s.

Une chape, deux morceaux de tapisserie, un devant d'autel, adjugés à Marie Brulon, pour 15 # 5 s.

Un devant d'autel, deux petits cadres, adjugés à Ory, pour 17 # 5 s.

Deux devants d'autel, adjugés au citoyen Cointereau, pour 19 #.

Un devant d'autel, adjugé à la citoyenne Houdayer, pour 22 #.

Un devant d'autel, adjugé à la veuve Brulon, pour 3 #.

Quatre devants d'autel, adjugés à la veuve Houdineau, pour 13 # 17 s.

Un devant d'autel, adjugé à Bray, pour 15 # 5 s.

Un devant d'autel, adjugé à Mortier, pour 12 #.

Un devant d'autel, adjugé à François Brossard, pour 4 # 15 s.

Quatre cadres, adjugés à Pierre Beauvais, pour 8 #.

Une armoire de bois de chêne, à deux battants, une boite, adjugées à Julien Ragot, pour 20 #.

Deux tiroirs garnis, une carrie de dais, adjugés à Pierre Janet, pour 3 # 1 s.

Trois tiroirs, adjugés à la citoyenne Hourdel, pour 6 # 15 s.

Une lotie de tapis, deux chandeliers de faïence, adjugés au citoyen Vallée, pour 6 #.

Une niche, deux chandeliers, un tiroir, deux corbillons, adjugés à Louis Langlois, pour 1 #.

Une lanterne, adjugée à Gabriel Bonhourd, pour 7 # 15 s.

Une petite armoire, adjugée à Michel Pilon, pour 5 # 5 s.

Un coffre avec plusieurs tiroirs, adjugés à Mathurin Porchet, pour 15 #.

Un mauvais meuble, adjugé à Doire, pour 2 # 15 s.

Cloture des fonds et des hunes de cloches, adjugées à Jacques Mortier, pour 5 #.

Une porte, adjugée à Mathurin Jeudon, pour 7 #.

Un confessionnal, deux coffres, adjugés à François Brossard, pour 20 #.

Une lotie de bois de chauffage, un marchepied d'autel, adjugés à François Lasnier, pour 20 #.

Un banc servant au curé, bois de chauffage, adjugés à Julien Ragot, pour 3 ₶ 15 s.

Deux contrevents, un petit meuble, adjugés à Pierre Bray, pour 13 ₶.

Boisure de l'église, adjugée au même, pour 136 ₶ 7 s.

EXTRAIT DE LA VISITE ET MONTRÉE
DE LA CI-DEVANT ÉGLISE DE CHAMPAGNÉ

29 prairial an III. — A l'autel est un tableau dont les figures sont en partie brisée ; la moitié des vitraux cassés. Les deux chapelles sont entièrement dépavées, les vitres cassées ou brisées. L'église a été dépavée et fouillée par les salpêtriers. L'horloge est disparue. (1).

LOCATION
DE LA CI-DEVANT ÉGLISE DE CHANGÉ

17 floréal an III. — Pierre Vérité, marchand à Changé, a pris l'église à bail. Dans la chapelle de Saint-Julien, on y a bêché du salpêtre. La statue en plâtre de la chapelle de la Vierge est brisée, deux statues dans une niche sont détériorées, soixante pavés cassés.

VENTE DU MOBILIER
DE LA CI-DEVANT ÉGLISE DE CHAUFOUR

1er messidor an II. — Le bâton de la vierge, adjugé à Marie Bazoge, pour 6 ₶.

Le dais, adjugé au citoyen Leduc, pour 11 ₶ 5 s.

Une chasuble avec ses garnitures, adjugées au citoyen Bouleux, pour 2 ₶ 5 s.

---

(1) On fouillait le pavage des églises plus pour trouver des cercueils en plomb que du salpêtre.

Deux dalmatiques, adjugées au citoyen Garnier, pour 3 ₶ 2 ſ 6 ᴅ.

Deux chasubles et ses garnitures, adjugées au citoyen Legeas, pour 5 ₶.

Deux dalmatiques, adjugées au citoyen Chaussumier, pour 2 ₶.

Une chasuble, deux chapes, adjugées au citoyen Michel Brillant, pour 7 ₶.

Une chape, adjugée à la citoyenne Jean Fousé, pour 4 ₶ 12 ſ 6 ᴅ.

Trois chapes, adjugées au citoyen Vincent, pour 32 ₶ 10 ſ.

Une chasuble, adjugée au citoyen Deschamps, pour 3 ₶ 15 ſ.

Une chasuble, adjugée au citoyen Chaussumier, pour 3 ₶ 2 ſ 6 ᴅ.

Deux chasubles, adjugées au citoyen Lebouleux, pour 1 ₶ 10 ſ.

Une chasuble et ses garnitures, adjugées au citoyen Hubert, pour 4 ₶.

Une chasuble et ses garnitures, adjugées au citoyen Launay, pour 7 ₶ 2 ſ 6 ᴅ.

Deux chasubles et ses garnitures, adjugées au citoyen Gaté, de Fay, pour 7 ₶ 10 ſ.

Une chasuble, adjugée au citoyen Garnier, pour 3 ₶ 2 ſ 6 ᴅ.

Un drap mortuaire, adjugé à Brillant, pour 1 ₶ 15 ſ.

Quatre devants d'autel, adjugés au citoyen Charlot, pour 1 ₶ 17 ſ.

Un devant d'autel, adjugé au citoyen Lebéle, pour 3 ₶.

Un miroir, adjugé au citoyen Chevallier, pour 1 ₶ 12 ſ.

Une chape et deux petites niches, adjugées au citoyen Chevallier, pour 26 ₶.

Deux chapes, adjugées au citoyen Fousé, pour 32 ₶.

Un lot de carton, adjugé au citoyen Gorgé, pour 7 ſ 6 ᴅ.

Trois missels, adjugés au citoyen Monsimier, pour 15 ſ.

Signé : F. George, maire ; Chanteau, agent ; P. Chevallier officier.

LOCATION

DE LA CI-DEVANT ÉGLISE DE CHAUFOUR

7 mai 1793. — Maria Bazoge est déclarée adjudicataire de l'église, pour trois, six ou neuf années.

La chaire est en mauvais état; le pavage de l'église est en partie à refaire. Le tabernacle et les gradins du grand autel ont été enlevés par les brigands avec le saint calvaire. Les neuf statues sont verries; le tableau derrière le tabernacle qui est sur toile peinte représentant *l'Assomption*, est troué en plusieurs endroits et bien effacé ainsi que la dorure du cadre.« Le plafond de la sacristie est tombé ; il faut à l'aire une toise de pavage, vingt toises d'enduit à l'église et couper les lierres. Il y a beaucoup de trous dans la couverture, pour les boucher il faut 1.400 ardoises ».

VENTE DU MOBILIER

DE LA CI-DEVANT ÉGLISE DE CHEMIRÉ-LE-GAUDIN

4 messidor an II. — Trois petites soutanes rouges, quatre morceaux de toile peinte, une chasuble complète, garnie d'étole, manipule et voile, adjugés à Louis Lemeunier, pour 27 # 8 ƒ.

Un drap mortuaire, un devant d'autel, un tapis d'autel, une chasuble complète, adjugés à Ambroise Legeais, pour 11 # 14 ƒ.

Sept chasubles complètes dont une de velours, adjugées à Julien Gareau, marchand à Vallon, pour 25 # 9 ƒ.

Une chasuble complète, adjugée à Jean Trouillard, pour 4 #.

Une chasuble complète, adjugée à Jean Mulocheau, pour 3 #. 7 ƒ.

Deux chasubles complètes, adjugées à Julien Gareau, pour 8 # 13 ƒ.

Une chasuble complète, adjugée à Louis Benoît, pour 1 # 17 ƒ.

Une chasuble, adjugée à Michel Pichon, pour 3 # 17 ƒ.

Une chasuble complète, adjugée à Denis Malard, pour 5 # 3 ƒ.

Une chasuble complète, adjugée à Augustin Barbe, pour 5 ₶ 2 ſ.

Une bannière et le bâton, adjugés à René Brossard, pour 5 ₶ 1 ſ.

Une tunique, une étole, adjugées à Jacques Portier, pour 6 ₶.

Une tunique, une étole, adjugées à la veuve Pivron, pour 3 ₶ 16 ſ.

Une tunique, un manipule, adjugés à Guillaume Hatton, pour 4 ₶ 1 ſ.

Une chape, adjugée à Denis Malard, pour 16 ₶ 10 ſ.

Une chape, adjugée à Louise Alençon, pour 15 ₶ 2 ſ.

Deux chapes de velours, trois chapes, une dalmatique, adjugées à Julien Gareau, pour 41 ₶ 15 ſ.

Une chape, deux tuniques et étole, adjugées à François Blin, pour 23 ₶ 6 ſ.

Deux chapes, deux voiles, adjugés à François Mussard, pour 64 ₶ 17 ſ.

Une chape, deux dalmatiques, adjugées à Julien Leplé, pour 9 ₶ 10 ſ.

Une chape, adjugée à Joseph Hervé, pour 6 ₶ 1 ſ.

Une dalmatique, quatre voiles, adjugés à Jacques Portier, pour 7 ₶ 2 ſ.

Une chape noire, adjugée à Pierre Lhommeau, pour 4 ₶ 10 ſ.

Un devant d'autel, adjugé à Denis Malard, pour 3 ₶ 2 ſ.

Quatre devants d'autel, un tour de dais, adjugés à Michel Sepré, pour 9 ₶ 3 ſ.

Trois petits devants d'autel, adjugés à René Bouvier, pour 17 ₶.

Une dalmatique, étole et manipule, adjugés à la Brossard, pour 6 ₶.

Une chape, une chasuble, une étole, un manipule, adjugés à Louis Lemeunier, pour 61 ₶ 12 ſ.

Un devant d'autel, adjugé à Arouard, pour 2 ₶ 13 ſ.

Une chasuble, étole et manipule, adjugés à Louis Benoist, pour 4 ₶ 1 ſ.

Une petite aube, adjugée à René Feuque, pour 5 ₶ 12 ſ.

Une aube, adjugée à Pierre Maline, pour 17 ₶ 5 ſ.

Un rochet, adjugé à Denis Martin, pour 4 ₶ 5 ſ.

Une aube, adjugée à Julien Leplé, pour 11 ₶ 3 ſ.

Une aube, adjugée à Louis Lemeunier, pour 8 # 1 ƒ.

Un petit coffre, adjugé à Jean Trouillard, pour 2 # 10 ƒ.

Un petit coffre, des petites boîtes et effets, adjugés à la veuve Nourry, pour 4 # 11 ƒ.

Un petit bassot, adjugé à Pierre Coudray, pour 3 # 1 ƒ.

Un pupitre, adjugé à François Dutertre, pour 5 ƒ.

Un dressoir, adjugé à Julien Pineau, pour 6 # 5 ƒ.

Un petit bassot, un pupitre, deux tabourets, adjugés à Louis Léon, pour 12 # 10 ƒ.

Un placard à deux battants, adjugé à René Bouvier, pour 9 # 5 ƒ.

Un placard semblable, adjugé à Marie Fouque, pour 8 # 13 ƒ.

Deux reliques, adjugées à Jacques Portier, pour 1 # 6 ƒ.

Une grande armoire à trois battants, adjugée à Antoine Mézières, pour 30 # 2 ƒ.

Un marchepied, adjugé à Louis Benoist, pour 2 #.

Un fauteuil, une aumônière, adjugés à Jacques Branchu, pour 1 # 12 ƒ.

Une boîte, adjugée à Joseph Hervé, pour 8 #.

Signé : Benoist, maire ; Sepré, agent.

VENTE DU MOBILIER

DE LA CI-DEVANT ÉGLISE DE CHEVAIGNÉ

27 prairial an II. — Deux chasubles blanches, étoles et manipules, adjugés au citoyen Michel Millois, de Chevaigné, pour 3 # 15 ƒ.

Une chasuble, manipules, voile blanc, deux dalmatiques blanches, un drap mortuaire, cinq étoles, deux voiles de différentes couleurs, adjugés au citoyen Vallée, pour 4 # 12 ƒ.

Une chasuble rose, étole et manipule, une chasuble, étole et manipule, voile noir, une chasuble, étole et manipule violets, adjugés au citoyen Jacques Brahier, pour 14 # 7 ƒ.

Une chasuble rouge, voile rouge, étole blanche, une dalmatique et manipule noirs, adjugés au citoyen Chevalier, pour 5 " 17 ƒ.

Une chasuble, étole, manipule, voile rouge, un voile vert, deux dalmatiques vertes, trois chapes vertes, adjugés au citoyen Joseph Guibert, pour 17 " 17 ƒ.

Une dalmatique, manipule noir, une chape noire et manipule noir, adjugés au citoyen Lefrère, pour 8 " 17 ƒ.

Une chasuble, étole et manipule violets, adjugés au citoyen Fouchard, pour 1 " 10 ƒ.

Une chasuble, étole et manipule violets, adjugés au citoyen Gipteau, pour 1 " 11 ƒ.

Un morceau de toile teinte ou couvre-autel, trois devants d'autel noirs, adjugés au citoyen Bignon, pour 4 " 5 ƒ.

Un couvre-autel, adjugé à Millois, pour 1 ".

Un couvre-autel, adjugé à Chevalier, pour 1 " 10 ƒ.

Un devant d'autel blanc, adjugé à François Guibert, pour 21 " 4 ƒ.

Trois devants d'autel de différentes couleurs, un devant d'autel cramoisi, adjugés au citoyen Lecureuil fils, pour 17 " 2 ƒ.

Trois devants d'autel violets, adjugés à François Guibert, pour 14 " 17 ƒ.

Un devant d'autel rose, un dais rose, adjugés au citoyen Chevalier, pour 9 " 15 ƒ.

Un devant d'autel vert, adjugé à François Guibert, pour 3 " 10 ƒ.

Signé : Leret, maire ; Bellanger, agent national.

LOCATION

DE LA CI-DEVANT ÉGLISE DE CHEVAIGNÉ

23 floréal an III. — Le citoyen Jean Lanos, marchand à Saint-Jean-d'Assé, est adjudicataire de l'église de Chevaigné, pour trois, six ou neuf années. — Les pavés du bas de l'église sont enlevés ou écornés. Les couvertures de l'église et de la sacristie ont besoin d'être réparées en différents endroits. Les ardoises du clocher sont en partie brisées.

VENTE DU MOBILIER

DE LA CI-DEVANT ÉGLISE DE CONNERRÉ

2 pluviôse an III. — « Les officiers municipaux de Connerré aux citoyens administrateurs du district du Mans.

« Nous avons reçu votre lettre relativement aux dépouilles de de notre ci-devant église. Nous vous avons fait passer toute la matière d'or, d'argent, de cuivre, de plomb, etc. Nous n'avons aucun galon en or, ni en argent.

« Nous avons vendu les chapes et chasubles, lequel argent nous avons employé à payer les frais qui nous sont survenus depuis environ un an. Nous avons payé 100 " pour pain et paille fournis à tous les détenus qui ont passé dans notre commune, plus payé pour bois et lumière de notre corps de garde, lorsque la troupe du Mans y est venue en station et autres dépenses que nous avons faites, dont le détail serait trop long à vous faire.

« Salut et fraternité : F. Rocquain, officier municipal ; Couraut, agent national ; Crépon, secrétaire. »

VENTE DU MOBILIER

DE LA CI-DEVANT ÉGLISE DE COURCEBŒUFS

27 prairial an II. — Une chape noire, étole, adjugées à Julien Bellangé, pour 3 " 10 ʄ.

Une dalmatique noire, étole, adjugées à Poirié, pour 4 " 1 ʄ.

Un drap mortuaire, deux tapis, adjugés à Maillet, pour 3 ".

Une chape ancienne, une chasuble noire, adjugées à Surget, pour 7 ".

Une chape, deux rideaux, adjugés à Suzanne Perdereau, pour 10 ".

Une bannière et des cordons d'aube, adjugés à Julien Foulard, pour 7 " 5 ʄ.

Une chape blanche très ancienne, adjugée à Bellangé, pour 8 tt.
Un petit comptoir, adjugé à la veuve Pasqué, pour 9 tt.
Deux rideaux en indienne pour croisées, adjugés à Compain, pour 19 tt.
Deux rideaux en indienne, six morceaux d'indienne, adjugés à la femme Perdereau, pour 22 tt.
Sept petits morceaux d'indienne, adjugés à Sébastien Carré, pour 10 tt 10 f.
Une chasuble et son *fourniment* (sic), adjugés à Jean Launay, pour 5 tt.
Un devant d'autel, adjugé à Michel Montarou, pour 10 tt.
Deux devants d'autel, adjugés à la femme Le Bèle, pour 4 tt 11 f.
Deux confessionnaux, adjugés à François Pichon, pour 19 tt.
Quatre bâtons servant au dais, adjugés à Mathurin Jarossay, pour 1 tt 12 f.
Une chasuble verte et ses *ustensiles* (sic), adjugés à Pierre Lesourd, pour 5 tt 10 f.
Une chasuble violette et ses *ustensiles*, un devant d'autel noir avec une chasuble, adjugés à Joseph Bigot, pour 15 tt.
Une vieille chasuble, adjugée à François Guitton, pour 5 tt.
Une vieille chasuble, adjugée à la femme Lefrère, pour 5 tt 3 f.
Deux devants d'autel en mauvaise soie, adjugés à Surget, pour 6 tt 3 f.
Une chape, adjugée à Foulard, pour 25 tt.
Une chasuble et ses *pacotilles* (sic), adjugées à la femme Poté, pour 5 tt.
Une chasuble, étole et manipule, adjugés à la femme Bellot, pour 12 tt.
Une chasuble d'une mauvaise soie, adjugée à Joseph Surget, pour 7 tt.
Une chape, adjugée à Pierre Lesourd, pour 20 tt.
Une chasuble blanche et son *fourniment* (sic), adjugés au citoyen Compain, pour 10 tt 15 f.
Une chasuble, deux devants d'autel, adjugés à la veuve Pasqué, pour 34 tt 5 f.
Un plafond de dais, un buffet servant aux ornements, adjugés à Foulard, pour 25 tt.

Quatre morceaux de dais, adjugés à la femme Bellot, pour 26 ₶ 1 ſ.

Une chasuble de soie blanche, adjugée à Pierre Lequen, pour 15 ₶.

Une dalmatique et sa *pacotille* (sic), adjugées à la femme Ligot, pour 9 ₶.

Une chasuble, adjugée à Champion, pour 10 ₶.

Un bahut et un tabernacle, adjugés à Jean Hervé, pour 4 ₶ 5 ſ.

Une lotie de vieux bois en planches, adjugée à René Gaudet, pour 2 ₶ 10 ſ.

Trois tableaux d'autel, adjugés à Rocquain, pour 2 ₶.

Une lotie de bois, adjugée à René Hary, pour 5 ₶.

« Les linges suivants ont été envoyés au district du Mans : six aubes en mousseline forte dont deux garnies de dentelle, trois rochets en mousseline double, une aube d'enfant de chœur, neuf nappes de toile pour les autels, une serviette pour le ci-devant pain béni, dix amicts, quatre nappes servant à la sainte-table, vingt-un purificatoires, six lavabos de grosse toile, six corporaux en mousseline, une piscine de plomb avec son couvercle, les vases d'étain servant aux saintes huiles, un plat d'étain avec ses deux burettes, une lotie d'étain, tous les livres servant au culte, un bâton de fer.

« Signé : Bigot, maire ; Cordelet, officier ; Compain, agent, Lenoir et Carré, officiers. »

VENTE DU MOBILIER

DE LA CI-DEVANT ÉGLISE DE COULANS

21 prairial an II. — Tout est presque vieux dans cette église.

Une vieille chasuble, un vieux devant d'autel, une chasuble d'étamine noire, adjugés à Louis Launay, pour 4 ₶.

Une dalmatique, adjugée à Claude Langlois, pour 2 ₶ 5 ſ.

Deux vieux voiles, un vieux devant d'autel, adjugés à Pierre Belle, pour 2 ₶ 6 ſ.

Un vieux devant d'autel, adjugé au citoyen René Roulier, pour 3 ₶ 7 ſ.

Un lot de guenilles, adjugé au citoyen Jean Leduc, pour 3 # 13 ƒ.

Deux vieilles dalmatiques noires, une chasuble, une chasuble de camelot vert, une chasuble de damas blanc, divers morceaux de linge, adjugés au citoyen François Moriceau, pour 8 # 12 ƒ.

Une chasuble de vieux damas rouge, une chasuble blanche, un vieux devant d'autel, adjugés à Julien Têtu, pour 8 # 12 ƒ.

Une vieille chasuble, adjugée à François Brador, pour 1 # 11 ƒ.

Une chasuble de camelot vert, adjugé au citoyen Batard, pour 3 # 1 ƒ.

Une vieille chasuble de camelot noir, adjugée à Claude Langlois, pour 1 # 1 ƒ.

Un vieux drap mortuaire, adjugé à Louis Chanteau, pour 1 # 1 ƒ.

Trois vieilles soutanes d'enfant, un drap mortuaire, adjugés au citoyen Joseph Dupart, pour 6 # 16 ƒ.

Une chasuble tricolore, adjugée à Julien Salmon, pour 2 # 19 ƒ.

Une chasuble de velours rouge, une dalmatique verte, adjugées à Jean Chardon, pour 7 # 13 ƒ.

Les cartons d'autel, adjugés au citoyen Rousseau, pour 1 # 16 ƒ.

Une chasuble de droguet et de soie rouge, adjugée à Louis Servein, pour 2 # 10 ƒ.

Une chape verte, une chasuble tricolore en soie, une chape verte, une chape de soie, une poignée de cire, quatre pots avec bouquets, trois petits rideaux et leurs vergettes, un devant d'autel à deux parements, adjugés à Louis Launay, pour 59 # 5 ƒ.

Deux vieilles bannières, cinq pots à fleurs avec une niche dorée, adjugés au même, pour 6 # 3 ƒ.

Une chape noire, adjugée à Mathurin Fouquet, pour 3 # 18 ƒ.

Deux chasubles, une de soie verte, l'autre de velours rouge, une chape noire, une chasuble violette, un devant d'autel, adjugés à François Moriceau, pour 50 # 3 ƒ.

Une chape noire, adjugée à Louis Chanteau, pour 5 #.

Une chape de soie verte, adjugée à Louis Servein, pour 6 #.

Un tapis d'autel, deux chapes tricolores, adjugés à Joseph Dupart, pour 15 #.

Une poignée de cire, quatre pots avec leurs bouquets, un cierge pascal et des cartons, adjugés à Gabriel Engoulvent, pour 15 fl.

Une vieille chape, adjugée à Ledru, pour 4 fl 11 f.

Deux rideaux de toile grise, deux chapes vertes, une chasuble noire, adjugés à François Moriceau, pour 70 fl 12 f.

Deux devants d'autel, adjugés à Louis Servein, pour 39 fl.

Une partie de dais de panne rouge, adjugée à Marin Servein, pour 38 fl 5 f.

Une chasuble blanche, une chasuble de soie, adjugées à Julien Têtu, pour 22 fl 18 f.

Un lot de cierges, un lot de vieille cire, adjugés à Gabriel Engoulvent, pour 18 fl 1 f.

Une souche de cire, une niche, une partie de dais de panne rouge et *autres denrées* (sic), adjugées à Louis Launay, pour 31 fl 17 f.

Un lot de cire, adjugé à François Compain, pour 6 fl 16 f.

Une dalmatique, un devant d'autel, adjugés à Joseph Dupart, pour 9 fl 3 f.

Une chasuble tricolore, en soie, adjugée à Charles Batard, pour 18 fl 5 f.

25 prairial. — Deux rideaux de toile et d'indienne, trois bonnets carrés, adjugés à Pierre Belle, pour 31 fl 1 f.

Un rideau de toile, adjugé à Jean Rousseau, pour 6 fl 1 f.

Une vieille bannière de soie verte, adjugée à Jean Ledru, pour 6 fl 5 f.

Deux boites de fer blanc, adjugées à Louis Bellanger, pour 1 fl 12 f.

Un miroir, une boite à cierge, quelques bouts de cierges, cinq souches de cierges, un lot de cire, un plafond de dais, adjugés à Gabriel Engoulvent, pour 50 fl 11 f.

Une souche de gros cierges, deux autres souches, adjugées à Louis Launay, pour 9 fl 5 f.

Quatre souches de cierges, adjugées à Joseph Salmon, pour 6 fl 4 f.

Une souche de cierge pascal et flambeau, adjugés à Gabriel Engoulvent, pour 12 fl 1 f.

Sept bâtons de croix et une bannière, adjugés à François Moriceau, pour 3 fl 6 f.

Un lot de cierges, adjugé à Louis Bellanger, pour 5 # 1 ƒ.

Signé : Moriceau, maire ; Dupont, agent ; Louis Bellanger, officier.

LOCATION

DE LA CI-DEVANT ÉGLISE DE COULANS

15 floréal an III. — — Jean-René Marin Derouet, cultivateur se rend adjudicataire de l'église par bail. — On remarque une assez grande quantité de vitres brisées et plus de la moitié des pavés cassés.

VENTE DU MOBILIER

DE LA CI-DEVANT ÉGLISE DE COURCEMONT

10 brumaire an III. — Une bannière, adjugée à Louis Sénéchal, pour 5 # 2 ƒ.

Un dais rouge et vert, adjugé à François Gué, pour 19 # 1 ƒ.

Un devant d'autel, adjugé à la citoyenne Garancher, pour 8 #.

Un devant d'autel, adjugé à François Germond, pour 5 # 13 ƒ.

Un devant d'autel, adjugé au citoyen Moulin, pour 5 # 10 ƒ.

Un devant d'autel, une chasuble violette, une chape, adjugés au citoyen Louis Barentin, pour 12 # 4 ƒ.

Un devant d'autel, adjugé à François Gué, pour 3 # 10 ƒ.

Un devant d'autel, adjugé à René Baugé, pour 4 # 10 ƒ.

Un devant d'autel, une tunique, adjugés à Louis Sénéchal, pour 5 # 2 ƒ.

Chassis de devants d'autel, une chasuble, adjugés à François Blondeau, pour 7 # 5 ƒ.

Rideaux du ci-devant autel de la Vierge et de l'autel de Saint-Sébastien, adjugés à Pierre Cosme, pour 18 # 15 ƒ.

Une chasuble blanche, deux autres chasubles, une chape, adjugées à Mathurin Comte, pour 65 # 9 ƒ.

Une chasuble noire, adjugée à Jean Lemeunier, pour 3 # 19 f.
Une chasuble rouge et blanche, adjugée à René Baugé, pour 2 # 13 f.
Une tunique, adjugée à Jean Cosme, pour 2 #.
Une chasuble, adjugée à Jean Massot, pour 10 #.
Une chape, une tunique, adjugées à Joseph Landeau, pour 13 # 15 f.
Un voile, deux étoles, adjugés à Augustin Richard, pour 4 # 8 f.
Une chape noire, rideaux du grand autel, adjugés au citoyen Julien Massot, pour 16 #.
Deux petits rideaux, adjugés à Joseph Landeau, pour 4 #.
Une chasuble violette, une soutane, une couverture de saint, adjugées au même, pour 38 # 1 f.
Une soutane, adjugée à François Aubry, pour 5 #.
Une chape noire et blanche, une soutane d'enfant de chœur, adjugées à Pierre Galmard, pour 8 # 4 f.
Une chasuble blanche, adjugée à François Aubry, pour 2 # 2 f.
Une chape blanche, une chasuble blanche, adjugées à Denis Bruneau, pour 15 # 10 f.
Une chasuble rouge et verte, adjugée à Joseph Landeau, pour 2 # 5 f.
Une chasuble noire, adjugée à Louis Massot, pour 5 #.
Une chasuble noire, adjugée au citoyen Loison, pour 5 #.
Une étole, un manipule, adjugés à Pierre Bignon, pour 2 #.
Une chasuble, adjugée à Louis Barentin, pour 16 f.
Un manipule, adjugé à Julien Collet, pour 1 #.
Une soutane, adjugée à Pierre Cuinier, pour 12 f.
Une soutane, adjugée à Sébastien Galpin, pour 1 # 13 f.
Deux étoles, un manipule, une chasuble verte, adjugées Louis Martin, pour 17 # 1 f.
Une chasuble rouge, adjugée à la citoyenne Beaufils, pour 8 #.
Une tunique rouge, une chasuble rouge, adjugées à Pierre Cuinier, pour 25 #.
Un manipule, deux voiles, trois étoles, trois cordons, un drap mortuaire, adjugés à Joseph Landeau, pour 6 #.
Une chape, adjugée au citoyen Boulay, pour 15 # 13 f.

— 91 —

Deux étoles, adjugées à François Blondeau, pour 1 u 11 s.
Deux manipules, adjugés à la citoyenne Blondeau, pour 10 s.
Un tapis d'autel, adjugé à Louis Sénéchal, pour 2 u 2 s.
Un sac et deux étoles, adjugés à Louis Massot, pour 2 u 13 s.
Trois étoles, adjugées à Louis Barentin, pour 4 u 1 s.
Rideaux de confessionnaux, un voile, un manipule, adjugés à François Levaché, pour 6 u 12 s.
Un voile, quatre étoles, cinq manipules, adjugés à François Beaufils, pour 4 u 13 s.
Un voile, un manipule, adjugés à Jean Richard, pour 2 u 11 s.
Deux voiles, adjugés à Guillaume André, pour 2 u.
Un couvre-saint, adjugé à François Germond, pour 10 s.
Des cordons, adjugés à Pierre Cuinier, pour 3 u 7 s.
Un marchepied, adjugé à Étienne Moulin, pour 3 u 15 s.
Une armoire, adjugée à Mathurin Lecomte, pour 1 u 5 s.
Une boîte à bannière, adjugée à François Blondeau, pour 10 s.
Une armoire, adjugée à Guillaume André, pour 2 u.
Signé : Levaché, maire ; Louis Berger, officier ; M. Boulay, agent national.

VENTE DU MOBILIER
DE LA CI-DEVANT ÉGLISE DE GRANNES

12 messidor an II. — Une chasuble, deux chapes, adjugées à Michel Branchu, pour 12 u 5 s.
Deux chasubles, deux tuniques, un dais, adjugés à Louis Poignant, pour 7 u 1 s.
Une chasuble, adjugée à Pierre Agassiau, pour 1 u 2 s.
Une chape, adjugée à Alexandre Janvier, pour 6 u 5 s.
Un devant d'autel, adjugé à Julien Fournier, pour 1 u.
Une chape, un devant d'autel, adjugés à Michel Branchu, pour 7 u.
Un devant d'autel, deux tuniques noires, une chasuble, adjugés à Léonard Beuché, pour 5 u 4 s.
Deux tuniques d'enfant, quatre devants d'autel, adjugés à Léonard Beuché, pour 4 u 11 s.

Deux chapes, adjugées à Joseph Roulet, pour 2 ll.

Deux chapes, adjugées à Louis Hubert, pour 2 ll 1 s.

Deux chasubles, une bannière, une tunique, trois petites robes d'enfant, un voile de tabernacle, un devant d'autel, adjugés à Pierre Allain, pour 21 ll 17 s.

Une tunique, adjugée à François Arthuis père, pour 2 ll.

Un drap mortuaire, adjugé à Guillaume Compain, pour 7 ll.

Deux bouts d'autel, adjugés à Jean Lhommeau, pour 1 ll.

Un voile, adjugé à Louis Poignant, pour 1 ll 6 s.

Deux devants d'autel, une chasuble, adjugés à Michel Branchu, pour 5 ll 11 s.

Deux devants d'autel, adjugés à François Janvier, pour 1 ll 7 s.

Un voile de tabernacle, trois étoles, un voile de calice, une loterie de mauvaises pièces, trois tapis, adjugés à Guillaume Letessier, pour 3 ll 5 s.

Une chasuble, adjugée à Alexandre Janvier, pour 4 ll.

Une chasuble, adjugée à Louis Hubert, pour 1 ll 10 s.

Une chasuble, adjugée à François Lottin, pour 5 ll.

Une chasuble, adjugée à Claude Mongault, pour 4 ll.

Une chape, adjugée à Guillaume Compain, pour 5 ll.

Une chape, adjugée à Alexandre Janvier, pour 5 ll 10 s.

LOCATION

DE LA CI-DEVANT ÉGLISE DE CURES

25 floréal an III. — Le citoyen René Launay, de Cures, a pris l'église à ferme. « Elle est en mauvais état par l'eau qui y tombe; des vitres sont brisées; le pavage est mauvais, les murs de la sacristie sont *corrompus par les lizards* (sic), qui ont fait tomber le renduit. La charpente n'est pas bonne. L'église est en partie découverte par les vents, il faut 1.500 ardoises et 250 lattes; dans les murs de l'église y *pousse des lizards* (sic) et elle est dégradée en dedans. Les murs du cimetière sont en mauvais état ».

LOCATION

DE LA CI-DEVANT ÉGLISE DE DÉGRÉ

18 floréal an III. — Le citoyen Bernard s'est rendu adjudicataire de l'église. Il y a beaucoup de pavés et de vitres brisés ; il manque 1.000 tuiles à la couverture de l'église, 100 ardoises au clocher et 1.500 bardeaux à la sacristie.

LOCATION

DE LA CI-DEVANT ÉGLISE D'ÉCOMMOY

22 floréal an III. — René Planson est adjudicataire de l'église. Il y a huit 8 toises 1|2 de pavage à refaire ; il faut 9 toises de pierres pour réparer les murs. Le plafond du grand autel est en pierre de tufeau ; le cadre en sculpture de même pierre a été endommagé à coups de marteau ; les deux autres autels en sculpture et les niches sont *brisés, hachés (sic)*. Des chapelles de la Vierge, de Saint-Julien et de Saint-François, il ne reste que les masses. Il y a 7 vitraux de brisés. Il faut 4 toises d'ardoises pour réparer le clocher et 5 toises de pierres pour réparer le tour de l'église.

VENTE DU MOBILIER

DU TEMPLE DE LA RAISON

CI-DEVANT ÉGLISE DE NOTRE-DAME D'ÉTIVAL

9 thermidor an II. — Une chape de deuil, une étole, un manipule, un voile, une chasuble, adjugés au citoyen Joseph Mautouchet, pour 24 tt.

Un drap mortuaire, une chape, une chasuble, deux tuniques, un devant d'autel, une étole, un manipule, un pavillon, un voile, adjugés à René Leballeur, pour 11 ıı.

Trois chapes de couleur rose, une chasuble, un manipule, un voile, une étole, une chasuble, six devants d'autel, quatre tuniques, trois mauvaises tapisseries de Bergame, un petit coussin, adjugés à Joseph Mautouchet, pour 32 ıı 12 f.

Deux chasubles, trois voiles, cinq étoles, trois manipules, trois mauvaises chapes, une bannière, un dais, la carrie, les bâtons, quatre bouquets, adjugés au citoyen Guillaume Malherbe, pour 10 ıı 10 f.

Deux chasubles, deux étoles, trois manipules, deux voiles, un devant d'autel, adjugés à Julien Tiberge, pour 3 ıı 10 f.

Trois chasubles, quatre étoles, trois manipules, trois voiles, adjugés à Julien Laloue, pour 4 ıı 10 f.

Quatre dalmatiques, trois manipules, un pavillon, adjugés à Joseph Bouteiller, pour 4 ıı 5 f.

VENTE DU MOBILIER

DU TEMPLE DE LA RAISON DE FATINES

2 thermidor an II. — Quatre petites robes d'enfant de chœur, adjugées à Charles Busson, pour 3 ıı.

Quatre mauvais *couvrements* (sic) d'autel, adjugés à René Lehoux, pour 2 ıı 4 f.

Deux mauvaises couvertures d'autel, adjugées à Julien Thoumeau, pour 5 ıı.

Une chape noire, une rouge avec les surplis, une chasuble violette et une tunique noire, adjugés à Guillaume Briant, pour 10 ıı 13 f.

Une chape blanche, une chasuble blanche avec les surplis, une chasuble noire avec ses *ustensiles* (sic), adjugés à Étienne Richard, pour 8 ıı 10 f.

Une chape noire, adjugée à François Brossard, pour 1 ıı 10 f.

Une chasuble de velours noire et une grise avec leurs ustensiles, adjugées à Étienne Richard, pour 8 ₶.

Une chasuble noire et une violette avec leurs ustensiles, adjugées à Julien Brard, pour 5 ₶.

Un dais, adjugé à la veuve Avice, pour 6 ₶ 10 f.

Une chasuble blanche, deux vertes avec leurs ustensiles, adjugées à Charles Busson, pour 26 ₶ 5 f.

Un drap mortuaire, adjugé à Jean Gaudin, pour 4 ₶.

Un dais, adjugé à Étienne Richard, pour 3 ₶ 15 f.

Une tunique noire, adjugée à Michel Galas de Muraut, à Saint-Mars-la-Brière, pour 1 ₶ 10 f.

Une chape grise, une tunique verte, une petite armoire, adjugées à Guillaume Briant, pour 13 ₶ 15 f.

Deux chapes et le bâton de Saint-Jacques, adjugés à Charles Busson, pour 10 ₶.

Une chape verte, adjugée à Pierre Leproux, pour 6 ₶ 5 f.

Une tunique verte, adjugée à Julien Lequeu, pour 4 ₶ 18 f.

Une grotte qui servait sur le tabernacle et un confessionnal, adjugés à Guillaume Briant, pour 7 ₶.

Un confessionnal, adjugé à René Lehoux, pour 6 ₶ 5 f.

Un devant d'autel vert et un bleu, une bannière, adjugés à Étienne Richard, pour 7 ₶ 10 f.

Un devant d'autel et un pupitre, adjugés à Jean Allain, pour 4 ₶ 16 f.

Un rideau de toile peinte, adjugé à Julien Lhommeau, pour 7 ₶.

Un devant d'autel, adjugé à Julien Brard, pour 1 ₶ 5 f.

Un devant d'autel, un coffre-fort, adjugés à André Froger, pour 5 ₶ 17 f.

Un comptoir, adjugé à Guillaume Briant, pour 3 ₶.

VENTE DU MOBILIER

DE LA CI-DEVANT ÉGLISE DE FAY

27 prairial an II. — Trois chapes blanches, adjugées au citoyen Hardyau, pour 23 # 12 f.

Une chasuble, une étole, une chape, adjugées au citoyen Querville, pour 9 #.

Trois chapes, adjugées au citoyen Gasté fils, pour 20 # 10 f.

Une chape, adjugée au citoyen Piron, pour 35 # 5 f.

Une chape, adjugée au citoyen Fay, pour 3 #.

Une chape, une tunique, étole et manipule, adjugés au citoyen Lamotte, pour 4 # 17 f 6 ð.

Une chape, adjugée au citoyen Beaufils, pour 4 # 5 f.

Une chape noire, adjugée au citoyen Foussel, pour 2 # 10 f.

Une chape noire, adjugée au citoyen Michel Boutier, pour 1 # 10 f.

Une chasuble, étole, voile, manipule, adjugés à Piron, pour 3 #.

Une chasuble, étole, voile, manipule, un drap mortuaire, adjugés au citoyen Gareau, pour 9 # 5 f.

Une chasuble, étole, voile, manipule, adjugés à Bellanger, pour 4 #.

Un lot d'étoffe, adjugé au citoyen Bouleux, pour 1 # 7 f 6 ð.

Deux chasubles, voiles, manipules, étoles, deux tuniques et manipule, adjugés au citoyen Gasté, pour 9 # 9 f.

Deux chasubles, étoles, manipules et voiles, adjugés au citoyen Deschamps, pour 12 # 5 f.

Une tunique, une étole et manipule, adjugés au citoyen Lamotte, pour 2 # 7 f 6 ð.

Une chasuble, adjugée au citoyen Goupil, pour 5 #.

Une chasuble, étole, voile, manipule, adjugés au citoyen Tertereau, pour 1 # 5 f.

Deux tuniques, deux manipules, une étole, adjugés au citoyen Coq, pour 6 #.

Un tapis de pupitre, adjugé au citoyen Garnier, pour 4 ₶.

Une chasuble, adjugée au citoyen Moreau, pour 4 ₶.

Deux voiles « *à nos ci-devant statues* » un tour de dais, adjugés à Etienne Fousset, pour 11 ₶ 10 ſ.

Quatre devants d'autel, adjugés au citoyen Moulin, pour 3 ₶ 6 ſ.

Deux devants d'autel, adjugés au citoyen Bouleux, pour 2 ₶.

Deux devants d'autel, adjugés à la veuve Compain, pour 1 ₶ 16 ſ.

Une chape noire, une bannière, adjugées au citoyen Paulin, pour 35 ₶ 5 ſ.

Une vieille armoire, adjugée au même Paulin, pour 8 ₶.

Une chape, une vieille tapisserie, adjugées au citoyen Moreau, pour 24 ₶.

Une chape noire, adjugée à Bellanger, pour 16 ₶.

Une chasuble, deux étoles, un manipule et voile, adjugés au citoyen Moulin, pour 3 ₶ 1 ſ.

Un mauvais lot de bois, adjugé au citoyen Dezille, pour 12 ſ 6 ᴅ.

Un petit falot, un porte-chape, un lot de pots à bouquets, adjugés au citoyen Gasté, pour 2 ₶ 10 ſ.

Une lanterne, adjugée au citoyen Guerrault, pour 3 ₶ 5 ſ.

Un lot d'étoffe, adjugé à la citoyenne Tertereau, pour 7 ſ.

Un couvre-autel en étoffe, adjugé à Plessis, pour 3 ₶ 5 ſ.

Deux chandeliers en bois, six *pochettes* (sic) de chandeliers et des *clousilles* (sic), adjugés à Goupil, pour 7 ₶.

Deux morceaux de tapisserie, adjugés à Fousset, pour 7 ₶ 7 ſ 6 ᴅ.

Une commode où on ramassait les chapes, adjugée au citoyen Mauboussin, pour 5 ₶ 5 ſ.

Un morceau de tapisserie, adjugé au citoyen Gasnier, pour 12 ₶ 2 ſ 6 ᴅ.

Une mauvaise tribune, adjugée au citoyen Baussan, pour 5 ₶.

Une tombe en bois et autres morceaux de bois, adjugés à Moulin, pour 2 ₶.

Un grand confessionnal, adjugé au citoyen Plessis, pour 8 ₶.

Un pupitre, adjugé au citoyen Bellanger, pour 4 ₶ 10 ſ.

Un fauteuil en bois, adjugé au citoyen Gareau, pour 3 ₶ 5 ſ.

Signé : Garceau, maire ; Hardyau, officier municipal, Gasté, greffier.

LOCATION

DE LA CI-DEVANT ÉGLISE DE FAY

23 floréal an III. — René Moreau, de Fay, est adjudicataire de l'église, pour 3, 6 ou 9 années. Le pavage est en mauvais état, il manque des pavés. Plusieurs carreaux de vitres sont cassés.« Au sanctuaire il y a un tableau *très propre et décent.*» La couverture a besoin de réparations, il faut 1.500 ardoises. « Dans la nef il y a 10 statues *dont 7 sont décentes et 3 autres moins bien* (sic) avec le Christ. »

VENTE DU MOBILIER

DE LA CI-DEVANT ÉGLISE DE FILLÉ

27 prairial an II. — Une mauvaise chape, une chasuble, trois voiles, deux tuniques, deux autres chasubles, un devant d'autel, six autres tuniques, un drap mortuaire, deux couvre-autel, un voile de tabernacle, adjugés à René Marchand, pour 20 ₶ 5 s.

Plusieurs voiles, adjugés à Niepceron, pour 3 ₶ 10 s.

Une chape, une tunique, adjugées à Bouleux, pour 5 ₶.

Un voile de tabernacle, une tunique, une chape, adjugés à Guillaume Langlois, pour 3 ₶.

Une chasuble, un devant d'autel, adjugés à Picouleau, pour 3 ₶ 10 s.

Une chasuble, une étole, adjugées à Gaupuceau, des Oliveries, pour 3 ₶ 5 s.

Deux morceaux d'étole rouge, un rideau et un couvre-autel, adjugés à François Duparc, pour 19 ₶.

Deux mauvaises soutanes, plusieurs étoles, adjugées à Picouleau, pour 2 ₶.

Un rideau, une bannière, adjugés à Laugelié, pour 9 ₶ 10 s.

Un dais, une chape, un devant d'autel, adjugés à Marchand, pour 4 tt.

Une croix de bois dorée, adjugée à Joseph Rousseau, pour 5 tt 10 s.

Deux bouquets, deux chandeliers de bois, adjugés à Picouleau, pour 6 tt.

Deux bouquets et huit chandeliers de bois, adjugés à Jean Trouvé, pour 12 s 6 d.

Deux bouquets, deux chopinettes, une chasuble noire, un voile, une étole, adjugés à René Marchand, pour 7 tt 12 s 6 d.

Deux bouquets, le bâton de Saint-Martin, adjugés à François Gaupuceau, pour 18 s 6 d.

Deux bouquets, adjugés à Louis Piron, pour 15 s.

Cinq cartes d'autel, une exposition, adjugées à René Trouvé, pour 2 tt 5 s.

Trois cartes d'autel, adjugées à la veuve Cosnard, pour 2 tt 10 s.

Trois cartes d'autel, adjugées à Tanchot, pour 3 tt.

Trois cartes d'autel, adjugées à Jean Beuché, pour 5 tt.

Deux chasubles, deux étoles, deux voiles, adjugés à Michel Porché, pour 5 tt 10 s.

Une chasuble, une étole, un voile, adjugés à Bouhoux, pour 3 tt 5 s.

Une chasuble, un voile, une étole, adjugés à René Blin, pour 10 tt.

Une chasuble, adjugée à Héron, pour 17 tt.

Une chape noire, adjugée à François Gaupuceau, pour 25 tt.

Plusieurs morceaux d'étole, adjugés à Loiré, pour 1 tt 5 s.

Un porte-chape, adjugé à François Trouvé, pour 1 tt 1 s.

Quatre pièces de fil, adjugées à Louis Piron, pour 2 tt 16 s.

Le tombeau de deuil, le pupitre, adjugés à Picouleau, pour 9 tt 15 s.

Signé : François Tanchot, maire; Julien Hérisson; Blin, agent national; F. Trouvé, greffier.

LOCATION

DE LA CI-DEVANT ÉGLISE DE FLACÉ

22 mai an III. — Le citoyen Armand-Charles-François Amiot est caution du citoyen Pioger, locataire de l'église. On constate que dans la sacristie il y a 18 carreaux de vitres brisés. La petite cloche est cassée. Les pavés sont brisés et il en manque. Il faut 200 ardoises à l'église et des tuiles à la sacristie.

VENTE DU MOBILIER

DE LA CI-DEVANT ÉGLISE DE GUÉCÉLARD

27 prairial an II. — Un voile, un devant d'autel, plusieurs chiffons, un ornement de dais, une chasuble, une étole, adjugés à Morillon, pour 13 ₶.

Un devant d'autel, une chasuble, adjugés à la veuve Papillon, pour 1 ₶ 10 ſ.

Une chasuble, une étole, un devant d'autel, adjugés à Pottier, pour 4 ₶ 5 ſ.

Deux chasubles, deux étoles, un voile, adjugés à René Marchand, pour 8 ₶ 5 ſ.

Une chasuble et étole, adjugées à Bouhoux, pour 3 ₶.

Un devant d'autel, adjugé à François Gaupuceau, pour 5 ₶ 5 ſ.

Une chape, adjugée à Julien Sallé, pour 10 ₶ 10 ſ.

Une chasuble, une étole, un voile, adjugés à Loiré, pour 4 ₶ 5 ſ.

Une chasuble, une étole, adjugées à François Trouvé, pour 6 ₶ 5 ſ.

LOCATION

DE LA CI-DEVANT ÉGLISE DE GUÉCÉLARD

18 floréal an III. — Le citoyen Jean Froger est adjudicataire de l'église. Il manque des pavés, les enduits sont tombés; des trous ont été faits par les soldats pendant qu'ils l'ont occupée. Plusieurs carreaux des fenêtres sont cassés ainsi que les vitres de la sacristie. Les enduits du plafond sont tombés ainsi que ceux des murs.

LOCATION

DE LA CI-DEVANT ÉGLISE DE LA BAZOGE

17 floréal an III. — Affermée à Thomas Livet, agent de la commune, pour 3, 6 ou 9 années. Onze croisées sont en mauvais état.

VENTE DU MOBILIER

DE LA CI-DEVANT ÉGLISE DE LA CHAPELLE ST-FRAY

27 prairial an II. — Une chasuble de couleur violette, une chasuble blanche avec étole, manipule et voile, une chasuble noire, une dalmatique noire, trois chapes blanches, deux petites tables, adjugés à Jean Buon, pour 67 # 12 *f*.

Deux chasubles de couleur, adjugées à Pierre Chapron, pour 14 # 19 *f*.

Une chasuble noire, adjugée à Jean Cochet, pour 3 # 10 *f*.

Un drap mortuaire, adjugé à Louis Dezalay, pour 21 # 10 *f*.

Trois dalmatiques noires et blanches, adjugées à René Jousse, pour 26 # 9 *f*.

Le tour du dais avec trois morceaux d'étoffe rouge, adjugés à Jean Crinicux, pour 4 # 17 *f*.

Une petite étole noire, cartons, bourse, adjugés à René Roullier, pour 2 # 10 *f*.

Une étole de toutes couleurs, adjugée à Jean Ragot, pour 4 ₶ 10 s.

Une bannière, adjugée à Jean Crochard, pour 6 ₶.

Deux rideaux, adjugés à Jean Pichon, pour 10 ₶.

Une lanterne, un confessionnal avec des carreaux, un couvercle de livre et une boite de fer blanc, adjugés à Jean Laloyer, pour 11 ₶ 15 s.

Une *paire d'armoires* (sic), adjugée à René Péan, pour 42 ₶.

Une *paire d'armoires* (sic), adjugée à Julienne Ledru, pour 26 ₶ 10 s.

Un confessionnal et un pupitre, adjugés à Etienne Buon, pour 15 ₶ 10 s.

La couverture du grand autel, adjugée à René Crié, pour 12 ₶ 1 s.

Une couverture d'autel, adjugée à Michel Chevallier, pour 1 ₶ 10 s.

Signé : Péan, maire ; Jean Buon, officier ; J. Lemercier, greffier.

Dans l'inventaire de la dite église fait le 20 germinal an II.—
On a trouvé « en *argenterie* : deux calices et leurs patènes, un soleil, un ciboire, un petit vase destiné à porter les sacrements aux malades ; en *cuivre* : six chandeliers, une croix, un encensoir, une navette, une lampe, un bénitier et son aspersoir ; en *métal* : une cloche sans corde, deux clochettes portatives, deux bénitiers ; en *plomb* : deux petits vases, un bassin, vases des huiles. »

VENTE DU MOBILIER

DE LA CI-DEVANT ÉGLISE DE LA GUIERCHE

21 et 27 prairial an II. — Deux devants d'autel un noir et un rouge garnis de galons de laine, adjugés au citoyen Jean Beaudouin, meunier à la Guierche, pour 9 ₶ 9 d.

Un devant d'autel blanc et noir, adjugé au citoyen Louis Jouanneau fils, journalier, pour 4 ₶.

Une écharpe de croix verte (sic) avec frange, galons, adjugés au citoyen Louis Hamon, menuisier, pour 5 #.

Une bannière blanche, adjugée au citoyen Vallienne, affranchisseur, pour 1 #.

La petite pente du dais avec une longue et une courte (sic) et frange blanche autour, adjugées au citoyen Joseph Foucault, pour 5 #.

La pente longue du dais avec frange blanche autour, adjugées au citoyen Pierre Édet, tisserand, pour 5 # 10 ƒ.

La pente longue du dais avec frange blanche autour, adjugées au citoyen Mathurin Marteau, marchand, pour 6 #.

La petite pente partie du dais avec frange blanche autour, adjugées aux citoyennes femme Montanger et femme Chaussumier, pour 4 # 8 ƒ.

Une robe rouge, adjugée au citoyen Louis Jouanneau fils, journalier, pour 8 # 10 ƒ.

Une robe rouge, adjugée à la citoyenne femme Pierre Hamon, pour 8 # 1 ƒ.

Une robe rouge, adjugée au citoyen Mathurin Chanteau, marchand, pour 8 # 10 ƒ.

Un devant d'autel rouge, blanc et noir, adjugé au citoyen Joseph Heurtaux, cultivateur, pour 8 #.

Un devant d'autel blanc, rouge et brun, adjugé au citoyen André Végeas, cordonnier, pour 5 # 10 ƒ.

Un devant d'autel rouge, blanc et brun, adjugé au citoyen Jacques Cureau, cultivateur, pour 3 # 11 ƒ.

Un devant d'autel vert, adjugé au citoyen Pierre Coupelle, marchand, pour 10 # 5 ƒ.

Une chape rouge, blanche et brune, adjugée au citoyen François Leroy, journalier, pour 3 # 5 ƒ.

Une chape de même couleur, adjugée au citoyen Joseph Heurtaux, cultivateur, pour 5 #.

Une chape rouge, verte et blanche, adjugée au citoyen Pierre Édet, tisserand, pour 7 # 1 ƒ.

Une étole rouge et blanche avec frange et manipule, adjugés au citoyen François Leroy, journalier, pour 1 # 7 ƒ.

Un rideau d'indienne rouge et blanc, adjugé au citoyen Pierre Moriceau, pour 5 # 7 ƒ.

Une corbeille, adjugée au citoyen Pierre Moriceau, pour 5 " 7 ƒ.

Une corbeille, adjugée au citoyen Simon Chaussumier, maréchal, pour 3 " 1 ƒ.

Le bâton de la Croix, adjugé au même, pour 5 ".

Un manipule, étole rouge et verte, adjugés au citoyen Louis Lorme, cultivateur, pour 4 ".

Un miroir, adjugé au citoyen René Végeas, journalier, pour 1 " 5 ƒ.

Trois bonnets carrés, adjugés aux citoyens Besnier et Jean Blavette, pour 2 ƒ 6 ₰.

Trois dalmatiques blanches, rouges et vertes, adjugées aux citoyens Pierre Coupelle, marchand, Etienne Foulard, cultivateur, Mathieu Chanteau, marchand, pour 6 ".

Une dalmatique noire, adjugée au citoyen Jean Landais, journalier, pour 2 " 14 ƒ.

Une soutane noire et un chiffon, adjugés au citoyen Chanteau, marchand, pour 2 ".

Deux rideaux, adjugés au citoyen René Pelletier, pour 1 ".

Une chape noire, adjugée au citoyen Jacques Girard, pour 1 " 15 ƒ.

Deux chapes rouges et blanches, adjugées au citoyen René Édet, pour 7 " 10 ƒ.

Plusieurs couvertures et un drap mortuaire, adjugés au citoyen René Blot, pour 9 " 17 ƒ.

Deux couvertures, plusieurs basfréges (sic), adjugés au citoyen Pierre Édet, tisserand, pour 3 " 16 ƒ.

Un dessus d'autel, adjugé au citoyen Jean Beaudouin, pour 1 " 10 ƒ.

Le plafond du dais, adjugé au citoyen François Divarel, pour 2 " 17 ƒ.

Trois chapes rouges et blanches, adjugées aux citoyens René Blot, Jacques Madeleine et Julien Bry, tous de la Guierche, pour 24 " 10 ƒ.

Une chasuble, étole et manipule, adjugés au citoyen Martin Chanteau, marchand, pour 3 " 5 ƒ.

Une boîte de fer blanc, adjugée au citoyen Foulard, de Savigné, pour 2 " 11 ƒ.

Une chasuble violette avec étole et manipule, adjugés au citoyen Charles Voisin, charron, pour 3 ll 10 s.

Une chasuble blanche avec étole et manipule, adjugés au citoyen Julien Voisin, pour 2 ll.

Une chasuble noire, adjugée au citoyen Mathurin Blavette, maréchal, pour 2 ll 2 s.

Une chasuble noire, adjugée au citoyen René Blot, pour 2 ll 10 s.

Une chasuble rouge, étole et manipule, adjugés au citoyen Pierre Élet, tisserand, pour 2 ll.

Une chasuble verte, une autre chasuble verte et blanche, adjugées au citoyen Julien Hamon, pour 9 ll 13 s.

Une étole, adjugée au citoyen Jacques Beaudouin, pour 18 s.

VENTE DU MOBILIER

DE LA CI-DEVANT ÉGLISE DE LA MILESSE

18 messidor an II. — Une chape rouge, un couvre-autel, deux chasubles, deux rideaux et autre chose de peu de valeur (sic), adjugés au citoyen Geslin, pour 57 ll.

Une chape blanche et autres objets, adjugés à la citoyenne veuve Lepeltier, pour 5 ll.

Deux chapes noires, adjugées au citoyen Chevreux, pour 12 ll 10 s.

Un dais, adjugé à Etienne Leroy, pour 5 ll.

Une chape noire, une tunique pour couvrir plusieurs saints, des chasubles, adjugées au citoyen Rivière, pour 18 ll.

Une chape grise, plusieurs tuniques, adjugées à Jacques Divarel, pour 6 ll.

Deux chasubles, adjugées à Havois, pour 6 ll.

Deux chasubles et le drap mortuaire, adjugés à Barbé et Ménagé, pour 12 ll.

Un couvre-autel et autre chose, adjugés à Jeanneau, pour 9 ll.

Signé : Foucault, maire ; René Blanchet, agent ; Pioger, notable ; Jupin, greffier.

VENTE DU MOBILIER

DE LA CI-DEVANT ÉGLISE DE LA QUINTE

15 messidor an II. — Une chape de satin usée, deux chasubles, une dalmatique, adjugées au citoyen Louis Pavé, pour 17 ₶.

Une chape de satin, deux dalmatiques, adjugées au citoyen Louis Billon, pour 11 ₶.

Une chape, adjugée à Pierre Leboucher, pour 25 ₶.

Une chape noire, adjugée à Jean Busson, pour 4 ₶.

Une chape noire, une autre chape, deux chasubles, adjugées à Pierre Lebèle, pour 17 ₶.

Une chape, adjugée à André Letessier, pour 8 ₶.

Deux chapes, adjugées à Michel Billon, pour 6 ₶.

Deux chasubles, adjugées à Michel Charles, pour 1 ₶.

Deux chasubles, adjugées à André Letessier, pour 4 ₶ 15 ſ.

Une chasuble, adjugée à Pierre Lebèle, pour 15 ſ.

Un lot de voiles, adjugés à Jean Busson, pour 2 ₶ 15 ſ.

Un lot de chasubles, adjugées à Louis Billon, pour 7 ₶.

Un lot de chiffons (1), une chape et des chiffons, adjugés à Louis Billon, pour 2 ₶.

Six étoles, trois chasubles, deux chapes rouges, trois étoles, une chape et des chiffons, adjugés au citoyen René Pavé, pour 48 ₶ 10 ſ.

Deux dalmatiques, une étole, trois rideaux de gaz, adjugés à René Portier, pour 11 ₶ 5 ſ.

Deux chapes, adjugées à André Letessier, pour 15 ₶.

Une bannière, un drap mortuaire, un lot de gaz, un lot de chiffons, adjugés à Michel Charles, pour 21 ₶ 16 ſ.

Plusieurs morceaux de gaz, un lot de chiffons, adjugés à Jean Busson, pour 2 ₶ 10 ſ.

Un petit lot de gaz, adjugé à Forrelin, pour 10 ſ.

Un rideau, adjugé à René Lepeltier, pour 2 ₶.

(1) Le mobilier de cette église avait été brisé, aussi on y a trouvé beaucoup de lots de chiffons.

Un lot de chiffons, adjugés au citoyen Durand, pour 15 *f.*
Trois lots de chiffons, adjugés à Perrette, pour 2 #.
Une chasuble et un lot de chiffons, adjugés à Jean Lebrun, pour 8 # 6 *f.*
Deux lots de chiffons, adjugés à Marie Lhommeau, pour 1 # 10 *f.*
Un lot de chiffons, adjugés à Michel Charles, pour 2 # 6 *f.*
Un lot de chiffons, adjugés à la femme Durand, pour 5 *f.*
Un lot de chiffons, adjugés à Pierre Valiot, pour 1 #.
Un lot de mauvais ornements, adjugés à Jean Gadois, pour 3 #.
Un autre lot semblable, adjugé à Julien Freulon, pour 2 # 10 *f.*
Un lot de chiffons, adjugés à Pierre Lebèle, pour 10 *f.*
Une niche, adjugée à Jacques Chenon, pour 1 #.

LOCATION

DE LA CI-DEVANT ÉGLISE DE LA SUZE

22 floréal an III. — Le citoyen Pelpoir, boulanger, est fermier de l'église. « On y trouve tous les livres pour l'exercice du culte et une partie du mobilier. Le chœur a été dépavé en plusieurs endroits par les salpêtriers qui ont brisés les pavés. Les trois autels sont dévastés ; les vitres des 12 croisées sont absolument brisées, un bénitier en marbre est écorné ; la porte principale de l'église est cassée. »

VENTE DU MOBILIER

DE LA CI-DEVANT ÉGLISE DE LAVARDIN

20 frimaire an III. — Un luminaire, cinq chapes, deux chasubles, trois petites chasubles, adjugés au citoyen Félix Chausson, pour 57 #.
Une chape de sous-diacre, adjugée à Jean Motet, pour 18 # 5 *f.*

Une chasuble, une étole, une dalmatique, adjugées à François Roulier, pour 9 # 5 ƒ.

Une chasuble, une étole, une dalmatique, un devant d'autel, un dais et tous ses bâtons, adjugés à Félix Chausson et à Michel Chausson, pour 40 # 15 ƒ.

Une chasuble, étole, voile, toutes les cartes, adjugés à René Debray, pour 6 # 17 ƒ.

Un devant d'autel, adjugé à Joseph Motet, pour 6 #.

Une chape, adjugée à René Girard, pour 12 #.

Une chape, voile, dalmatique, adjugés à Louis Lechat, pour 10 #.

Une chape, adjugée à Jean Rouyet, pour 10 #.

Fait au temple de la Raison le dit jour et an. Signé : J. Bouvet, maire ; Lechat, officier municipal ; Leroy, agent national ; Loyseau, greffier.

VENTE DU MOBILIER

DE LA CI-DEVANT ÉGLISE DE LOMBRON

2 thermidor an II. — Deux tuniques noires, adjugées à Jacques Blot, pour 2 # 4 ƒ.

Une chasuble noire, adjugée au citoyen Masson, pour 4 # 2 ƒ.

Une chasuble noire, étole, voile, manipule, adjugés à la citoyenne femme Louis Blin, pour 16 #.

Une chape noire, adjugée au citoyen Louis Calut le jeune, pour 6 # 5 ƒ.

Deux chapes noires de satin, adjugées à la citoyenne femme Lecomte, de Sillé, pour 15 # 8 ƒ.

Une soutane d'étamine, adjugée à Charles Leproust, pour 22 # 10 ƒ.

Un drap mortuaire, adjugé à Denis Chartier, pour 15 # 3 ƒ.

Une lotie de petites tuniques et robes rouges servant aux enfants de chœur, adjugées à Jacques Haies, pour 3 # 15 ƒ.

Cinq couvertures d'autel, adjugées au citoyen Guédon, pour 15 # 10 ƒ.

Une chasuble, étole, manipule et voile, adjugés à Enfray, de Sillé, pour 3 ₶ 1 ƒ.

Une chasuble, étole, manipule et voile, adjugés à Louis Landeau, pour 8 ₶.

Quatre rideaux d'indienne, adjugés à Michel Bourdin, pour 20 ₶ 8 ƒ.

Deux chasubles, étoles, manipules et voiles, adjugés à Moulard, pour 24 ₶.

Une chasuble, étole, manipule et voile, adjugés à Pierre Pissot, pour 4 ₶ 10 ƒ.

Une chasuble, étole, manipule et voile, adjugés à la femme du citoyen Juchon, de Sillé, pour 8 ₶.

Une chasuble, étole, manipule et voile, adjugés à Louis Loistron, pour 5 ₶ 15 ƒ.

Une chasuble, étole, manipule et voile, adjugés à Denis Chartier, pour 5 ₶ 6 ƒ.

Trois chapes, adjugées à Moulard, pour 35 ₶.

Une chape, adjugée à Michel Bourdin, pour 15 ₶ 6 ƒ.

Une chape, adjugée à Charles Leproust, pour 12 ₶ 1 ƒ.

Une chape, adjugée à Hilaire Corbion, de Loué, pour 7 ₶.

Une chape, adjugée à Jacques Haies, pour 4 ₶.

Une chape, adjugée à Michel Bourgouin, pour 9 ₶.

Une chape, adjugée à Louis Houdinot, pour 7 ₶.

Deux rideaux d'autel, adjugés à René Dupont, pour 10 ₶ 3 ƒ.

Deux étoles, adjugées à la femme Pichon, pour 1 ₶ 6 ƒ.

Une bannière, adjugée à Étienne Vallée, pour 5 ₶.

Un bahut de coffre, un vieux coffre, un cadre, adjugés à Antoine Durfort, pour 14 ₶ 4 ƒ.

Un autre vieux coffre, un miroir, un prie-dieu, adjugés à Julien Passe, pour 9 ₶ 19 ƒ.

Une vieille armoire, adjugée au citoyen Guédon, pour 9 ₶.

Un placard, adjugé à Guillaume Dupont le jeune, pour 3 ₶ 10 ƒ.

Un placard servant à mettre la bannière, adjugé à Louis Calut, pour 2 ₶ 11 ƒ.

Une grande chaise, adjugée à Jean Dufeu, pour 2 ₶ 10 ƒ.

Un baldaquin en papier peint, adjugé à Étienne Vallée, pour 3 ₶ 6 ƒ.

Un tabouret, un confessional, adjugés à Guillaume Dupont, pour 1 # 10 f.

Un tabouret, adjugé au citoyen Tuillière, pour 1 # 1 f.

Un confessionnal, adjugé à François Guibert, pour 4 #.

EXTRAIT DE L'ÉTAT DE LIEU

DE LA CI-DEVANT ÉGLISE DE MONCÉ-EN-BELIN

6 floréal an III. — Pour réparer l'église il faut 14 toises de pavés; un panneau de vitrail est à remettre.

VENTE DU MOBILIER

DE LA CI-DEVANT ÉGLISE DE MONTBIZOT

4 messidor an II. — Une tombe, un drap mortuaire, adjugés au citoyen François Veron, pour 3 # 10 f.

Une chasuble verte, une étole, adjugées au citoyen Julien Lefeuvre, pour 6 # 15 f.

Une chasuble violette, une chasuble rouge, une chasuble blanche, adjugées au citoyen Leroy, de la Guierche, pour ? # 19 f.

Une chasuble rouge, adjugée à la citoyenne Françoise Caré, pour 6 #.

Une chasuble rouge, une dalmatique, adjugées au citoyen Jacques Gayet, pour 8 # 5 f.

Une chasuble rouge, adjugée au citoyen Jean Vial, de René, pour 9 # 5 f.

Une chasuble, adjugée au citoyen Denis Forest, pour 2 # 13 f.

Une chasuble noire, adjugée au citoyen Neveu, pour 6 #.

Une chasuble, adjugée au citoyen Coulombert, pour 2 # 2 f.

Une dalmatique, adjugée au citoyen Louis Rageot, pour 1 # 19 f.

Une chasuble rouge, adjugée à la citoyenne veuve Pilon, pour 2 # 10 f.

Une dalmatique, une boite à cierges, adjugées à la citoyenne Françoise Girard, pour 5 # 1 ſ.

Une dalmatique, adjugée au citoyen Cosnard, pour 4 # 12 ſ.

Une chape noire, une lanterne, adjugées au citoyen Jean Viol, de René, pour 27 #.

Une dalmatique noire, adjugée au citoyen Neveu, pour 2 #.

Une dalmatique noire, adjugée au citoyen Jacques Mallet, pour 3 # 3 ſ.

Une dalmatique noire, adjugée au citoyen Connier, pour 2 # 15 ſ.

Étoffe du dais, adjugée à Étienne Megret, pour 6 # 1 ſ.

Des burettes de cristal, adjugées au citoyen Jacques Aubin, pour 3 #.

Trois chandeliers, adjugés à la citoyenne femme Poupard, pour 1 # 4 ſ.

Trois chandeliers, adjugés au citoyen Colombert, pour 14 ſ.

Un crucifix, adjugé au citoyen Brosse, pour 11 ſ.

Un crucifix, adjugé au citoyen Michel Morin, pour 2 #.

Exposition pour le soleil (sic), deux bouquets, adjugés au citoyen Jacques Edet, pour 2 # 1 ſ.

L'aigle servant de pupitre, adjugé au citoyen Jacques Gayet, pour 1 #.

Une boite à cierges, adjugée au citoyen Couprent, pour 1 # 2 ſ.

Un prie-dieu, adjugé au citoyen Pierre Fiau, pour 17 #.

10 messidor. — Un piédestal, adjugé au citoyen Joseph Pichon, pour 3 # 10 ſ.

Un bénitier de marbre, trois gradins d'autel, adjugés au citoyen René Gayet, pour 9 # 2 ſ.

Les fonds baptismaux, adjugés au citoyen Joseph Jouanneau, pour 4 # 10 ſ.

Une chape rouge, adjugée au citoyen René Gayet, pour 4 # 10 ſ.

Une chape rouge, adjugée au citoyen Renard, de Ballon, pour 10 # 5 ſ.

Une chape rouge, adjugée au citoyen Georges Cosnard, pour 6 #.

LOCATION

DE LA CI-DEVANT ÉGLISE DE MONTBIZOT

15 floréal an III. — Joseph Pichon se rend adjudicataire de l'église. Près des deux tiers des vitraux sont cassés et le quart du pavage manque.

VENTE DU MOBILIER

DE LA CI-DEVANT ÉGLISE DE MONTFORT

4 messidor an II. — Deux vieilles chapes doublées de bougran, adjugées à Jean Besnier, marchand, pour 9 ₶ 18 s.

Une chape noire, deux tuniques, deux manipules rouges, adjugés à Louis Maréchal, pour 23 ₶ 14 s.

Une chape d'étamine noire, adjugée au citoyen Laurent Mordret, pour 6 ₶ 15 s.

Une chape violette, une chape rouge, un drap mortuaire, adjugés au citoyen Baussan, maire, pour 43 ₶ 7 s.

Un lot de cordons d'étoles, adjugés au citoyen Baussan jeune, pour 1 ₶ 11 s.

Deux chapes rouges, une chape à fond blanc, une chasuble, un voile, une étole, un manipule, quatre rideaux de dais, le ciel en taffetas avec trois morceaux de velours, les faux galons, une étole, une chasuble, un lot de mauvais effets, adjugés à Jean Besnard fils, pour 133 ₶ 6 s.

Deux tuniques, deux étoles, deux manipules, une bourse, adjugés à la citoyenne fille Marie Guilmin, pour 15 ₶.

Une chape rouge, adjugée à Louis Foussé, pour 16 ₶ 10 s.

Une chape rouge, adjugée à Jean Ganot père, pour 21 ₶ 5 s.

Une chasuble, étole, manipule et voile, adjugés à François Berger fils, pour 16 ₶ 6 s.

Quatre mauvaises couvertures ou tapis, adjugés à Julien Papin, pour 4 ₶.

Quatre mauvaises soutanes, adjugées à Mathurin Aubier, pour 5 ₶ 5 s.

Une chape, adjugée à Jean Saunier, pour 4 ₶.

Une chape, une chasuble, une étole, un manipule, adjugés à Michel Geslin, pour 17 ₶ 10 s.

Deux tuniques, adjugées à Jean Besnier, pour 6 ₶.

Une chasuble, une étole et un manipule, adjugés à Jacques Lecomte, pour 5 ₶ 15 s.

Deux chasubles, une tunique, trois manipules, une bannière, trois étoles, une figure de plâtre, une petite armoire, une corbeille, adjugés à Baussan, maire, pour 12 ₶ 13 s.

Deux chasubles, adjugées à René Bruneau, pour 5 ₶ 6 s.

Trois chasubles vertes, adjugées à François Riau, pour 7 ₶ 6 s.

Trois tuniques violettes, adjugées à Marin Gegueré, pour 6 ₶ 1 s.

Deux tuniques, une chasuble noire, adjugées à René Corbin, pour 9 ₶.

Une chasuble et différents morceaux de toile et soierie, vieilles étoles, etc., adjugés à Thomas Richer, pour 10 ₶.

Quatre soutanes rouges, quatre bonnets d'enfants de chœur, quatre mauvais rideaux d'indienne, adjugés à la femme Lambert, pour 33 ₶ 6 s.

Trois rideaux d'indienne, adjugés à la femme Bernier, pour 18 ₶.

Trois rideaux, adjugés à la citoyenne fille Bousseau, pour 28 ₶ 11 s.

Deux rideaux d'indienne, adjugés à la citoyenne Marie Guilmin, pour 30 ₶ 4 s.

Quatre couvertures d'autel, adjugées à Pierre Laugé, pour 12 ₶ 3 s.

Un couteau, une époussette, adjugés au citoyen Baussan le jeune, pour 3 ₶ 3 s.

Un lot de chiffes, adjugées à François Ganot, pour 1 ₶ 2 s.

Trois cartons, un coussin, adjugés à la citoyenne fille Guibert, pour 3 ₶ 5 s.

Un christ, adjugé à Jacques Cossoneau, pour 1 ₶ 10 s.

Deux pots à fleurs, un plat, le tout en faïence, un christ, adjugés à la femme Lambert, pour 1 # 10 ſ.

Deux pelottes et des chiffes, adjugées à Jacques Dagoreau, pour 1 #.

Une crédence avec son dessus de marbre, adjugés au citoyen Thomas Baussan le jeune, pour 3 # 2 ſ.

Une crédence, adjugée au citoyen Baussan, maire, pour 4 #.

Un bâton et une petite figure de vierge, adjugés à Julien Rottier, pour 1 # 15 ſ.

Une figure de vierge avec un bâton, adjugés à la femme Bernier, pour 1 # 17 ſ.

Un bâton, adjugé à Julien Papin, pour 1 # 8 ſ.

Un bâton, adjugé à Jean Gazou, pour 7 ſ.

Un bâton, adjugé à Mathurin Berger, pour 1 # 10 ſ.

Une figure de vierge, adjugée au citoyen Julien Vérité, pour 6 #.

Une statue de saint Jacques, adjugée à Gabriel Riau fils, pour 2 # 15 ſ.

Une statue de sainte Marguerite avec la figure du diable, adjugées au citoyen Baussan le jeune, pour 5 #.

Une statue de saint Memer, adjugée à la fille Gazou, pour 3 #.

Une statue de saint Sébastien, adjugée à Mathurin Aubier, pour 12 # 6 ſ.

Une statue de saint Étienne, adjugée à Louis Cossonneau, pour 2 # 11 ſ.

Une figure de saint Martin, adjugée au citoyen Baussan le jeune, pour 11 # 6 ſ.

Une statue de saint Julien, adjugée à Lechanteur, pour 1 # 13 ſ.

Un petit christ, adjugé à Jean Dorizon, pour 3 # 12 ſ.

Une vieille soutane et un morceau de tapisserie, adjugés à Thomas Richer, pour 2 #.

Un petit coffre fermant à clef, adjugé à la femme Bernier, pour 4 # 6 ſ.

Une petite armoire de chêne avec serrure à clef, adjugée à René Bruneau, pour 21 #.

Une chape noire, adjugée à René Guet, pour 6 # 5 ſ.

VENTE DU MOBILIER

DE LA CI-DEVANT ÉGLISE DE MONTREUIL-SUR-SARTHE

4 messidor an II. — Une chape, la bannière, adjugées au citoyen Blot, pour 7 ₶ 12 ʃ 6 ∂.

Une chape, une chasuble, étole, manipule, voile, adjugés à la citoyenne veuve Bouvet, pour 10 ₶ 1 ʃ.

Deux chasubles, deux étoles, deux manipules, deux voiles, une bourse, la couverture des fonds baptismaux, adjugés au citoyen Nouvellière, pour 4 ₶ 11 ʃ.

Une chasuble, une étole, un manipule, un voile, adjugés au citoyen Jean Lebourdais, pour 1 ₶ 13 ʃ 6 ∂.

Une chasuble, une étole, un manipule, un voile, adjugés au citoyen Guyard fils, pour 10 ₶.

Une chasuble, une étole, un manipule, un voile, cinq couvertures de saints, adjugés au citoyen Garnier, pour 4 ₶ 17 ʃ.

Un dais, adjugé au citoyen François Bourmault, pour 8 ₶.

Une chasuble, étole, manipule et voile, un drap mortuaire, adjugés au citoyen Jean Cordelet, pour 12 ₶ 6 ʃ.

Trois couvre-autel, adjugés à la citoyenne veuve Bouvet, pour 3 ₶ 5 ʃ.

Un couvre-saint, adjugé au citoyen Jean Lemargué, pour 2 ₶.

Un devant d'autel, adjugé à Mathurin Criloux, pour 4 ₶ 3 ʃ

Un devant d'autel, adjugé au citoyen Blot, pour 2 ₶.

Un bâton, adjugé au citoyen Paulonnier, pour 6 ₶.

Une corbeille, adjugée au citoyen Nouvellière, pour 15 ʃ.

LOCATION

DE LA CI-DEVANT ÉGLISE DE MONTREUIL

22 floréal an III. — André Besnier a été déclaré adjudicataire de l'église. Elle est en assez mauvais état.

LOCATION

DE LA CI-DEVANT ÉGLISE DE MULSANNE

19 floréal an III. — Le citoyen Jacques Boudvin est locataire de l'église. Il manque 300 pavés ; il y a 10 toises de mur à refaire à la sacristie, le plafond est aussi à refaire ; la charpente de l'église est cassée et pourrie ; il faut 2.500 tuiles et 600 ardoises pour le clocher ; 2.000 lattes et contre-lattes, 200 pieds de chanlatte pour la charpente et 2 toises de murs à faire autour du cimetière.

VENTE DES EFFETS ET ORNEMENTS

DE LA CI-DEVANT ÉGLISE DE NOTRE-DAME-DES-CHAMPS

6 messidor an II. — Deux tuniques galonnées en rubans soie et fil de couleur rouge demi-usées, adjugées au citoyen Degreville, dominicain en cette commune, avec l'agrément du maire de Notre-Dame-des-Champs (sic), pour 5 ₶ 15 ſ.

Une chape d'étoffe de soie en dauphine brochée, couleur blanche et rouge très passée, adjugée au citoyen Jean-Jacques-Joseph Degreville, pour 29 ₶.

Une tunique d'étoffe en soie couleur verte très usée, adjugée au citoyen Louis Lefèvre, pour 3 ₶ 1 ſ.

Une chape d'étoffe en soie couleur verte et blanche très usée, adjugée au même, pour 6 ₶ 1 ſ.

Une autre chape d'étoffe en dauphine croisée verte et blanche et usée, adjugée au citoyen Hardouin, agent de cette commune, pour 8 ₶.

Une autre chape d'étamine blanche et verte usée, adjugée au citoyen Jean Leffray, pour 6 ₶ 5 ſ.

Une autre mauvaise chape en étoffe de gros de Naples très usée, adjugée au citoyen Pierre Mesnard, pour 2 ₶ 1 ſ.

Un tapis d'étoffe en calmande pour orner le pupitre, adjugé au citoyen Pierre Taillebois, menuisier à Sainte-Jammes, pour 2 #.

Un autre tapis de soie très usé, de couleur brune et grise, adjugé au citoyen Jean Leffray, pour 1 # 7 ſ.

Deux tuniques d'étoffe noire de gros de Naples très usées, adjugées au citoyen Mathurin Buon, de cette commune, pour 5 #.

Une chasuble, une étole, un voile et un manipule, le tout de soie, adjugés à la citoyenne Degreville, pour 18 #.

Autre chasuble, une étole, un voile, un manipule d'étoffe de soie en couleur rouge passée et usée, adjugés à la même citoyenne, pour 20 # 10 ſ.

Autre chasuble avec étole, voile et manipule d'étoffe en soie violette passée, adjugés au citoyen Hardouin fils, pour 10 #.

Autre chasuble avec étole, voile et manipule de couleur blanche en étoffe de satin usé, adjugés au citoyen Pierre Turmeau, de Sainte-Sabine, pour 9 #.

Une autre chasuble avec étole, manipule et voile d'étamine blanche et verte, vu son antiquité (sic), adjugés au citoyen François Ménage, de Saint-Denis, pour 2 # 5 ſ.

Une autre chasuble d'étoffe en soie verte avec étole, voile et manipule usés, adjugés au citoyen Jean Goulet dit de la Noue, de Saint-Jean-d'Assé, pour 7 # 10 ſ.

Un tapis d'étoffe grise en mauvais état et très usé, adjugé au citoyen Laurent Lambert, pour 1 # 5 ſ.

Un luminaire garni de son bâton de damas broché sur lequel est fait à l'aiguille une effigie de la vierge, adjugé au citoyen François Soreau, de Notre-Dame-des-Champs, pour 12 # 5 ſ.

Un tapis de couleur rouge étoffe simple d'étamine de mauvaise qualité, adjugé au citoyen François Mesnager, pour 2 # 17 ſ.

Une chasuble d'étamine verte et différents morceaux d'étoffes de soie en mauvais état, adjugés au citoyen Jean Guitton, de St-Jean-d'Assé, pour 6 #.

Deux mauvaises chasubles d'étoffe noire en coton, adjugées au citoyen Jean Leffray, pour 5 # 15 ſ.

Un drap mortuaire de toile de brains peint noir et blanc en mauvais état, adjugé au même citoyen, pour 1 # 7 ſ.

Une chasuble d'étamine en couleur rouge avec trois étoffes, manipules et voile en mauvais état, adjugés au citoyen Louis Plat, de Beaumont, pour 5 # 15 *f*.

Une niche avec deux petits rideaux de soie rouge de peu de valeur, adjugés au citoyen Louis Lefèbre, pour 15 *f*.

Six bourses et cartons garnis en étoffe de soie de différentes couleurs en mauvais état, adjugés à la citoyenne Degreville, pour 3 #.

La garniture du dais, la tapisserie faite à l'aiguille, (passée de couleur), avec son plafond et bâtons dudit dais, adjugés à la même citoyenne, pour 7 # 5 *f*.

Un petit paquet servant de coussin garni d'étoffe violette usée, adjugé au citoyen Michel Coulard, de Notre-Dame-des-Champs, pour 2 #.

Deux boîtes de sapin ou on enferme des amicts de toile et lavabo en mauvaise qualité, adjugées au citoyen Manuel Leffray, de la dite commune, pour 1 # 10 *f*.

Deux devants d'autel avec leurs garnitures en tapisserie de laine de différentes couleurs, adjugés au citoyen Jean Leffray, pour 3 # 10 *f*.

Un tapis d'étoffe servant à couvrir les fonds baptismaux en mauvais état, adjugé au citoyen Leffray, pour 17 #.

Des bouquets de fausses fleurs, un petit coussin avec un petit porte-couvercle en faïence, adjugés au citoyen Degreville, pour 3 # 1 *f*.

VENTE DU MOBILIER

DE LA CI-DEVANT ÉGLISE DE NOTRE-DAME DE TORCÉ

20 messidor an II. — Une chape noire, adjugée à Thomas Guibert, pour 5 #.

Une chape noire, un drap mortuaire, adjugés à Mathurin Blanchard, pour 9 # 10 *f*.

Une chape noire, adjugée à Pierre Lenoir, pour 5 # 5 *f*.

Deux chasubles noires, adjugées à Constantin, pour 4 # 5 *f*.

Une chasuble noire, deux étoles noires, adjugées à Michel Pichereau, pour 4 tt.

Une chasuble, un voile de calice rouge, adjugés à Julien Bigot, pour 12 tt 12 f.

Une tunique, une chasuble blanche, adjugées à Pierre Lenoir, pour 15 tt 5 f.

Une tunique, une chasuble rouge, adjugées à Claude Houdineau, pour 25 tt.

Une tunique blanche, adjugée à Louis Lambert fils, pour 15 tt 5 f.

Deux chasubles, une verte, une violette, une soutane rouge d'enfant, adjugées à Charles Hervé, pour 47 tt 2 f.

Une chasuble violette, adjugée à Hilaire Lemarié, pour 12 tt.

Deux chasubles violettes, une tunique blanche, adjugées à Hardouin et à Julien Gendrot, pour 12 tt 9 f.

Une chasuble violette, une soutane rouge, une tunique rouge, adjugées à Thomas Guibert, pour 8 tt 13 f.

Une chape d'indienne, adjugée à Michel Souavin, pour 17 tt.

Une chape d'indienne, adjugée à Louis Chopin, pour 14 tt.

Une chasuble blanche, adjugée à Mathurin Blanchard, pour 3 tt 1 f.

Une chasuble, adjugée à Michel Royer, pour 5 tt 1 f.

Une chasuble, adjugée à Constantin, pour 3 tt.

Une chasuble violette, adjugée à Julien Hérault, pour 4 tt.

Une chasuble, adjugée à Chapron fils, pour 3 tt 15 f.

Une chape d'enfant, trois mauvaises tuniques rouges, un devant d'autel, adjugés à Jean Grassin, pour 10 tt 17 f.

Une chasuble d'enfant, dix étoles, quinze voiles de calice, adjugés à Constantin, pour 20 tt 5 f.

Une chasuble, adjugée à Hardouin, pour 3 tt 5 f.

Une chasuble, trois manipules noirs, cinq mauvais devants d'autel, adjugés à Pierre Lenoir, pour 19 tt 5 f.

Une tunique, adjugée à Charles Leblaye, pour 3 tt 15 f.

Une chape blanche, adjugée à Louis Maufay, pour 4 tt 2 f.

Une chape de soie, six étoles, adjugées à Claude Houdineau, pour 8 tt 1 f.

Un devant d'autel, adjugé à Julien Avignon, pour 3 tt.

Un devant d'autel, deux vieilles bannières, adjugés à Jean Paumier, pour 4 tt 6 f.

Une boîte en bois et de mauvais balustres, adjugés à Charles Hervé, pour 9 # 18 ƒ.

VENTE DU MOBILIER

DE LA CI-DEVANT ÉGLISE DE NEUVILLE-SUR-SARTHE

1ᵉʳ messidor an II. — Trois chapes noires, adjugées à Antoine Despré, pour 2 #.

Deux chapes, adjugées à la veuve Paulonnier, pour 6 #.

Deux chasubles, étoles, manipules, voiles, dalmatiques, un drap mortuaire, un coffre, adjugés à Mathurin Divarel, pour 6 # 14 ƒ.

Une chape, une chasuble, voile, étole, manipule, adjugés à André Cordelet, pour 18 # 2 ƒ 6 ∂.

Une chape, deux tuniques, adjugées à François Ragot, pour 4 # 2 ƒ 6 ∂.

Deux dalmatiques, étole et manipule, adjugés à Michel Morice, pour 3 #.

Une chasuble et étole, adjugées à Jean Pouriau, pour 10 #.

Une chasuble et étole, adjugées à Denis Gournier, pour 2 #.

Une chasuble, adjugée à Jacques Lebreton, pour 1 # 6 ƒ.

Un dais, adjugé à Morice, pour 6 #.

Un tapis, adjugé à Louis Lepeintre, pour 5 #.

Sept morceaux de doublure, adjugés à Pierre Langlais, pour 2 #.

Six morceaux de tapisserie, adjugés à Jean Adet, pour 6 #.

Un morceau de tapisserie, adjugé à Julien Honoré, pour 1 #.

Chandeliers en fer-blanc, un confessionnal, adjugés à Hervé, pour 3 # 2 ƒ.

Une loterie de bois, adjugée à François Hamart, pour 1 #.

Une loterie de bois, adjugée à Jacques Esnault, pour 2 #.

Un confessionnal, adjugé à Jacques Lebreton, pour 3 #.

Un pupitre, trois bourses, adjugés à Félix Dutertre, pour 3 #.

Une armoire, adjugée à François Ragot, pour 15 ƒ.

Signé : Dagoneau, maire ; Pierre Ambrois, officier.

LOCATION

DE LA CI-DEVANT ÉGLISE DE PARIGNÉ-LE-POLIN

6 prairial an III. — Charles Bourge, adjudicataire de l'église, fait constater que le pavage est à refaire ainsi que le vitrage ; le vitrage de la sacristie est à moitié cassé.

VENTE DU MOBILIER

DE LA CI-DEVANT ÉGLISE DE PONT-DE-GENNES

11 messidor an II. — Un drap mortuaire, trois chapes noires, quatre autres chapes, un devant d'autel, plusieurs rideaux, adjugés à René Pelouas, pour 173 # 14 f.

Deux tapis, adjugés à la citoyenne Aufrère, pour 17 # 3 f.

Une chape noire, adjugée à François Vaudecranne, pour 20 # 15 f.

Deux dalmatiques noires, adjugées à Julien Leblanc, pour 5 # 15 f.

Une chasuble, deux étoles, un voile, un manipule, adjugés à François Hoquin, pour 2 # 14 f.

Une chasuble, étole, voile et manipule, adjugés à Joseph Guibé, pour 19 # 19 f.

Trois chapes, un devant d'autel, adjugés à René Guérin, pour 81 #.

Deux devants d'autel, adjugés à François Lecomte, pour 17 # 10 f.

Deux devants d'autel, une chape, un lotis de linge, adjugés à François Dagoreau, pour 23 #.

Deux autres lotis, adjugés à François Vaudecranne, pour 4 #.

Un autre lotis, adjugé à Pierre Maulny, pour 18 # 10 f.

Un rideau, adjugé à François Raussan, pour 11 #.

Un rideau, adjugé à la citoyenne Jouin, pour 15 # 10 ſ.

Un devant d'autel, adjugé au citoyen Martin, pour 5 # 19 ſ.

Une chasuble, une étole, plusieurs manipules, adjugés au citoyen René Robineau, pour 3 # 11 ſ.

Deux dalmatiques, trois chasubles, une étole, un voile, un manipule, adjugés au citoyen Martin, pour 18 # 4 ſ.

Trois chapes, une chasuble, deux étoles, un manipule, plusieurs voiles, adjugés à Joseph Guibé, pour 56 #.

Deux chasubles, une étole, voile et manipule, adjugés à Jean Bordeau, pour 9 # 6 ſ.

Quatre tuniques, adjugées à Joseph Guibé, pour 9 # 10 ſ.

Une chasuble et étole, adjugées au citoyen Gabriel Tizon, pour 3 #.

Une chasuble, une étole, un voile, un manipule, adjugés à Louis Coudray, pour 4 #.

Une chasuble noire, une étole et un voile, adjugés au citoyen Froger, pour 8 # 17 ſ.

Une chasuble, un devant d'autel, une étole, adjugés à François Caillon, pour 8 # 7 ſ.

Deux chapes de futaine, adjugées à la citoyenne Marie Quéru, pour 18 # 12 ſ.

Une chasuble, plusieurs étoles, une chape, adjugées à François Dagoreau, pour 9 # 5 ſ.

Petits rideaux, trois autres rideaux, adjugés à François Perot, pour 7 # 10 ſ.

Une bannière, adjugée au citoyen Pierre Jarry, pour 2 # 10 ſ.

Deux morceaux de dais, adjugés à René Pelouas, officier municipal, pour 17 # 6 ſ.

Le plafond du dais, adjugé au même, pour 16 #.

Une boîte et quatre plumets, adjugés à Julien Lorin, pour 4 #.

Signé : Pelouas, officier municipal ; Tizon, officier municipal; Hoguin, agent national ; Montebrun, officier municipal; Robineau, greffier.

VENTE DU MOBILIER

DES CI-DEVANT

ÉGLISE DE PONTLIEUE ET CHAPELLE D'ARNAGE

25 messidor an II. — Vente faite dans l'église de Pontlieue :
Quatre carries de devants d'autel garnies, adjugées à la femme Pigeard, marchande au Mans, pour 10 #.

Neuf morceaux de tapisserie et toile d'indienne, adjugés à Augustin Buisneau père, pour 27 # 12 f.

Quatre morceaux de devants d'autel en noir et vieilles tapisseries, adjugés au citoyen Messager, de Pontlieue, pour 16 #.

Quinze morceaux de linge de différentes couleurs, adjugés à Louis Allard, du Mans, pour 10 #.

Un dais de taffetas avec franges de soie, trois morceaux d'étoffe, huit morceaux de linge de diverses couleurs, huit étoles en taffetas et soie, adjugés à la femme Mauguin, pour 48 #.

Douze morceaux d'étoffe noirs, adjugés à Le Bourdais, du Mans, pour 12 #.

Douze autres morceaux, adjugés à Pommeraye fils, pour 13 # 15 f.

Trois chapes dont deux noires et une de trois couleurs, adjugées à Messager, pour 85 # 10 f.

Un drap mortuaire, adjugé à Buisneau père, pour 8 # 19 f.

Vingt-sept morceaux d'étoffe, adjugés au citoyen Jean Breton, journalier à Pontlieue, pour 26 #.

Trente-deux morceaux d'étoffe, adjugés au citoyen Doguet, du Mans, pour 7 #.

Six morceaux d'étoffe, adjugés au citoyen Gillet, du Mans, pour 20 # 10 f.

Un devant d'autel, adjugé à la veuve Hervé, du Mans, pour 23 #.

Un pupitre de bois, plusieurs carreaux, adjugés à Plessis, de Pontlieue, pour 11 #.

Un confessionnal en sapin, adjugé à Freulon, sabotier, pour 5 # 3 ƒ.

Un petit coffre de chêne et sapin, un monceau de petits pavés, plusieurs chandeliers de bois, un tabernacle en bois, un cadre, adjugés à Buisneau fils, marchand fripier au Mans, pour 32 # 5 ƒ.

Un marchepied d'autel, adjugé à Plessis, menuisier, pour 7 #.

Deux petits lots de cire blanche et jaune, sept morceaux d'ornements noirs, adjugés à Lecureuil, du Mans, pour 21 # 4 ƒ.

Une boîte de sapin avec plusieurs morceaux de cierge, adjugés au même Lecureuil, pour 11 # 19 ƒ.

Un mauvais dais et la tapisserie, six bâtons garnis de cire, adjugés au même Lecureuil, pour 17 # 14 ƒ.

Cinq morceaux d'ornements de différentes couleurs, deux chapes, adjugés à Bourdais, boulanger à Pontlieue, pour 31 # 15 ƒ.

Sept morceaux de chape et étoles, une armoire en sapin, adjugés au citoyen Jouye, marchand au Mans, pour 29 # 6 ƒ.

Trois tuniques, six étoles, six manipules, trois coussins, adjugés à Gillet, pour 16 #.

Cinq manipules de différentes couleurs, adjugés à Buisneau père, pour 7 # 19 ƒ.

Un lot de bois doré, adjugé à Doguet, pour 6 #.

Un petit miroir, un coupe-pain et bois, adjugés à la femme Masse, du Mans, pour 4 # 7 ƒ.

Une petite armoire, une bourse, adjugées à Courbault, pour 13 #.

La vente est signée : Vétillart, maire ; Jouin, syndic; Beauvais, agent national ; Lemée, officier.

VENTE DU MOBILIER

DE LA CI-DEVANT ÉGLISE DE PRUILLÉ

6 messidor an II. — Une chape blanche et une chape violette, adjugées au citoyen Choplin, de Pruillé, pour 10 # 14 ƒ.

Deux dalmatiques noires, adjugées au citoyen Compain, de Pruillé, pour 7 ₶.

Une chasuble noire, adjugée au citoyen Fousset, de Fay, pour 1 ₶.

Deux chasubles noires et une chape rouge, adjugées au citoyen Herpin, du Mans, pour 12 ₶ 5 ſ.

Un parement d'autel noir, adjugé au citoyen Després, de Pruillé, pour 2 ₶.

Un drap mortuaire, une chasuble blanche, une autre chasuble rouge, adjugés au citoyen Cahoreau, de Pruillé, pour 13 ₶ 5 ſ.

Une chape en moire, adjugée au citoyen Tison, de Pruillé, pour 4 ₶ 10 ſ.

Une chasuble blanche, adjugée au citoyen Herpin, du Mans, pour 3 ₶ 15 ſ.

Une chasuble rouge, adjugée au citoyen Jouanneau, de Pruillé, pour 16 ₶.

Une chasuble violette, adjugée au citoyen Lecoq, de Fay, pour 2 ₶ 5 ſ.

Une chasuble verte, adjugée au citoyen Moreau, de Pruillé, pour 2 ₶ 5 ſ.

Une chasuble verte, adjugée au citoyen Guillier, de Pruillé, pour 5 ₶.

Une chape rouge, adjugée au citoyen Aubin, de Pruillé, pour 6 ₶ 5 ſ.

Deux chapes blanches, quatre morceaux de dais, un devant d'autel blanc, adjugés au citoyen Herpin, du Mans, pour 38 ₶.

Un tapis, une bannière, adjugés au citoyen Moreau, de Pruillé, pour 2 ₶ 15 ſ.

Une chape blanche, adjugée au citoyen Cahoreau, de Pruillé, pour 12 ₶ 5 ſ.

Un rideau, adjugé au citoyen Lebreton, de Pruillé, pour 2 ₶ 10 ſ.

Un tapis d'autel, adjugé au citoyen Bouju, de Pruillé, pour 3 ₶.

VENTE DES OBJETS

DE LA CI-DEVANT ÉGLISE DE ROIZÉ

Sont exceptés les objets galonnés, brochés, tressés en or ou en argent.

6 messidor an II. — Deux tuniques blanches, adjugées à Noël Houdiard, pour 4 ₶ 2 ſ 6 ₰

Deux autres tuniques rouges, adjugées à Louis Tarron, sabotier, pour 3 ₶.

Un drap mortuaire, adjugé à René Morillon, pour 15 ₶.

Une chape tricolore, une autre chape de même couleur, adjugées à Louis Hubert, pour 25 ₶ 5 ſ.

Une autre chape de même couleur, un dais en taffetas, adjugés à Jacques Morillon, pour 38 ₶ 5 ſ.

Le plafond du dais de même étoffe, adjugé à Louis Tarron, pour 12 ₶.

Un rideau d'indienne, une chasuble tricolore, adjugés à Louis Hubert, pour 10 ₶ 15 ſ.

Deux morceaux d'indienne, une chasuble violette, adjugés à Simon Poirier, pour 6 ₶ 13 ſ.

Deux mauvaises tuniques noires et un devant d'autel de la même couleur, adjugés à Barthélemy Bouvet, pour 1 ₶ 15 ſ

Deux morceaux d'indienne, un tapis d'autel de toile d'Orange, adjugés à René Morillon, pour 8 ₶ 10 ſ.

Deux devants d'autel à fond blanc, adjugés à René Froger, pour 9 ₶ 1 ſ.

Un autre devant d'autel vert, adjugé à Jacques Jamin, pour 1 ₶ 10 ſ.

Une chasuble blanche, adjugée à Michel Bouttin, pour 5 ₶.

Une autre chasuble verte, adjugée à Pierre Morillon, pour 1 ₶ 4 ſ.

Une autre chasuble à fond rouge, et une autre chasuble à fond blanc, adjugées à Jacques Morillon, pour 10 ₶ 3 ſ.

Une chasuble noire, une chasuble blanche, une chape noire, adjugées au citoyen Louis Hubert, pour 26 ₶ 2 ſ.

Une chasuble rouge, une chape blanche, adjugées à René Morillon, pour 6 # 3 ƒ.

Une chasuble violette, un tapis d'autel, adjugés à Simon Poirier, pour 9 # 1 ƒ.

Une chasuble verte, adjugée à Louis Basse, pour 5 #.

Deux chapes tricolores, un morceau d'indienne fort usé, adjugés à Michel Bouttier, pour 5 # 12 ƒ.

Une chasuble blanche fort usée, adjugée à Louis Tarron, pour 2 #.

Le tout s'élevant à 207 # 9 ƒ 6 ₰, payés en assignats.

Ces ventes sont faites en vertu de l'arrêté du directoire du district du Mans du 2 prairial an II.

LOCATION

DE LA CI-DEVANT ÉGLISE DE ROIZÉ ET DU CIMETIÈRE

1er prairial an III. — La couverture de l'église est tout à refaire ; elle est percée de jours et les trois quarts des ardoises sont pourries. Au cimetière il faut 20 toises de pierres pour refaire les murs. Le 26 floréal Jacques Cosset, prit l'église et le cimetière à ferme.

VENTE DU MOBILIER

DE LA CI-DEVANT ÉGLISE DE ROUILLON

27 prairial an II. — Six bouts de cierges, adjugés au citoyen Leveillé, pour 6 # 1 ƒ.

Un missel et son pupitre, une chasuble blanche, adjugés à la citoyenne Pijard, pour 5 # 3 ƒ.

Quatre chandeliers de bois, adjugés à Pierre Dureau, pour 10 ƒ 6 ₰.

Une chasuble blanche, deux chapes noires, un dais, la bannière, une chasuble violette, une chasuble noire, une chasuble rouge, une chasuble grise, deux chapes noires de panne, adjugés à Bouttier, pour 15 ₶ 13 ʄ.

Trois chapes blanches, adjugées au citoyen Lebourdais, pour 13 ₶ 6 ʄ.

Cinq tuniques communes, adjugées au citoyen Leveillé, pour 3 ₶.

Un lot de mauvaises chasubles de diverses couleurs, adjugé au citoyen Paumier, pour 10 ₶ 1 ʄ.

Une chasuble blanche, deux tuniques et voile, adjugés au citoyen Cherouvrier, pour 11 ₶.

Trois chapes blanches, adjugées au citoyen Bouttier, pour 3 ₶ 11 ʄ.

VENTE DU MOBILIER

DE LA CI-DEVANT ÉGLISE DE RUAUDIN

4 messidor an II. — Un paquet de retailles de chiffes, deux tuniques noires, adjugés à Pierre Maupay, pour 2 ₶ 16 ʄ.

Deux devants d'autel, adjugés à René Froger, pour 10 ₶ 5 ʄ.

La bannière, le plafond du dais, adjugés à Jean Livet, pour 3 ₶ 12 ʄ 6 ∂.

Le tour du dais, adjugé au même, pour 10 ₶ 5 ʄ.

Un devant d'autel, adjugé au citoyen Bouvet, du Mans, pour 5 ₶ 15 ʄ.

Trois tapis d'autel, adjugés à Ambroise Bigot, pour 11 ₶ 15 ʄ.

Deux dalmatiques blanches, adjugées à Joachim Blot, pour 2 ₶ 17 ʄ 6 ∂.

Deux tuniques, adjugées à Claude Robert, pour 4 ₶ 10 ʄ.

Une mauvaise chape, une chasuble violette, adjugées au citoyen Bouvet, pour 14 ₶ 12 ʄ 6 ∂.

Une chape blanche, adjugée à Louis Rocher, pour 9 ₶ 3 ʄ.

Une chape rouge et une chasuble, adjugées au citoyen Jean Lecamus, pour 16 ₶ 10 ʄ.

Une chasuble blanche, adjugée à Litalien, pour 3 ₶.

Une chasuble noire, adjugée à Claude Rocher, pour 1 ₶ 11 ʄ.

Une chasuble noire, adjugée à Ambroise Pichard, pour 5 ₶ 1 ʄ.

— 129 —

Une chasuble à fleurs, adjugée à Claude Robier, pour 4 # 15 f.

Une chasuble, un devant d'autel, adjugés à Jean Lecamus, pour 17 # 1 f.

Une chasuble rouge, adjugée à François Améry, pour 6 # 5 f.

Une chasuble, deux voiles, une étole, un manipule, adjugés à Joachim Blot, pour 3 # 15 f.

Une chasuble, adjugée à Mathurin Boulard, pour 4 #.

Une chasuble blanche, adjugée à Pierre Mélochau, pour 1 # 10 f.

Un voile, une étole, un manipule, adjugés au citoyen Bouvet, pour 2 # 14 f.

Deux étoles, deux voiles, deux manipules noirs, un drap mortuaire, un mauvais tapis, adjugés au citoyen Jean Fourmy, pour 4 # 10 f.

Un devant d'autel blanc, adjugé à Pierre Maupoix, pour 1 # 10 f.

Deux étoles, deux manipules, un voile, deux rideaux d'indienne, adjugés à Jean Livet, pour 28 # 10 f.

Un devant d'autel, adjugé à Litalien, pour 4 # 10 f.

Un devant d'autel, adjugé à François Bigot, pour 3 # 7 f.

Total 137 # 6 f, « sur laquelle somme, dit le maire Rocher, nous demandons qu'il nous soit alloué 9 # pour le charrois de la cloche, l'avoir descendue du clocher, et voituré la cuivrerie, le linge de l'église, les chiffes, les cordes des cloches et le paiement des chiffes. » Signé : Rocher, maire ; Lemoine et Froger, greffier.

LOCATION

DE LA CI-DEVANT ÉGLISE DE RUAUDIN

1er prairial an III. — Le citoyen Chevereau est adjudicataire de l'église. Elle ne renferme aucun ornement ; il y a des pavés cassés, des vitres brisées ainsi que la grande porte : cependant peu de dégâts. »

VENTE DU MOBILIER

DE LA CI-DEVANT ÉGLISE DE SAINT-AUBIN

6 messidor an II. — On a omis de mettre les noms des acquéreurs. — Trois rideaux de toile peinte, trois petites robes rouges d'enfant de chœur, adjugés pour 17 # 10 ƒ.

Quatre chasubles rouges, deux chasubles vertes, une chasuble blanche, deux chasubles violettes, une chasuble noire, adjugées pour 54 # 5 ƒ.

Deux tuniques, adjugées pour 6 # 10 ƒ.

Trois chapes rouges, deux chapes blanches, une chape verte, une chape rose, une chape noire, adjugées pour 100 # 6 ƒ.

Une petite chape, deux petites tuniques, un devant d'autel vert et un devant d'autel blanc, deux petites tuniques, deux tapis d'autel, un dais, un drap mortuaire, un devant d'autel de diverses couleurs, un devant d'autel rouge, une bannière, onze palles, une bourse, adjugés pour 36 # 10 ƒ.

On a déposé à la maison commune : six aubes, deux rochets, un surplis, sept nappes d'autel, deux nappes de communions, deux amicts, trois corporaux, huit lavabos, quatre purificatoires, deux tours d'étole.

Signé : René Cornué, maire; Louis Freulon, municipal; Branchu, secrétaire greffier.

LOCATION

DE LA CI-DEVANT ÉGLISE DE SAINT-AUBIN

15 floréal an III. — L'église est adjugée au citoyen Jacques Branchu, menuisier à Saint-Aubin, moyennant 36 # par an. On voit huit statues brisées, plusieurs toises de pavés à remettre, quarante vitres à remplacer.

EXTRAIT DE L'ÉTAT DE LIEU

DE LA CI-DEVANT ÉGLISE DE ST-BENOIT-SUR-SARTHE

6 prairial an III. — L'église est lézardée en plusieurs endroits, des pierres sont écornées, les marches des portes rompues. Il faut 200 de tuiles et 400 ardoises à la couverture ; des pavés manquent. Le vitrage est brisé en grande partie.

LOCATION

DE LA CI-DEVANT ÉGLISE DE SAINT-BIÉ

24 prairial an III. — Adjugée par bail au citoyen Louis Gougeon. Il faut 4 toises de pavés dans l'église.

VENTE DU MOBILIER

DE LA CI-DEVANT ÉGLISE DE SAINT-CÉLERIN

20 messidor an II. — Une chasuble et étole, une chasuble rouge et verte, une chasuble verte à fleurs, adjugées au citoyen Biou, pour 14 # 2 *f.*

Une chasuble violette et étole, adjugées au citoyen Gouet, pour 8 # 15 *f.*

Une chasuble rouge, adjugée au citoyen Lacroix, pour 6 # 15 *f.*

Une chasuble en laine et étole, une chasuble en soie rouge, adjugées au citoyen Leroi, pour 17 # 15 *f.*

Une chasuble verte, adjugée au citoyen Boutier, pour 4 #.

Une chasuble à fleurs, adjugée à Pierre Buron, pour 7 # 10 *f.*

Une chasuble violette, adjugée au citoyen A. Violette, pour 7 # 10 ſ.

Deux dalmatiques rouges, adjugées au citoyen Moulard, pour 8 #.

Une chasuble bleu d'étamine, une bannière en soie, adjugées au citoyen Péan, pour 6 #.

Une chasuble bleu d'étamine, un morceau d'étoffe bleu, adjugés au citoyen Lanier, pour 2 # 7 ſ.

Une chape verte, adjugée au citoyen Houdinot, pour 4 # 10 ſ.

Une chasuble noire, une chasuble en laine rouge, un morceau d'étoffe vert, adjugés au citoyen Boutier, pour 3 # 2 ſ.

Une chasuble à fleurs, adjugée au citoyen P. Guyard, pour 6 # 6 ſ.

Une chasuble de soie noire et blanche, adjugée au citoyen Rapicault, pour 6 #.

Une chasuble en tapisserie, un morceau d'étoffe brodée, une chape à fleurs, une aube à fleurs, adjugés au citoyen Georges, pour 40 # 6 ſ.

Deux chasubles noires, adjugées au citoyen Letessier, pour 5 # 6 ſ.

Une chasuble noire, adjugée au citoyen Gouel, pour 1 # 4 ſ.

Une dalmatique d'enfant, une aube rouge, deux morceaux de vieilles étoffes rouge, adjugés au citoyen Moulard, pour 9 # 18 ſ.

Une aube noire et blanche, adjugée au citoyen Gorel, pour 6 # 6 ſ.

Une aube blanche, adjugée au citoyen Buron, pour 9 #.

Un drap mortuaire, une robe rouge d'enfant, un morceau de soie rouge, adjugés à Bellardent, pour 5 # 19 ſ.

Une robe rouge d'enfant, adjugée au citoyen Houdinot, pour 3 # 6 ſ.

Un dais, adjugé au citoyen Letessier, pour 8 # 2 ſ.

Un morceau d'étoffe de laine, adjugé au citoyen Garnier, pour 1 # 12 ſ.

Un morceau d'étoffe violet, adjugé au citoyen P. Gautier, pour 5 #.

Un morceau de tapisserie, un autre morceau de tapisserie à

fleurs, un panier, un devant d'autel, adjugés au citoyen Georges, pour 7 # 15 s.

Un morceau de soie, adjugé au citoyen Buron, pour 1 # 6 s.

Deux morceaux de soie blanche, adjugés au citoyen Pelu, pour 1 # 6 s.

Un morceau de laine, deux petits oreillers, adjugés au citoyen Boutier, pour 17 s.

Un morceau de laine noire, adjugé au citoyen P. Gautier, pour 11 s.

Un morceau d'étoffe noire, adjugé au citoyen Lacroix, pour 1 # 4 s.

Un morceau d'étoffe violette, deux petits oreillers, adjugés au citoyen Bellardent, pour 4 # 4 s.

Un morceau d'étoffe à fleurs, adjugé au citoyen Lanier, pour 1 # 1 s.

Un morceau d'étoffe à fleurs, deux morceaux d'étoffe noire, un morceau de toile rouge, deux bourses et étoles, plusieurs cartons, un devant d'autel, adjugés au citoyen Moulard, pour 6 # 19 s.

Un morceau d'étoffe violette, deux rideaux d'indienne, adjugés au citoyen P. Péan, pour 19 # 2 s.

Plusieurs cordons, deux cartons, adjugés au citoyen Letessier, pour 1 # 10 s.

Deux morceaux d'indienne, un fallot, deux petits oreillers, deux coussins en plumes, adjugés au citoyen Leroi, pour 3 # 4 s.

Un rideau d'indienne, une boîte de fer blanc, deux petits oreillers, adjugés au citoyen Paumier, pour 23 # 17 s.

Un rideau d'indienne, adjugé au citoyen Gosnet, pour 25 # 10 s.

Un miroir, adjugé au même, pour 3 # 1 s.

Deux devants d'autel, adjugés au citoyen Paumier, pour 5 # 16 s.

Deux devants d'autel, deux pots à fleurs, un vieux tabernacle, adjugés au citoyen Georges, pour 15 # 6 s.

Deux devants d'autel, adjugés à Moulard, pour 7 #.

Un devant d'autel, plusieurs bouquets et chandeliers, adjugés au citoyen Boutier, pour 7 # 10 s.

Une chasuble blanche, deux chandeliers en bois et bouquets, adjugés au citoyen J. Miette, pour 14 # 10 s.

Deux chandeliers en bois, quatre pots en bois à bouquets, un vieux coffre, adjugés au citoyen P. Galas, pour 3 # 10 *s*.

Deux chandeliers en bois, adjugés au citoyen J. Courtois, pour 1 #.

Une chaise de bois, adjugée au citoyen C. Louveau, pour 3 # 5 *s*.

Un pupitre, sept bâtons, adjugés au citoyen Lacroix, pour 8 # 4 *s*.

Une armoire, un escabot, adjugés au citoyen Péan, pour 6 # 11 *s*.

Un calvaire doré, adjugé au citoyen Bureau, pour 3 #.

Une table à couper le pain bénit (*sic*), deux vieux tableaux, un pupitre, adjugés au citoyen Renard, pour 1 # 17 *s*.

Un pupitre, adjugé au citoyen Provost, pour 4 *s*.

Un pupitre, adjugé à F. Dreux, pour 6 *s*.

Plusieurs planches, adjugées au citoyen Clément, pour 17 *s*.

Envoyé au directoire plusieurs dentelles, franges d'or et d'argent, une pièce de broderie, une bande d'étoffe brochée en argent avec sa frange servant de pourtour au dais.

Fait à la maison commune le 26 nivôse an III.

LOCATION

DE LA CI-DEVANT ÉGLISE DE SAINT-CÉLERIN

2 prairial an III. — Le citoyen Gabriel Pohu, marchand à Saint-Célerin, est adjudicataire de l'église et du cimetière. Au grand autel se trouve un tableau encadré dans le mur, deux petits autels ont aussi des tableaux tous de peu de valeur. Les pavés de l'église sont cassés ou fêlés; quelques fenêtres endommagées. L'église couverte en tuile est découverte en plusieurs endroits. « Les murs du cimetière ont besoin de réparations ainsi que les trois barrières pour y entrer ».

VENTE DU MOBILIER

DE LA CI-DEVANT ÉGLISE DE SAINT-CORNEILLE

10 thermidor an II. — Un fauteuil de bois, adjugé à René Cruchet, pour 10 ₶.

Un placard, adjugé à François Lebreton, pour 7 ₶ 10 ſ.

Deux armoires dont l'une à trois tiroirs, une petite boîte, adjugées à René Ragot, pour 23 ₶.

Une commode, une chasuble rouge, étole, manipule et voile, adjugés à Jacques Fillette, pour 4 ₶ 6 ſ.

Un marchepied, adjugé à François Hervé, pour 3 ₶ 19 ſ.

Une boîte pour mettre la bannière, une chasuble, étole et manipule, adjugés à André Leblanc, pour 7 ₶ 6 ſ.

Une chape noire, adjugée à Pierre Lenoir, pour 6 ₶.

Deux tuniques noires, une chasuble bleue, étole, manipule et voile, adjugés à Jean Noël, pour 5 ₶ 8 ſ.

Deux tuniques noires, adjugées à René Goutelle, pour 10 ₶ 17 ſ.

Deux tuniques, adjugées à Julien Hatton, pour 2 ₶ 10 ſ.

Une chasuble, adjugée à Jacques Briand, pour 1 ₶ 5 ſ.

Deux chasubles noires, adjugées à Pierre Lenoir, pour 1 ₶ 5 ſ.

Une chasuble, plusieurs étoles et manipules, adjugés à Charles Genelle, pour 2 ₶ 10 ſ.

Une chasuble jaune, manipule et voile, adjugés à Jacques Fillette, pour 17 ₶ 2 ſ.

Une tunique jaune, manipule, voile, adjugés au citoyen Aubry, de Savigné, pour 3 ₶ 12 ſ.

Une tunique rouge, une chasuble violette, étole, manipule et voile, adjugés à François Hervé, pour 4 ₶ 5 ſ.

Une chasuble blanche et rouge, une autre chasuble noire, étole, manipule et voile, adjugés à Louis Choplain, de Savigné près Le Mans, pour 6 ₶ 1 ſ.

Une chasuble blanche, étole, manipule et voile, adjugés à Baptiste Passe, pour 3 ₶.

Une chape blanche, une chape rouge, une tunique rouge, adjugées au citoyen Moulard, de Sillé, pour 12 # 12 *s*.

Une chape blanche et une jaune, adjugées au citoyen Louis Chalopin, de Sillé, pour 9 # 4 *s*.

Plusieurs étoles et manipules, deux chapes rouges, un tapis de panne rouge et verte, adjugés à Urbain Leblais, de Savigné, pour 23 # 10 *s*.

Une chape rouge, adjugée à Fillette, pour 15 #.

Une chape rouge, adjugée à Louis Morin, de Bonnétable, pour 4 # 1 *s*.

Une chape rouge en velours, adjugée à Jean Forget l'aîné, pour 27 #.

Une tunique, adjugée à François Véron, pour 5 #.

Le tour du dais en rouge, une bannière rouge, adjugés à Julien Lejas, pour 21 #.

Signé : Ragot, Fillette, officiers municipaux ; Hervé, agent national ; Jean Vaiche, greffier.

EXTRAIT DE L'ÉTAT DE LIEU

DE LA CI-DEVANT ÉGLISE DE SAINT-GEORGES-DU-BOIS

12 prairial an III. — L'église est en grande partie dépavée et les vitres cassées.

VENTE DU MOBILIER

DE LA CI-DEVANT ÉGLISE DE SAINT-GEORGES-DU-PLAIN

18 messidor an II. — Vente faite dans l'église. Un lot de chasubles, étoles et manipules, adjugés au citoyen Pijeard, pour 3 # 4 *s*.

Une chasuble violette, étole, etc., deux autres chasubles, une quatrième chasuble verte et blanche avec étoles et manipules, adjugés au citoyen Magnin, pour 7 # 1 *s*.

Deux chasubles, adjugées à Hatton, pour 3 #.

Un dais, une chasuble, étole, manipule, un lot de mauvaises

tuniques, une chasuble noire, un lot de chapes blanches, deux devants d'autel, un lot de cadres et de livres d'église, trois pupitres, trois tabourets, adjugés au citoyen Guillotin, du Mans, pour 50 #.

Un lot d'ornements usés, un lot de cordons et autres petits effets, adjugés à la femme Hatton, pour 5 # 1 ſ.

Deux devants d'autel, adjugés au citoyen Lavigne, pour 38 # 11 ſ.

Un lot de devants d'autel, adjugé au citoyen Grandval, pour 6 # 1 ſ.

Un lot d'ornements d'enfants de chœur, adjugé au citoyen Belœuvre, pour 2 #.

Un bas d'armoire, adjugé à la femme Roulée, pour 20 #.

Un bas de buffet servant de chapier, adjugé à la femme Provost, pour 12 #.

Total 157 # 5 ſ. qui ont été remis au citoyen Martigné, receveur du district.

Arrêté à Saint-Georges-du-Plain, le 24 messidor an II.

Signé : Lambert Lavannerie, maire ; Galas, agent.

LOCATION

DE LA CI-DEVANT ÉGLISE DE SAINT-GERVAIS-EN-BELIN

24 floréal an III. — L'église est adjugée au citoyen Etienne Chevereau, notaire et maire dudit Saint-Gervais. On voit des pavés cassés et brisés.

VENTE DU MOBILIER

DE LA

CI-DEVANT ÉGLISE DE SAINT-JEAN-D'ASSÉ

3 messidor an II. — Trois mauvais rideaux du grand autel, une couverture d'autel, adjugés au citoyen Chappé, pour 2 #.

Une couverture, un mauvais rideau des deux petits autels adjugés au citoyen Yvard, pour 3 # 5 ſ.

Un rideau, une couverture des deux petits autels, une chape blanche, adjugés à Jean Lebouchet, pour 6 # 13 /.

Deux devants d'autel, adjugés au citoyen Laurent, pour 5 #.

Une chape blanche, adjugée au citoyen Maugé, pour 6 #.

Une chape blanche, adjugée à Séraphin Laurent, pour 1 # 15 /.

Une chape verte, adjugée à Jacques Droux, pour 1 # 10 /.

Une chasuble violette, adjugée à François Oger, pour 1 # 10 /.

Une chape verte, adjugée à Louis Poirier, pour 2 # 5 /.

Une chape de plusieurs couleurs, adjugée à Jean Queston dit Chappé, pour 1 # 16 /.

Une chape noire, adjugée à Guy Buon, pour 1 # 5 /.

Une chape noire, adjugée à Jean Yvard, pour 1 # 10 /.

Une chape noire, adjugée à René Finet, pour 2 # 6 /.

Une chasuble noire, étole et manipule, adjugés à Jean Lebouchet, pour 1 #.

Une tunique noire, une chasuble noire, étole, manipule et voile, adjugés à Louis Poirier, pour 1 # 4 /.

Une tunique noire, une chasuble blanche, étole, manipule et voile, adjugés à François Oger, pour 1 # 7 /.

Une chasuble blanche, étole, manipule et voile, adjugés à Jean Lebouchet, pour 5 #.

Une chasuble blanche, étole, manipule et voile, adjugés à Seraphin Laurent, pour 1 #.

Une chasuble rouge, adjugée à la citoyenne Maris-Marais, pour 17 /.

Une chasuble rouge, étole, manipule, adjugés à François Houssier, pour 5 #.

Une chasuble verte, une chasuble rouge, étoles et manipules, adjugés à René Finet, pour 1 # 4 /.

Une chasuble violette avec étole, manipule, adjugés à Jean Lebouchet, pour 15 #.

Une chasuble violette avec étole et manipule, adjugés [à la citoyenne Lauberde, pour 10 /.

Une chasuble de plusieurs couleurs, étole et manipule, adjugés au citoyen Hervé, pour 11 /.

Une chasuble, étole et manipule, adjugés à Louis Poirier, pour 10 /.

La couverture du pupitre, adjugée au citoyen Lauberde, pour 5 f.

Une mauvaise tunique de plusieurs couleurs, adjugée à la citoyenne Droux, pour 5 f.

Une tunique verte, un manipule, adjugés à Guy Buon, pour 10 ».

Deux tuniques, adjugées à la citoyenne Testu, pour 5 f.

Une tunique, adjugée à la citoyenne Hervé, pour 2 » 6 f.

Une mauvaise couverture servant pour le petit pupitre, adjugée au citoyen Chappé, pour 5 f.

Une chasuble rouge, une tunique verte, adjugées au citoyen Letessier, de la forge d'Antoigné, pour 1 » 10 f.

Neuf étoles et sept manipules, adjugés à la citoyenne Lauberde, pour 5 f.

Un rocher noir, un drap mortuaire, adjugés à la citoyenne Maris-Marais, pour 2 » 10 f.

Une bannière verte, adjugée à François Oger, pour 5 f.

Un dais, adjugé à Séraphine Laurent, pour 3 » 8 f.

« Sept aubes, huit mauvais cordons, trois rochers, sept petites aubes d'enfant, quatorze nappes d'autels, six nappes de communion, vingt lavabos, vingt neuf amicts non vendus. »

LOCATION
DE
LA CI-DEVANT ÉGLISE DE SAINT-JEAN-D'ASSÉ

13 floréal an III. — François Letessier est adjudicataire de l'église par bail. Il faut remettre vingt-neuf pavés brisés.

VENTE DU MOBILIER
DE LA
CI-DEVANT ÉGLISE DE SAINT-JULIEN-EN-CHAMPAGNE

8 messidor an II. — Un drap mortuaire, une chasuble violette adjugés à Michel Roger, pour 4 » 5 f.

Une vieille soutane, une chape, adjugées à Jean Lamballe, pour 4 # 5 ſ.

Une chasuble, une chasuble noire, un morceau d'étoffe et trois autres petits morceaux d'étoffe, adjugés à Jean Hubert, pour 3 # 7 ſ.

Trois tapis pour couvrir les autels, adjugés à la veuve Patier, pour 15 ſ.

Trois chasubles, adjugées à René Lemoye, pour 4 #.

Deux devants d'autel, adjugés à Jean Hubert, pour 2 #.

Une chasuble, deux chapes, adjugées à Jean Bellanger, pour 43 #.

Une chasuble, adjugée à François Hulot, pour 12 # 15 ſ.

« L'équipage du dais », adjugé à Étienne Brossard, pour 2 # 10 ſ.

Une chape, adjugée à Michel Royer, pour 11 #.

VENTE DU MOBILIER
DE LA
CI-DEVANT ÉGLISE DE SAINT-LÉONARD DE LOUPLANDE

4 messidor an II. — Une dalmatique, une chasuble, une bannière, adjugées au citoyen Jean Goupil, de Louplande, pour 10 # 4 ſ.

Une dalmatique, adjugée au citoyen Joseph Gautier, pour 3 # 8 ſ.

Deux mauvaises chasubles noires, adjugées au citoyen Joubert, pour 1 # 11 ſ.

Une aube usée, une chasuble, adjugées au citoyen Fleury, pour 3 # 2 ſ.

Une aube, deux étoles, adjugées au citoyen François Benoit, de Louplande, pour 10 #.

Une aube et ses garnitures, un amict, une chape, adjugés au citoyen Julien Jousse, pour 17 # 8 ſ.

Trois vieilles dalmatiques, deux devants d'autel, une vieille chasuble, adjugés au citoyen Dupord, pour 19 #.

Une chape, adjugée au citoyen Dutertre, pour 8 #.

Un devant d'autel, adjugé au citoyen Bouteloup, pour 2 # 3 *f*.
Deux devants d'autel, adjugés au citoyen Peslier, pour 1 #.
Un devant d'autel, adjugé au citoyen Harard, pour 1 # 9 *f*.
Une boîte dans laquelle est une niche de fleurs de papier, adjugée au citoyen Bouteloup, agent national, pour 2 # 10 *f*.
Deux paumelles de bois (*sic*) et deux pots à fleurs, adjugés au citoyen Joseph Plot, pour 15 *f*.
Quatre pots avec des fleurs de papier, adjugés au citoyen Pierre Coudray, pour 15 *f*.
Deux pots à fleurs, adjugés au citoyen Jousse, officier municipal, pour 2 *f*.

LOCATION
DE LA
CI-DEVANT ÉGLISE DE SAINT-LÉONARD-DE-LOUPLANDE

6 prairial an III. — L'église est louée au citoyen René Lemarchand, maire de Louplande. « Le grand autel est dévasté et brisé, la nef est dépavée, les vitres des croisées sont cassées pour la plupart. La sacristie est dépavée. L'autel de la Vierge dévasté et celui de Saint-Jean est *désorné* (enlevé tous les ornements). Il faut à cette église trois toises de couverture. »

VENTE DU MOBILIER
DE LA CI-DEVANT ÉGLISE DE SAINT-MARS-SOUS-BALLON

4 messidor an II. — Trois pierres de taille, adjugées au citoyen Laumonier du bourg de Saint-Mars, pour 12 #.
Treize pierres de taille, adjugées au citoyen François Adam, de Lucé, pour 13 #.
Six tableaux et cinq cadres, adjugés au citoyen Charles Liget, tisserand à Ballon, pour 3 # 11 *f*.
Un cadre représentant la descente de Croix, adjugé au même citoyen, pour 1 #.

Un tableau avec son cadre, adjugés au citoyen Pierre Fouqué, cirier à Ballon, pour 4 #.

Un tableau avec son cadre, adjugés au citoyen André Besnier, de Saint-Mars, pour 3 #.

Un tableau, adjugé au citoyen Joseph Pierre, hôte à Ballon, pour 2 #.

Deux tableaux, adjugés au citoyen Joseph Pierre, pour 7 # 15 f.

Un brancard servant à porter les reliques de saint Médard et le plafond du dais, adjugés au citoyen Belloche, serrurier à Ballon, pour 4 #.

Trois ficelles servant aux lampes de l'église, adjugées au citoyen Pierre Pineau, marchand à Ballon, pour 6 #.

Une petite armoire à deux battants, adjugée à la femme du citoyen Jacques Hatton, marchand à Ballon, pour 13 # 5 f.

Une armoire, adjugée à la même, pour 19 # 10 f.

Un lot de bouquets d'hiver, adjugé au citoyen François Albert, marchand à Ballon, pour 2 # 10 f.

Un lot de pots à bouquets de faïence, adjugé au citoyen Provost, instituteur à Ballon, pour 2 # 1 f.

Une chasuble et deux tuniques garnies en faux argent, adjugées au citoyen Louis Bois, tailleur au bourg de Saint-Mars, pour 18 # 10 f.

Une chape noire galonnée en faux argent, adjugée à la citoyenne Jacques Pichon, journalière à Saint-Mars, pour 10 # 10 f.

Une chasuble rouge, étole, voile, manipule garni en faux argent, adjugés au citoyen Michel Dolin, tisserand, pour 10 #.

Une chape blanche, un chaperon bleu galonné en faux argent, adjugés au citoyen François Guy, voiturier à Saint-Mars, pour 13 # 10 f.

Une chape pareille, adjugée à la femme de René, cordonnier à Ballon, pour 14 # 15 f.

Une chape, adjugée à la femme de Charles Chassevent, du bourg de Saint-Mars, pour 11 #.

Une tunique blanche, adjugée à la femme du citoyen Billot, tailleur à Ballon, pour 5 #.

Une chape rouge galonnée à faux, adjugée à la veuve Graffin, de Saint-Mars, pour 15 # 6 f.

Une chape rouge fond blanc, aussi en faux argent, adjugée au citoyen Pierre Gandon, tisserand à Ballon, pour 17 # 5 f.

Une chasuble blanche, adjugée au citoyen Jean Yvon, tisserand à Ballon, pour 6 # 7 f.

Une chasuble violette, étole, manipule garni de galons en faux argent, adjugés au citoyen Michel Aubry, marchand à Courcebœufs, pour 1. # 15 f.

Une chasuble verte, adjugée au citoyen Louis Gervais, couvreur à Saint-Mars, pour 2 # 13 f.

Une tunique d'étoffe de laine verte, adjugée à la veuve Bois, de Saint-Mars, pour 4 #.

Une chasuble blanche avec galons en faux argent, adjugée à la veuve Graflin, de Saint-Mars, pour 6 #.

Une chasuble blanche et verte, adjugée à Julien Coutard, tireur d'étain, pour 4 # 16 f.

Une chape à fleurs tricolore galonnée en argent faux, adjugée à Pierre Bois, de Saint-Mars, pour 14 #.

Une tunique pareille à la chape, adjugée à Gervais Delion, maçon au bourg de Saint-Mars, pour 8 # 5 f.

Une chasuble noire, étole, manipule et voile, adjugés à la femme d'Étienne Courberon, tisseuse à Saint-Mars, pour 7 # 1 f.

Une chasuble noire garnie de faux argent, étole, voile et manipule, adjugés à Jacques Megret, journalier à Saint-Mars, pour 3 # 5 f.

Deux tuniques noires en étoffe de laine, adjugées à Jacques Prudhomme, charron à Saint-Mars, pour 6 # 10 f.

Un dais de damas à fleurs tricolore à fond rouge, galons et frange jaune en faux or, adjugés à la femme Ballot, tailleuse à Ballon, pour 38 #.

Une vieille chape à l'antique, adjugée à la veuve Bois, de Saint-Mars, pour 8 # 5 f.

Un lot d'étoles de différentes couleurs, vieux bouquets d'hiver, adjugés à Louis Tison, tailleur à Mézières, pour 2 # 5 f.

Deux escabeaux de bois, adjugés à la fille Marie Denise, de Saint-Mars, pour 15 f.

Quatre chemises de saints de toile peinte, pour le temps du carême, adjugées à Denis Etrocq (Etrot), de Saint-Mars, pour 7 # 6 f.

Un tapis d'autel, adjugé à la femme de Guillaume Louvet, sellier à Ballon, pour 3 # 10 ſ.

Un rideau, un bouquet d'hiver, adjugés à Jean Lemercier, tailleur à Ballon, pour 6 # 2 ſ.

Plusieurs pots à bouquets de faïence, adjugés à Tison, de Mézières, pour 1 # 5 ſ.

Deux rideaux de toile peinte, adjugés au citoyen Ribault, bourgeois à Ballon, pour 16 # 6 ſ.

Un rideau de toile peinte, adjugé à Cabaret, tisserand à Saint-Mars, pour 16 # 10 ſ.

Un rideau de toile peinte, adjugé à la femme de Joseph Hubert, bourrelier à Ballon, pour 13 # 16 ſ.

Deux petits prie-dieu, un petit confessionnal, adjugés à Jean Baptiste Lecomte, tisserand à Ballon, pour 2 #.

Deux placards en bois de peu de valeur, adjugés à Michel Bigot, de Saint-Mars, pour 1 # 5 ſ.

Un piédestal sur lequel était un bénitier de marbre, adjugé à Julien Leprou, maçon à Saint-Mars, pour 3 # 15 ſ.

Un bénitier de marbre noir, adjugé au citoyen Elbert, marchand à Ballon, pour 3 # 3 ſ.

Deux autres piédestaux de marbre, adjugés à Julien Leprou, maçon à Saint-Mars, pour 21 #.

Un devant d'autel avec sa carrie, adjugés à la fille Jeanne Godon, de Saint-Mars, pour 5 # 17 ſ.

5 messidor. — Sept pierres de taille, adjugées à Julien Leprou, maçon à Saint-Mars, pour 10 #.

Un plafond d'indienne avec sa carrie, adjugés au citoyen Bellot, tailleur à Ballon, pour 19 # 2 ſ.

Douze livres d'église qui consistent en processionnaux et autres, adjugés à Louis Sedilleau, tisserand, pour 1 # 5 ſ.

Deux grands livres de pupitre et un missel, adjugés à François Elbert, marchand à Ballon, pour 2 # 6 ſ.

Un lot de bois, adjugé au même citoyen Elbert, pour 7 # 6 ſ.

Un lot de bois, adjugé à François Touzard, médecin de bestiaux à Saint-Mars, pour 4 # 2 ſ.

Un placard attaché au mur de l'église, adjugé à Pierre Lenoir, cultivateur à Saint-Mars, pour 9 # 11 ſ.

Un placard, adjugé à Denis Blin, tisserand à Saint-Mars, pour 3 ₶ 1 ƒ.

Une vieille bannière, adjugée à François Giloupe, tisserand à Saint-Mars, pour 1 ₶ 5 ƒ.

Un devant d'autel en damas blanc, galons de faux argent, adjugés au citoyen Bouligny, chirurgien à Ballon, pour 4 ₶.

Un devant d'autel, adjugé au citoyen Elbert, de Ballon, pour 2 ₶ 16 ƒ.

Un devant d'autel en galons en faux argent, adjugé au citoyen Denis Etrocq, charpentier à Saint-Mars, pour 13 ₶.

Un devant d'autel, adjugé à la femme de Claude Doret, tisserand à Saint-Mars, pour 8 ₶ 10 ƒ.

Un devant d'autel, adjugé à Antoine Ligot, menuisier à Ballon, pour 2 ₶ 13 ƒ.

Un devant d'autel de damas vert, adjugé à François Touzard, médecin de bestiaux à Saint-Mars, pour 8 ₶ 6 ƒ.

Un grand coffre renfermant les devants d'autel, adjugés à Antoine Ligot, pour 6 ₶ 15 ƒ.

EXTRAIT DE L'ÉTAT DE LIEU

DE LA CI-DEVANT ÉGLISE DE SAINT-MARS-SOUS-BALLON

7 floréal an III. — «A l'autel de la Vierge où se trouve son sépulcre et neuf autres statues représentant les neuf apôtres, tout est en majeure partie brisé ainsi que les moulures et sculptures de l'autel. L'autel Saint-Jacques et le rétable représentant le baptême de N.-S. Jésus-Christ, sont entièrement dégradés, les moulures et les sculptures, détériorées en plusieurs endroits et la vierge presque brisée entièrement.

«Les moulures et les sculptures du grand autel sont dégradées, huit grandes stalles et dix petites sont en parties brisées, les deux pilastres de la porte sont rompus, quatre milliers de parés sont levés et en partie brisé. Le chœur est dépavé et la chaire brisée en deux morceaux.»

VENTE DU MOBILIER

DE LA CI-DEVANT ÉGLISE DE SAINT-PAVACE

7 vendémiaire an III. — Une bannière, adjugée au citoyen Levayer, pour 2 # 3 f.

Un drap mortuaire, une chasuble, une étole, une chape noire, adjugés au citoyen Chereau, pour 17 # 4 f.

Un dais, adjugé au citoyen Belœuvre, pour 6 # 10 f.

Une chasuble verte et une chasuble noire, adjugées au citoyen Desomme, pour 5 # 14 f.

Une chasuble violette, adjugée au citoyen Boutlier, pour 2 # 5 f.

Deux chasubles, une verte et une rouge, un lot de cordons, adjugés à la citoyenne Guibert, pour 25 # 1 f.

Trois chapes rouge et blanche, adjugées au citoyen Papin, secrétaire de l'administration, pour 29 # 6 f.

VENTE DU MOBILIER

DE LA CI-DEVANT ÉGLISE DE SAINT-RÉMY-DES-BOIS

20 prairial an II. — Vente peu importante ; on a omis de mettre les noms des adjudicataires. Une bannière, adjugée, pour 1 # 10 f ; un dais, adjugé, pour 3 # 5 f ; un drap mortuaire, adjugé, pour 2 # 2 f ; une étole, un manipule, adjugés, pour 8 # 2 f ; deux chapes, adjugées, pour 24 # 8 f ; tous les livres, adjugés, pour 10 # ; neuf chasubles, adjugées, pour 37 # 16 f.

EXTRAIT DE L'ÉTAT DE LIEU
DE
LA CI-DEVANT ÉGLISE DE SAINT-SATURNIN

11 prairial an III. — Il reste dans l'église un christ et cinq statues en mauvais état et de peu de valeur.

VENTE DU MOBILIER
DE LA
CI-DEVANT ÉGLISE DE SAINTE-SABINE ET POCHÉ

21 prairial an II. — Une chape, adjugée à Pierre Péan, pour 10 # 5 *f.*

Trois chapes, deux dalmatiques, une chasuble blanche, étole et manipule, adjugés au citoyen Péan, hôte, pour 76 # 15 *f.*

Une chape, adjugée au citoyen François Bourgoin, pour 3 # 6 *f.*

Une chape, adjugée au citoyen Latouche, pour 3 # 14 *f.*

Un dais, adjugé à Jean Buon, officier, pour 20 #.

Quatre chasubles noires et blanches et leur *atrigay* (accessoire), adjugés au citoyen Louis Lefrais, pour 33 #.

Une chasuble avec son *atribut* (accessoire), adjugés à Jean Lecomte, pour 4 #.

Une chasuble et son *service* (accessoire), adjugés au citoyen Latouche, pour 7 # 5 *f.*

Une chasuble et son *contenu* (accessoire), adjugés au citoyen Jacques Sergent, pour 5 # 1 *f.*

Une chasuble violette, adjugée à Michel Dutertre, pour 4 # 15 *f.*

Deux dalmatiques et trois petites robes noires, adjugées au citoyen Michel Latouche, pour 5 #.

Une vieille soutane, adjugée au citoyen Pierre Hiron, pour 4 # 10 *f.*

Une bannière, adjugée à Louis Lefrais, pour 11 #.

Les rideaux du grand autel, adjugés au citoyen Jean Lecomte, pour 32 #.

Les rideaux des deux petits autels, adjugés à la citoyenne Julienne Lemoine, pour 20 #.

La bannière de Poché, adjugée au citoyen François Bourgoin, pour 15 # 10 *f.*

Une chasuble, adjugée au citoyen Michel Latouche, de La Chapelle, pour 22 #.

Deux chasubles et leurs *suites*, adjugées au citoyen René Havois, pour 5 # 15 *s*.

Une chasuble et sa *suite*, adjugées au citoyen François Letessier, pour 5 #.

Une chasuble verte, adjugée au citoyen François Letessier, pour 7 # 5 *s*.

Une chasuble noire et sa *suite*, adjugées au citoyen René Ragot, pour 2 # 6 *s*.

Un dais, adjugé à Étienne Letimbre, pour 3 #.

Signé : Jean Fronteau, maire ; P. Péan, Jean Buon, officiers ; René Renou, agent.

LOCATION
DE LA
CI-DEVANT ÉGLISE DE SAINTE-SABINE ET POCHÉ

15 floréal an III. — L'église est louée par bail à Jacques Lerouge, maréchal audit lieu. Il manque trois cents pavés, quarante-trois carreaux de vitres en losanges, et beaucoup d'autres qui ont été brisés ; la chaire à prêcher est en partie détruite.

VENTE DU MOBILIER
DE LA CI-DEVANT ÉGLISE DE SAVIGNÉ-LÈS-LE-MANS

6 messidor an II. — Quatre coussins, un porte-chape, un miroir, adjugés au citoyen Jarry, pour 2 # 2 *s*.

Une boîte, deux mauvaises chapes noires, adjugées au citoyen Rottier, pour 5 # 3 *s*.

Un lot de plusieurs mauvais effets, une boîte de bois blanc, adjugés au citoyen Aubry, pour 4 # 5 *s*.

Un lot de mauvais effets, une carrie d'un ancien dais, un petit pupitre, un chandelier de bois et plusieurs morceaux de bois, adjugés au citoyen Passe, pour 19 # 16 *s*.

Un drap mortuaire avec plusieurs étoles et manipules, adjugés au citoyen Pesard fils, pour 12 #.

Une exposition en bois doré, adjugée au citoyen Milliet, pour 7 # 5 ſ.

Un lot d'étoffe blanche avec les bâtons du dais, adjugés au citoyen François Montarou, pour 2 # 5 ſ.

Un buste avec un petit bouquet, adjugés au citoyen Louis Boujen, pour 2 # 15 ſ.

Une petite boîte, adjugée au citoyen Baptiste Passe, pour 1 # 16 ſ.

Dix-huit étoles et manipules, adjugés au citoyen Chicouasne, pour 12 #.

Une mauvaise chasuble blanche avec deux tuniques, une étole, une petite chape, adjugées au citoyen Tiercelin, pour 16 # 5 ſ.

Une mauvaise robe d'enfant et un devant d'autel, adjugés au citoyen Leblond, pour 7 # 5 ſ.

Un mauvais morceau de tapisserie et plusieurs tuniques, adjugés au citoyen Frogé, pour 8 #.

Quatre morceaux de soie, une étole, un manipule, adjugés au citoyen Fouqué, pour 15 #.

Une petite chape d'enfant et deux tuniques, adjugées au citoyen Boujen, pour 4 # 2 ſ.

Une tunique blanche, cinq petites tuniques noires d'enfant, un voile d'indienne qui servait à couvrir le tabernacle, une vieille chape et trois autres tuniques d'enfant, une petite chape noire d'enfant, une petite tunique et étole et deux manipules, adjugés au citoyen Pasque Vailliaud, pour 35 # 9 ſ.

Un tapis, un lot de morceaux d'étoffe, adjugés au citoyen Gendrot, pour 5 #.

Quatre tuniques, une soutane, adjugées au citoyen Bigot, marchand, pour 3 #.

Deux mauvaises tuniques, adjugées au citoyen Tiercelin, pour 4 # 1 ſ.

Trois tuniques, deux étoles, deux manipules, un voile de calice, deux morceaux d'étamine noire, adjugés au citoyen Debais, pour 18 # 2 ſ.

Une chape noire, adjugée au citoyen Bonsergent, pour 24 #.

Une autre chape noire, adjugée au citoyen Nouchet, pour 23 # 5 ſ.

Un devant d'autel, adjugé au citoyen Briand, pour 18 # 2 ƒ.

Une grande armoire en bois de chêne, adjugée au citoyen Bonsergent, pour 20 #.

Une boîte avec un petit loquet, adjugés au citoyen Gouaux, pour 7 # 15 ƒ.

Une grande boisure au-dessus de la table de la sacristie avec plusieurs ouvertures, adjugée au citoyen Pesard fils, pour 14 #.

Un confessionnal avec deux petites boîtes dessus, adjugés au citoyen Chicouasne, pour 8 #.

Une boîte en bois de chêne, adjugée au citoyen Bereau, pour 3 # 10 ƒ.

Une boîte avec le bâton de la Vierge, adjugés au citoyen Botière, pour 10 # 1 ƒ.

Une boîte avec le bâton de saint Germain, adjugés au citoyen Pasque Vailliaud, pour 6 # 12 ƒ.

Une grande boîte à deux battants, adjugée au citoyen Gereaus, pour 1 #.

Une bannière en damas cramoisi avec le balais, adjugés au citoyen Bonsergent, pour 10 # 3 ƒ.

Une chape blanche et une chasuble violette en mauvais état, adjugées au citoyen Dehais, pour 20 # 10 ƒ.

Une chape blanche et une tunique noire, adjugées au citoyen Pasque Vailliaud, pour 16 # 29 ƒ.

Une chape noire et une chape blanche barrée, adjugées au citoyen Bonsergent, pour 40 #.

Une chasuble et une tunique, adjugées au citoyen Gendrot, pour 29 # 10 ƒ.

Une chasuble noire, trois manipules, adjugés au citoyen Landeau, pour 10 # 1 ƒ.

Les trois cartes vitrées adjugées au citoyen Gendrot, pour 10 #.

Le plafond du dais de damas rouge avec une tunique blanche, adjugés au citoyen Hervé, maire, pour 30 # 5 ƒ.

Une chape blanche, une tunique noire, adjugées au citoyen Souavin, pour 20 # 10 ƒ.

Une chape rouge, adjugée au citoyen Baptiste Passo, pour 23 # 1 ƒ.

Deux chapes rouges, adjugées au citoyen Séraphin Pasque, pour 58 # 1 ƒ.

Une mauvaise chasuble noire, deux voiles de calice, huit étoles, trois manipules, le tout en mauvais état, adjugés au citoyen Nouchet, pour 6 # 9 f.

Une chasuble rouge, un devant d'autel en mauvais état, adjugés au citoyen Letourneur, pour 80 # 14 f.

Une chape blanche, adjugée au citoyen Leblais, pour 31 # 1 f.

Deux mauvaises chasubles, trois étoles, deux manipules, un voile de calice, adjugés au citoyen Jean Houdayer, pour 12 # 5 f.

Une chasuble violette, un voile, deux étoles, deux manipules, adjugés au citoyen Nouchet, pour 20 #.

Une chasuble, trois étoles, deux manipules, deux voiles violets, adjugés au citoyen Leblais, pour 13 # 10 f.

Une étole, un manipule, adjugés au citoyen Thomas, pour 6 # 10 f.

Une mauvaise chasuble blanche et sa garniture, adjugées au citoyen Hervé, officier municipal, pour 6 # 1 f.

Un voile et deux manipules rouges, adjugés au citoyen Hervé, maire, pour 6 # 12 f.

Deux mauvaises serrures, avec quatre clous à vis, adjugés au citoyen Passe, pour 5 f.

Une mauvaise chasuble, une étole, un manipule, adjugés au citoyen Quinet, pour 4 # 10 f.

Une chasuble, un voile, une étole, un manipule, adjugés au citoyen Aubry, pour 6 #.

Un pupitre en bois avec une selle, adjugés au citoyen Gendrot, pour 1 # 10 f.

Un fond de chape rouge avec son bougran, adjugés au citoyen Hervé, maire, pour 20 # 2 f.

Une tunique rouge dégarnie de ses galons, adjugée au citoyen Pasque Vailliaud, pour 4 # 19 f.

Une tunique rouge dégarnie de ses galons, adjugée au même citoyen, pour 5 # 5 f.

Une tunique rouge, adjugée au citoyen Landais, agent national, pour 4 # 19 f.

Une tunique rouge, adjugée au citoyen Aubry, pour 5 # 5 f.

Un fond de chape en damas rouge, adjugé au citoyen Hervé, maire, pour 16 #.

Une chape en damas rouge, adjugée au citoyen Pasque Vailliaud, pour 15 # 1 ſ.

Une chasuble rouge dégarnie de ses galons, adjugée au citoyen Gouaux, pour 3 # 12 ſ.

Un fond de chape fleuri en satin, adjugé au citoyen Pasque Vailliaud, pour 16 # 19 ſ.

Une chasuble rouge adjugée au citoyen Lemaire, pour 4 #.

Une mauvaise chasuble, une étole, un manipule, les fonds baptismaux en marbre, adjugés au citoyen Yvon, pour 13 # 16 ſ.

Un lot de mauvais cordons, adjugé au citoyen Quinet, pour 1 # 5 ſ.

Un tableau servant ci-devant à l'autel de Saint-Augustin, adjugé au citoyen Duport, pour 3 #.

Un tableau servant à l'autel de la Vierge, adjugé au citoyen Pasque Vailliaud, pour 7 # 5 ſ.

EXTRAIT DE L'ÉTAT DE LIEU

DE LA CI-DEVANT ÉGLISE DE SAVIGNÉ-LÈS-LE-MANS

15 floréal an III. — Nombre de vitres sont cassées, toute l'église est dépavée ainsi que les deux chapelles et les terres enlevées et emportées à un pied et demi de profondeur pour en extraire le salpêtre. Les stalles et les marchepieds disparus, le grand autel dévasté et les statues brisées, à l'exception de deux. Le tabernacle et les gradins emportés, la table de communion en fer volée ainsi que le pupitre en fer. Le tableau de la chapelle à droite et le gradin disparus ainsi que les deux figures, leurs tablettes et supports en fer. Deux vitraux de la chapelle sont cassés, dans la chapelle à gauche, deux figures, les gradins, les tablettes de supports en fer disparus; à côté de l'autel douze vitres cassées et un quart de fêlées. Dans quatre autres verrières, le quart des vitres est cassé ou fêlé ainsi que les tablettes et supports en fer; près le grand autel sont deux vitraux, dont six carreaux cassés et la moitié sont fêlés, au bord de la nef un vitrail dont la moitié des verres sont cassés. Trois confessionnaux ont disparu; tous les

carreaux de la sacristie sont cassés ou fêlés et un quart des vitres cassé ou fêlé.

VENTE DU MOBILIER

DE LA CI-DEVANT ÉGLISE DE SAUSSAY

30 nivôse an III. — Un bâton de la Vierge, une bannière, une chasuble complète, adjugés au citoyen Taupin, pour 11 ₶.

Une chasuble, adjugée au citoyen Beausier, pour 7 ₶ 15 ſ.

Une chasuble, voile et manipule, adjugés au citoyen Gaulupeau, pour 4 ₶.

Trois chasubles complètes, adjugées au citoyen Choplin, pour 9 ₶.

Deux chasubles complètes, adjugées au citoyen Ganot, pour 10 ₶ 5 ſ.

Une chasuble complète, adjugée à Louise Meriau, pour 6 ₶ 10 ſ.

Une chasuble complète, adjugée au citoyen Frogé, pour 4 ₶.

Une chasuble complète, adjugée au citoyen Plot, pour 3 ₶ 10 ſ.

Deux chasubles complètes, adjugées au citoyen Gelin, pour 10 ₶ 5 ſ.

Une chasuble complète, adjugée au citoyen Taupin, pour 1 ₶.

Un drap mortuaire, une tunique, une soutane, adjugés au citoyen Poidevin, pour 8 ₶ 15 ſ.

Une tunique, adjugée au citoyen Pommereul, pour 4 ₶.

Une soutane, une chasuble, un mauvais coffre, un tabouret, un buffet, adjugés au citoyen Choplin, pour 31 ₶ 10 ſ.

Un devant d'autel, un tapis servant à couvrir le grand autel, un fauteuil, adjugés au citoyen Ganot, pour 5 ₶ 12 ſ.

Un devant d'autel, adjugé au citoyen Galas, pour 5 ₶.

Un lot de chandeliers, adjugé au citoyen Bois, pour 1 ₶.

Un fauteuil, adjugé au citoyen François Divier, pour 1 ₶.

Un tabouret, adjugé au citoyen Gaulupeau, pour 5 ₶.

Un fauteuil, adjugé au citoyen Taupin, pour 15 ſ.

VENTE DU MOBILIER

DE LA CI-DEVANT ÉGLISE DE SILLÉ-LE-PHILIPPE

30 prairial an II. — Lotie de bouquets de papier et leurs pots, une chape noire, adjugés au citoyen Louis Baugé, pour 7 # 5 ƒ.

Un pupitre de bois, adjugé à Michel Jorsant, pour 5 #.

Une chape noire, une chape à fond rouge, un drap mortuaire, adjugés à Julien Moulard, pour 17 # 17 ƒ.

Une niche de bois doré, adjugée à Louis Baugé, pour 1 # 10 ƒ.

Deux chapes à fond blanc, une bannière, une chasuble, cinq ceintures de rubans pour enfants de chœur, une chasuble blanche, une lanterne, adjugées à Julien Moulard, pour 37 # 5 ƒ.

Une chape à fond vert, adjugée à Jacques Bourgault, pour 22 #.

Une chasuble noire, une chasuble verte, adjugées à Louis Baugé, pour 5 # 10 ƒ.

Une chasuble fond rouge, adjugée à Pierre Joly, pour 5 #.

Une tunique rouge, un confessionnal en bois de sapin, adjugés à Michel Jorsant, pour 17 # 12 ƒ.

Une tunique rouge, adjugée à François Prudhomme, pour 8 #.

Une chasuble rouge, adjugée à Marin Pichon, pour 8 #.

Une chasuble blanche et une chasuble verte, adjugées à Louis Hubert, pour 17 # 10 ƒ.

Une chasuble violette et un voile, adjugés à François Coutelle, pour 13 # 16 ƒ.

Une chasuble noire, adjugée à Peoillé, pour 9 # 10 ƒ.

Une chasuble, adjugée à Julien Brerassé, pour 1 # 10 ƒ.

Une chasuble verte, adjugée à François Anfray, pour 4 # 1 ƒ.

Une chasuble rouge, adjugée à Jean Dudoit, pour 4 # 10 ƒ.

Une lotie d'étoles et voiles, adjugée à Marin Jary, pour 4 # 10 ƒ.

Une couverture d'autel, adjugée à Joseph Moisy, pour 9 # 3 ƒ.

Une commode, chasubles et chapes, adjugées à Julien Rebrost, pour 23 #.

Un confessionnal en bois de sapin, adjugé à Julien Dorizon, pour 8 # 10 ƒ.

Une lotie de papier, adjugée à Jousse, pour 4 ₶.
Un livre missel, adjugé à Joseph Anfray, pour 15 ſ.
Quatre confessionnaux, adjugés à Louis Hubert, pour 2 ₶ 11 ſ.
Trois livres, deux sellettes de bois, adjugés à Joseph Anfray, pour 3 ₶.
Un livre, adjugé à François Anfray, pour 1 ₶ 5 ſ.
Un dais, adjugé à Julien Rebrost, pour 7 ₶.
Le grand autel de bois, le tabernacle, adjugés à Louis Hubert, pour 8 ₶.
Deux statues du chœur, adjugées à Marie Pichon, pour 6 ₶ 10 ſ.
Deux contre-porte de bois de sapin, adjugés à veuve Anfray, pour 9 ₶ 10 ſ.
Fonds baptismaux, adjugés à Jacques Bourgault, pour 4 ₶ 1 ſ.
Signé : Baugé, maire.

VENTE DU MOBILIER

DE LA CI-DEVANT ÉGLISE DE SOULIGNÉ-SOUS-BALLON

29 prairial an II. Les noms des adjudicataires n'ont pas été mis. — Une chasuble, étole, corporal, manipule, adjugés 8 ₶ 1 ſ.
Une chasuble garnie, adjugée 8 ₶ 15 ſ.
Une chasuble, manipule, corporal, étole, adjugés 8 ₶.
Une chasuble garnie de même, adjugée 4 ₶.
Une chasuble, étole et garniture, adjugées 3 ₶.
Une chasuble, étole et garniture, adjugées 7 ₶ 13 ſ.
Une chasuble, étole et garniture, adjugées 11 ₶ 4 ſ.
Une chasuble de même, adjugée 2 ₶ 16 ſ.
Une chasuble, étole, manipule, corporal, adjugés 10 ₶ 10 ſ.
Une chasuble, adjugée 3 ₶ 10 ſ.
Une chasuble, adjugée 5 ₶ 7 ſ.
Une chasuble, manipule, corporal, adjugés 14 ₶.
Une chasuble, adjugée 6 ₶.
Une chasuble, adjugée 3 ₶ 2 ſ.
Une chasuble, adjugée 11 ₶ 13 ſ.

Une chasuble, étole, manipule, corporal, adjugés 5 ₶ 5 ſ.
Une chasuble, adjugée 15 ₶ 6 ſ.
Une chasuble, adjugée 6 ₶ 8 ſ.
Une tunique, adjugée 1 ₶ 2 ſ.
Une tunique, adjugée 6 ₶ 10 ſ.
Quatre dalmatiques, adjugées 3 ₶.
Une chape verte, adjugée 1 ₶ 5 ſ.
Une chape, adjugée 4 ₶ 10 ſ.
Une chape, adjugée 6 ₶ 3 ſ.
Une chape, adjugée 10 ₶ 11 ſ.
Une chape, adjugée 11 ₶ 2 ſ.
Une chape, adjugée 17 ₶ 3 ſ.
Une chape, adjugée 12 ₶ 6 ſ.
Une chape, adjugée 16 ₶ 18 ſ.
Une chape, adjugée 15 ₶ 2 ſ.
Un dais de damas cramoisi, adjugé 69 ₶ 15 ſ.
Un drap mortuaire, adjugé 6 ₶.
Une soutane d'enfant, adjugée 8 ₶ 6 ſ.
Une robe rouge, adjugée 7 ₶ 16 ſ.
Trois étoles, corporaux et autres petits effets, adjugés 2 ₶ 5 ſ.
Une vieille bannière verte, adjugée 3 ₶ 1 ſ.
Un devant d'autel, adjugé 1 ₶ 10 ſ.
Un devant d'autel, adjugé 3 ₶.
Un devant d'autel, adjugé 1 ₶.
Un devant d'autel, adjugé 16 ſ.
Un devant d'autel, adjugé 3 ₶ 12 ſ.
Un vieux reliquaire de saint Benoit, adjugé 1 ₶.
Un grand livre, adjugé 16 ₶.
Tous les autres livres, adjugés 2 ₶ 16 ſ.

Un ciboire, une custode, un soleil, trois calices dont un de vermeil doré, deux lampes, deux encensoirs, une cuvette, deux croix, deux bénitiers, une sonnette, quatorze chandeliers, le tout en potin ou cuivre, ont été déposé au district du Mans ainsi que les papiers. Signé : Lebreton, maire ; Brière, officier ; Daniel, secrétaire.

VENTE DU MOBILIER

DE LA CI-DEVANT ÉGLISE DE SOULIGNÉ-SOUS-VALLON

21 prairial an II. — Une chasuble, étole verte, manipule et bourse, adjugés à Étienne Guyon, pour 4 # 1 ſ.

Une chasuble, étole, manipule, adjugés à Thomas Gareau, pour 6 #.

Une chasuble, étole, manipule, adjugés à Nicolas Gouin, pour 5 #.

Une chasuble, adjugée au citoyen Pierre Alain, pour 5 # 15 ſ.

Une chasuble avec tous les *équipages* (accessoires), une tunique, étole, manipule noir, trois tuniques d'enfant de chœur, adjugés au *banisseur* (crieur de vente), pour 7 # 12 ſ.

Une chasuble, adjugée au citoyen Briant, maire, pour 9 # 5 ſ.

Une tunique noire, étole, manipule, adjugés à René Legeay, pour 1 # 7 ſ.

Une chape noire, adjugée à Étienne Gigon, pour 3 #.

Une chasuble, étole, manipule, voile, bourse, adjugés à Jean Denfer, pour 2 #.

Une chape noire, adjugée à Gabriel Guyon, pour 2 #.

Un parement d'autel, adjugé au banisseur, pour 6 # 5 ſ.

Un parement d'autel, adjugé à Gervais Morancé, pour 7 # 7 ſ.

Un parement d'autel, adjugé à Marin Lebatteux, pour 5 # 6 ſ.

Un parement d'autel, adjugé à Marie Martin, pour 3 #.

Un parement d'autel, adjugé à Joseph Dehais, pour 5 # 12 ſ.

Un morceau d'indienne, une bannière, une chasuble, deux étoles, un manipule, un parement d'autel, une chape blanche, une tunique violette, une chape violette, une autre chape, une chape verte, adjugés à Gabriel Gigon, pour 56 # 10 ſ.

Plusieurs morceaux de toile peinte, adjugés à la femme de Jean Blin, pour 3 # 6 ſ.

Une exposition en fleurs d'Italie, adjugée à Jean François Martin, pour 3 # 6 ſ.

Une tapisserie, deux étoles, adjugées au banisseur, pour 1 # 10 ſ.

Une chasuble, adjugée à Jean Gigon, pour 5 # 5 f.

Une *panerée* de vieux bouquets, un pot à fleurs, adjugés à René Hamet, pour 1 # 10 f.

Six pots à fleurs, quatre bocaux, les franges du dais, quatre bâtons du dais, adjugés à Louis Gasselin, pour 10 # 18 f.

Un parement d'autel de différentes couleurs, adjugé à Jacques Briant, maire, pour 13 #.

Un devant d'autel, deux tapis, adjugés à François David, de Coulans, pour 7 #.

Une tunique violette, adjugée à Jacques Poisson, pour 4 #.

Une chape blanche, adjugée à Pierre Blin, pour 12 # 2 f.

Une chape verte, un parement d'autel, adjugés à Thomas Gareau, pour 17 # 17 f.

Signé : Briant, maire; Dangeul, Gigon, Gareau, officiers; Gigon, greffier.

LOCATION

DE LA CI-DEVANT ÉGLISE DE SOULITRÉ

2 prairial an III. — Le citoyen Nicolas Barré, cultivateur a été déclaré adjudicataire « d'une propriété nationale appelée l'Église. Cinq cents pavés manquent. Il faut deux cents pavés à la chapelle de Sainte-Anne; près de cent vitres manquent dans les croisées. »

VENTE DU MOBILIER

DE LA CI-DEVANT ÉGLISE DE SPAY

Les administrateurs de la vente des effets mobiliers de la ci-devant église de Spay, se sont dispensés de donner les noms des adjudicataires.

20 messidor an II. — Une mauvaise bannière blanche, adjugée 1 #.

Deux couvertures d'autel d'étamine en bleu, adjugées 1 # 5 f.

Cinq couvertures pour convois et pour couvrir les petits autels et le pupitre, adjugés 4 # 15 f.

Deux rideaux d'indienne en grande rayure, couvrant le grand autel, adjugés 31 ₶ 5 ſ.

Deux devants d'autel en toile peinte, adjugés 5 ₶ 6 ſ.

Un drap mortuaire peint en noir, adjugé 3 ₶.

Deux chasubles à diacre et *bonne grâce* (sic) et étole, adjugées 8 ₶ 10 ſ.

Deux chasubles, deux étoles, adjugées 4 ₶ 5 ſ.

Un dais de panne et de toile gommée, adjugé 6 ₶ 5 ſ.

Deux mauvaises chasubles, une étole, « deux bonnes grâces sur rouge et vert », adjugées 11 ₶.

Une chasuble, étole, « bonne grâce » et voile, adjugés 1 ₶ 17 ſ.

Deux chasubles noires pour les diacres et sous-diacres, peintes en noir et blanc, et deux bonnes grâces, adjugées 3 ₶ 15 ſ.

Deux chasubles en vert, deux étoles, deux bonnes grâces et trois voiles, adjugés 7 ₶ 5 ſ.

Une chasuble noire, deux étoles, deux bonnes grâces, adjugées 2 ₶ 5 ſ.

Une chasuble violette avec étole, bonne grâce et voile, adjugés 3 ₶ 5 ſ.

Une chape blanche et verte garnie de mauvais galons, adjugée 7 ₶ 7 ſ 6 ℥.

Une chape verte et rouge garnie de galons, de « loripeau jaune » adjugés 8 ₶ 2 ſ 6 ℥.

Une mauvaise chape rouge en grandes fleurs, adjugée 5 ₶ 10 ſ.

Trois manipules blanc et rouge, adjugés 2 ₶ 10 ſ.

Deux mauvais devant d'autel, adjugés 1 ₶ 12 ſ 6 ℥.

Un tapis d'autel et des couvertures de statues, adjugés 4 ₶ 3 ſ.

Une chape noire et blanche, adjugée 3 ₶ 5 ſ.

Une chape à fleurs rouges et bleues, adjugée 3 ₶ 12 ſ 6 ℥.

Deux chapes à fleurs rouges et bleues, adjugées 9 ₶ 3 ſ.

Deux chasubles, étole, amict et voiles, adjugés 1 ₶ 10 ſ.

Une chasuble peinte en violet, étole, amict, voiles, adjugés 1 ₶ 15 ſ.

Une chape noire et blanche, une étole, amict et voile, adjugés 3 ₶.

Une chape rouge à fleurs blanches, adjugée 11 ₶.

Une chape à fleurs rouges et fond blanc, étoles, amict et voile, adjugés 16 ₶.

Rideaux de raies bleus, adjugés 3 ₶ 1 ſ.

Le bâton de Sainte-Anne et le bâton de Sainte-Catherine, adjugés 1 ₶ 4 ſ.

Une lampe de faïence, six bouquets d'hiver, adjugés 1 ₶ 7 ſ 6 ♌.

Six bouquets d'hiver et « leurs bocaux », adjugés 16 ſ.

Un falot, un pot de faïence, adjugés 1 ₶.

Un mauvais miroir, adjugé 12 ſ.

Une niche de bois avec son aigrette, une petite boîte de bois adjugés 2 ₶.

LOCATION

DE LA CI-DEVANT ÉGLISE DE SPAY

26 floréal an III. — L'église est adjugée à Jacques Gazon. Il manque beaucoup de pavés et d'autres sont rompus ; les murs sont dégradés et il y a trois grands trous à la voûte. Les vitres sont cassées à l'église et à la sacristie. La sacristie est en partie dépavée et trois grands trous ont été faits par des malfaiteurs qui ont fait effraction.

VENTE DU MOBILIER

DE LA CI-DEVANT ÉGLISE DE SURFOND

11 messidor an II. — Une chasuble violette, étole, voile, manipule, une chasuble verte, une chasuble noire, une chape noire, une autre chape, adjugés à Jacques Lecomte, de Volnay, pour 50 ₶ 15 ſ.

Une chasuble, adjugée à René Boblet, pour 9 ₶.

Une chasuble blanche, adjugée à François Carré, pour 6 ₶ 5 ſ.

Une chasuble rouge, adjugée à Laurent Ledru, pour 10 ₶.

Une chasuble blanche, adjugée au citoyen René Papin, de Volnay, pour 11 ₶.

Une chape, adjugée à Joseph Rocheteau, tailleur d'habits, pour 16 ₶.

Une chape, adjugée à Rouillard, pour 9 # 11 ſ.

Une chasuble noire, une bannière, adjugées à Bouttier, pour 9 # 16 ſ.

Une petite robe rouge, quatre rideaux d'indienne, une chape noire, adjugés à Mathurin Barboule, pour 53 #.

Une robe rouge, adjugée à Joseph Grelet, pour 5 # 10 ſ.

Une couverture d'autel, adjugée à Briant, de Challes, pour 1 # 10 ſ.

Une couverture d'autel, adjugée à Ledru, pour 1 # 5 ſ.

Un devant d'autel d'étamine noire, adjugé à Touchard, pour 14 # 8 ſ.

Une chape noire, adjugée à Jean Deneu, pour 4 #.

Quatre cordons d'aube, adjugés à la femme de Jacques Lecomte, pour 15 ſ.

Un drap mortuaire, adjugé à Ledru, pour 4 # 10 ſ.

Qui sont tous les objets trouvés dans l'église et vendus à la chambre commune.

Signé : Touchard, maire; Lecomte, Crépon officiers; Bouttier, agent national; Ledru, greffier.

LOCATION

DE LA CI-DEVANT ÉGLISE DE TELOCHÉ

21 floréal an III. — Le citoyen François Douet l'aîné, a pris l'église à ferme. Il manque cent parés, sept cents sont fêlés. Il y a trente carreaux de vitres cassés. Il y a encore du mobilier dans l'église. — Deux boites renfermant des reliques, l'une de saint Pierre, l'autre de saint Paul, Dans le clocher il y a dix toises de lambris à refaire, un tirant menace ruine. Pour la couverture de l'église et du clocher il faut quatre mille ardoises.

ÉTAT DE LIEU

DE LA

CI-DEVANT ÉGLISE ET DU CIMETIÈRE DE TORCÉ

3 prairial an III. — L'église et le cimetière sont loués au citoyen Joseph Thiolière, de Torcé, le 26 floréal an III. Le buffet d'orgue est de peu de valeur. Aux autels les tableaux valent peu de chose. Beaucoup de pavés cassés ou brisés et il en manque. L'église est découverte en plusieurs endroits; les murs du cimetière sont démolis.

ÉTAT DE LIEU

DE LA CI-DEVANT ÉGLISE DE TRANGÉ

18 floréal an III. — L'église a été adjugée au citoyen Poilpré le 5 floréal an III. Il y a deux toises d'enduits à refaire; quinze carreaux de vitre sont cassés, à la couverture il faut cinq cents ardoises.

VENTE DU MOBILIER

DE LA CI-DEVANT ÉGLISE DE VOIVRES

2 messidor an II. — Deux vieilles chapes vertes, deux vieilles dalmatiques adjugées à François Tenu, pour 3 ₶.

Une chasuble vieille, adjugée à René Pinault, pour 3 ₶.

Une chasuble rouge, adjugée à Jean Bellanger, pour 1 ₶ 10 ſ.

Une chasuble de velours, une chasuble blanche, une chape de soie verte, deux lais de toile peinte et trois morceaux de tapisserie, adjugés à Louis Hourdet, de Voivres, pour 16 ₶ 5 ſ.

Une bannière, adjugée à la femme Tenu, de Voivres, pour 3 ₶ 5 ſ.

Trois chapes blanches, adjugées au citoyen Clairemont, de Maray, pour 20 ₶.

Deux chapes d'étamine bleue, adjugées à Marin Leroy, d'Étival, pour 1 ₶ 10 ₶.

Une chape blanche, adjugée à Dutertre, de Louplande, pour 15 ₶.

Deux chasubles, adjugées à Jean Bellanger, de Voivres, pour 1 ₶ 7 ₶.

Une chasuble jaune et violette, deux boîtes servant à ramasser les pains à chanter, adjugées à Jean Derouard, de Voivres, pour 2 ₶ 7 ₶ 6 ₰.

Deux chasubles d'étamine noire, adjugées à Charles Alard, pour 3 ₶.

Deux chasubles vertes, adjugées à la veuve Girault, de Voivres, pour 2 ₶ 1 ₶.

Deux chasubles violettes, adjugées à René Touret, d'Étival, pour 1 ₶ 5 ₶.

« Trois cartes servant des saints canons de la messe au grand autel, adjugées au citoyen Clairemont, de Maray, pour 3 ₶. »

Un confessionnal de bois de chêne, « avec la montre des trépassés » et cinq chandeliers de bois, adjugés à Marin Pellié, de Voivres, pour 2 ₶.

Un panier servant à distribuer le pain béni, adjugé à Jean Bazoge, de Voivres, pour 1 ₶.

LOCATION

DE LA CI-DEVANT ÉGLISE D'YVRÉ-SUR-HUISNE

12 floréal an III. — Jean Baptiste Pousset, notaire à Yvré, se rend adjudicataire de l'église par bail de trois, six ou neuf années. On constate nombre de pavés enlevés et brisés par les salpêtriers; vingt-cinq bancs en partie cassés.

Dans la chapelle de Sainte-Anne, la figure de la sainte est rompue, neuf bancs sont brisés et cinq dans la chapelle de Saint-Jacques. Les fonts baptismaux en marbre sont cassés en différents endroits. Il y a dix stalles dont deux brisées.

DISTRICT DE SAINT-CALAIS

VENTE DU MOBILIER

DE LA CI-DEVANT ÉGLISE DE BERFAY

7 floréal an II. — Deux surplis, adjugés à la femme Dolidon, pour 10 # 10 ƒ.

Deux aubes, adjugées à Julien Renvoisé, d'Écorpain, 16 # 15 ƒ.

Deux aubes, adjugées à Julien Landron, pour 18 # 5 ƒ.

Un rochet, une nappe d'autel, adjugés à Pierre Messager, d'Écorpain, pour 28 # 10 ƒ.

Quatre nappes, deux chasubles, quarante-huit lavabos et amicts, adjugés à Poirier, pour 34 # 15 ƒ.

Une jupe, un devant d'autel, des cordons, une chape, un drap mortuaire, une chasuble, quatorze étoles, quatorze manipules, adjugés à Chanteloup, pour 27 # 10 ƒ.

Cinq devants d'autel, trois chasubles, adjugés à la femme Duvallet, pour 38 #.

Deux chapes, adjugées à Cartereau, pour 51 # 10 ƒ.

Quatre chasubles, adjugées à Champion, pour 20 # 15 ƒ.

Trois chasubles, adjugées à la femme Martelière, pour 21 # 10 ƒ.

Quatre chasubles, une chape, deux jupons, trois voiles, adjugés à Abert, pour 39 # 10 ƒ.

Une chape et deux chasubles, adjugées à Champion, pour 4 # 10 ƒ.

Une chape, une tunique, un fond de dais, son tour et une bannière, adjugés à Dolidon, pour 64 # 10 ƒ.

VENTE DU MOBILIER

DE LA CI-DEVANT ÉGLISE DE BESSÉ

5 floréal an II. — Ces différentes ventes sont faites dans l'église de Saint-Calais. Deux chapes noires, adjugées au citoyen Jean-Alexis Royau, marchand à Saint-Mars-de-Locquenay, pour 16 # 10 ƒ.

Deux tuniques, adjugées à Louis Pineau, pour 10 ₶.
Deux chasubles, adjugées à Marin Jumel, pour 10 ₶.
Deux tuniques, adjugées à Leroy, de la Bête, pour 25 ₶ 10 ſ.
Deux tuniques, adjugées à Champoiseau, pour 24 ₶ 10 ſ.
Trois chasubles, adjugées à Louis Henry, à la Croix de Marolles, pour 12 ₶.
Trois chasubles, adjugées à la femme Duvallet, pour 11 ₶ 5 ſ.
Trois chasubles, adjugées à Rossignol-Daguet, pour 8 ₶ 5 ſ.
Dix voiles, adjugés à Louis Hérault, pour 11 ₶ 2 ſ.
Vingt-et-un manipules, adjugés à la femme Rossignol, pour 3 ₶ 15 ſ.
Un lot d'étoles, adjugé à Rossignol fils, pour 9 ₶ 15 ſ.
6 floréal. — Trois devants d'autel, adjugés à Leniau, crieur, pour 4 ₶ 5 ſ.
Cinq devants d'autel, trois chapes, adjugés à la femme Duvallet, pour 9 ₶ 5 ſ.
Trois devants d'autel, adjugés à Girard, menuisier, pour 30 ₶ 10 ſ.
Un drap mortuaire, adjugé à René Megré, pour 1 ₶ 2 ſ.
Vingt-et-une tuniques, adjugées au citoyen Dauphiné, pour 5 ₶ 15 ſ.
Trois devants d'autel, adjugés à René Viau, pour 7 ₶ 15 ſ.
Deux chasubles, adjugées à Hubert de Chavaignac, pour 70 ₶.
Deux chasubles, adjugées à Michel Gautier, chapelier, pour 18 ₶ 10 ſ.
Trois morceaux d'étoffe, trois morceaux de linge, plusieurs morceaux de chape, plusieurs cordons, adjugés à Chardron, pour 19 ₶ 10 ſ.
Trois chapes, adjugées à Royau, pour 14 ₶ 5 ſ.
Dix morceaux de chapes, un devant d'autel, adjugés à Guillaume père, pour 19 ₶.
Quinze lavabos, dix amicts, trois aubes, deux petits surplis, chapes, adjugés à Cartereau, de Bouloire, pour 52 ₶ 6 ſ.
Deux surplis, adjugés à Jacques Jouvet, pour 15 ₶.
Deux surplis, adjugés à la femme Dauphiné et à René Busson, pour 9 ₶ 15 ſ.
Deux grandes aubes, trois surplis, adjugés à Ruppé, de Bouloire, pour 44 ₶.

Plusieurs morceaux de chape, adjugés à Richard, de Mondoubleau, 20 #.

Deux aubes, adjugées à Guillaume, pour 33 # 10 ƒ.

Cinq nappes, adjugées à Chardron, pour 13 # 15 ƒ.

Plusieurs morceaux de tapisserie, adjugés à la femme Voisin, pour 1 #. 1 ƒ.

VENTE DU MOBILIER

DE LA CI-DEVANT ÉGLISE DE COGNERS

11 floréal an II. — Huit amicts, adjugés à Thibault Ploust, pour 5 # 5 ƒ.

Vingt-trois manipules, vingt-trois étoles, deux aubes, adjugés à Crinière, pour 29 # 5 ƒ.

Un rideau, un tour de dais, adjugés à Chanteloup, pour 14 # 5 ƒ.

Trois rideaux, trois aubes, adjugés à la femme Duvallet, pour 17 # 15 ƒ.

Un devant d'autel, quatre morceaux de rideaux, adjugés à la femme Poirier, pour 9 #.

Trois tuniques, une chape, adjugées à la femme de Louis Rossignol, pour 28 # 5 ƒ.

Huit voiles, adjugés à Thomas, pour 3 # 5 ƒ.

Trois chasubles, adjugées à Julienne Miot, pour 5 #.

Quatre dessus d'autel, adjugés à la femme Dauphiné, pour 13 #.

Deux chasubles, adjugées à Jean Ribot, pour 8 #.

Une chape, une chasuble, adjugées à Foucault, geôlier, pour 8 # 10 ƒ.

Une chape, un mauvais devant d'autel, adjugés à Brevet, pour 1 # 10 ƒ.

Deux chasubles, adjugées à Leroy, de la Bête, pour 6 # 5 ƒ.

Plusieurs morceaux de linge, adjugés à Bardet, pour 7 #.

Neuf amicts, adjugés à Louis Mazure, pour 6 #.

Douze purificatoires, quatorze lavabos, douze corporaux, adjugés à Jean Ribot, pour 5 #.

Deux chasubles, adjugées à René Verrier, pour 5 # 15 s.
Deux tuniques, adjugées à Jean Barrault, pour 3 #.
Deux aubes, adjugées à Richard, pour 11 #.
Deux rideaux, adjugés à la femme Dauphiné, pour 8 # 5 s.

VENTE DU MOBILIER

DE LA CI-DEVANT ÉGLISE DE CONFLANS

8 floréal an II. — Plusieurs morceaux de chape, adjugés à Julien Leguéré, pour 32 #.

Deux tuniques, trois chapes, plusieurs manipules et étoles, adjugés à la femme Dauphiné, pour 21 # 1 s.

Trois robes d'enfant de chœur, adjugées à Forest, pour 17 #.

Deux chasubles, un drap mortuaire, adjugés à Richard, pour 19 # 10 s.

Deux tuniques, adjugées à Antoine Rossignol, pour 6 # 10 s.

Une chape, une tunique, adjugées à Alexandre Grandin, pour 7 #.

Une chape, un devant d'autel, adjugés à Martin, pour 3 # 15 s.

Une bannière, adjugée à Louis Huvet-Benoist, pour 7 #.

Une chasuble, une couverture d'autel, adjugées à Joubert, pour 4 #.

Plusieurs étoles, adjugées à Ruhau, pour 8 # 15 s.

Plusieurs morceaux de linge, adjugés à Mazure, pour 2 #.

Douze morceaux de linge, adjugés à Louis Hervet, pour 3 #.

Deux aubes, adjugées à François Joubert, pour 15 # 5 s.

Deux surplis, adjugés à Jean Gracin, pour 11 # 15 s.

Deux surplis, adjugés à la femme Rossignol, pour 23 #.

Une chasuble, un tour de dais, adjugés à Ruhau, pour 3 #.

Quatre chasubles, adjugées à Pierre Boulard, de Villaines, pour 5 #.

VENTE DU MOBILIER

DE LA CI-DEVANT ÉGLISE DE COUDRECIEUX

12 floréal an II. — Une chasuble et plusieurs morceaux de toile peinte, adjugés à Jean Savary, pour 5 ₶ 10 ſ.

Deux chasubles, adjugées à Marie Valliot, demeurant à la Verrerie de Parcé, pour 32 ₶ 10 ſ.

Deux chapes, adjugées à Tuau, pour 12 ₶.

Deux chasubles, adjugées à Pierre Croneau, d'Evaillé, pour 28 ₶.

Deux chapes, adjugées à Champion, pour 5 ₶.

Plusieurs morceaux de devants d'autel, adjugés à Tuau, pour 1 ₶ 10 ſ.

Plusieurs amicts, cordons, manipules et étoles, adjugés à Louis Loiseau, pour 5 ₶.

Trois chasubles, adjugées à Louis Ruppé, de Bouloire, pour 15 ₶.

Trois chasubles, adjugées à Corneau, pour 8 ₶.

Une chape, deux chasubles, deux tuniques, plusieurs bourses, adjugées à Lormeau, pour 40 ₶ 15 ſ.

Deux chasubles, adjugées à François Coudray, de Conflans, pour 4 ₶ 5 ſ.

Six voiles, adjugés à Richard, pour 6 ₶.

VENTE DU MOBILIER

DE LA CI-DEVANT ÉGLISE DE DOLLON

7 floréal an II. — Deux chapes, un devant d'autel, adjugés à Huger, pour 42 ₶.

Trois chapes, un devant d'autel, adjugés à la femme Dauphiné, pour 18 ₶ 10 ſ.

Une chape et deux chasubles, adjugées à Crinière, pour 8 ₶ 5 ſ.

Deux chasubles, une chape, un devant d'autel, adjugés à Chanteloup, pour 7 ₶.

Deux chapes, un drap mortuaire, adjugés à la femme Duvallet, pour 15 ₶.

Une chape, deux chasubles, adjugées à Champion, pour 25 ₶.

Une chasuble, une bannière, un cadre, adjugés à Champoiseau, pour 12 ₶ 10 ſ.

Un tour de dais, un devant d'autel, adjugés à Chanteloup, pour 3 ₶ 10 ſ.

Un voile, adjugé à Poirier, pour 12 ₶.

Trois étoles, onze manipules, adjugés à Crinière, pour 4 ₶.

Plusieurs morceaux de fil et un petit sac, adjugés à la femme Dauphiné, pour 5 ₶.

Plusieurs lavabos et morceaux de linge, adjugés à Jacques Bordelet, pour 2 ₶ 2 ſ.

Plusieurs lavabos, adjugés à la femme Métais, pour 1 ₶ 15 ſ.

Quarante morceaux de lavabos et amicts, adjugés à la femme Boulifard, pour 6 ₶ 5 ſ.

Quinze amicts, adjugés à Jean Boucher, de Montaillé, pour 4 ₶.

Trois morceaux de toile, adjugés à la femme Leroy-Labête, pour 4 ₶ 5 ſ.

Trois chasubles, un devant d'autel, adjugés à Sallé, pour 5 ₶ 5 ſ.

Trois aubes, adjugées à Poirier, pour 38 ₶.

Trois aubes, adjugées, à Crinière, pour 24 ₶.

Quatre devants d'autel, adjugés à Sallé, pour 3 ₶ 10 ſ.

Deux aubes, une nappe, adjugées à Pierre Bellanger, d'Écorpain, pour 28 ₶ 15 ſ.

Deux chapes, adjugées à Dauphiné, pour 31 ₶.

Deux chapes, un devant d'autel, adjugés à Richard, pour 20 ₶.

Un devant d'autel, adjugé à Poirier, pour 1 ₶ 12 ſ.

VENTE DU MOBILIER

DE LA CI-DEVANT ÉGLISE D'ÉCORPAIN

9 floréal an II. — Deux chapes, deux chasubles, adjugées à Champion père, pour 10 ₶ 5 ſ.

Deux rochets, deux aubes, adjugés à la femme Dauphiné, pour 26 ₶.

Deux chapes, six chasubles, adjugées à Champion fils, pour 12 ₶ 10 ƒ.

Trois chasubles, adjugées à la femme Paul, pour 5 ₶ 10 ƒ.

Deux chasubles, adjugées à Frin, pour 2 ₶.

Deux chasubles, adjugées à René Megret, pour 3 ₶ 2 ƒ.

Deux chapes, une chasuble, adjugées à Chibou, pour 3 ₶.

Plusieurs étoles, adjugées à Richard, pour 1 ₶ 10 ƒ.

Deux chapes, une chasuble, adjugées à Chamaillard, pour 8 ₶ 10 ƒ.

Deux chapes, adjugées à Leniau, pour 11 ₶ 5 ƒ.

Deux chapes, adjugées à Dauphiné, pour 8 ₶.

Une chape, une chasuble, adjugées à Jean Dubois, pour 6 ₶.

Quatre chasubles, une chape, adjugées à Laurent Landron, pour 18 ₶ 15 ƒ.

Un devant d'autel, adjugé à la femme Dauphiné, pour 12 ₶ 10 ƒ.

Deux tuniques et une nappe, adjugées à Ruflin, pour 22 ₶ 5 ƒ.

Une chape, un drap mortuaire, adjugés à Savin, pour 19 ₶.

Trois devants d'autel, adjugés à Simon Devaux, pour 12 ₶.

Deux chasubles noires, adjugées à Jean Valin, pour 6 ₶.

Plusieurs morceaux de rideaux, adjugés à André Métais, pour 2 ₶ 10 ƒ.

Cinq morceaux de bannière, une nappe, adjugés à Jean Ribot, pour 17 ₶ 15 ƒ.

Deux devants d'autel, adjugés à la femme Brevet, pour 1 ₶ 10 ƒ.

Plusieurs morceaux de linge, adjugés à la femme Gaudré, pour 1 ₶ 15 ƒ.

Deux tuniques, une chasuble, adjugées à Ribot, pour 6 ₶.

Plusieurs étoles et manipules, adjugés à Chanteloup, pour 11 ₶.

Deux chasubles, deux devants d'autel, adjugés à Ribot, pour 11 ₶ 5 ƒ.

Une chasuble, une nappe, adjugées à Louis Lelix, pour 11 ₶ 10 ƒ.

Un tour de dais et son fond, adjugés à Laurent Aubert, pour 17 ₶

Une nappe noire, adjugée à Ruflin, pour 12 ₶.
Une nappe, adjugée à René Bourelier, pour 12 ₶ 10 ſ.
Une nappe, adjugée à la femme Bigot-Tapage, pour 7 ₶ 5 ſ.
Trois aubes, un surplis, adjugés à Champion, de Vibraye, pour 40 ₶.
Deux aubes, adjugées à Louis Hubert, pour 15 ₶ 10 ſ.
Huit voiles et plusieurs morceaux de dais, adjugés à Chanteloup, pour 4 ₶ 5 ſ.
Plusieurs lavabos, adjugés à Savin, pour 4 ₶.
Plusieurs lavabos, amicts, voiles et cordons, adjugés à Grassin, pour 6 ₶ 15 ſ.
Un devant d'autel, adjugé à Monteau, pour 6 ₶ 10 ſ.

VENTE DU MOBILIER

DE LA CI-DEVANT ÉGLISE D'ÉVAILLÉ

8 floréal an II. — Cinq chasubles, deux cotillons, adjugés à Chanteloup, pour 37 ₶ 10 ſ.
Deux draps mortuaires, adjugés à Larmurier, pour 6 ₶.
Deux rideaux, adjugés à Dapre, pour 53 ₶.
Trois chasubles, adjugées à Chapelin, pour 5 ₶ 15 ſ.
Une chape, une chasuble, adjugées à Basile, pour 9 ₶ 5 ſ.
Trois chapes, adjugées à Augenot, pour 14 ₶.
Deux chapes, adjugées à Gerardie, pour 12 ₶ 5 ſ.
Deux chapes, adjugées à Foucault, pour 12 ₶ 5 ſ.
Trois chapes, adjugées à Antoine Rigault, pour 18 ₶.
Deux chasubles, deux chapes, adjugées à Champion, pour 72 ₶.
Une chape, une chasuble, adjugées à Richard, pour 13 ₶.
Deux chapes, adjugées à la femme Truguet, pour 26 ₶.
Une chasuble, une chape, adjugées à Juan, pour 15 ₶ 10 ſ.
Deux chasubles, adjugées à Lehoux, pour 6 ₶.
Trois chapes, adjugées à Robert, pour 12 ₶.
Plusieurs étoles, adjugées à Richard, pour 3 ₶.
Plusieurs étoles, adjugées à Forest, pour 2 ₶ 5 ſ.

Deux chasubles, deux toniques, adjugées à Champion, pour 26 ₶.

Deux chasubles, un devant d'autel, adjugés à Tafloreau, pour 3 ₶.

Un tour de dais et son fond, adjugés à Leniau, pour 17 ₶.

Une chasuble, un devant d'autel, adjugés à Chapelin, pour 4 ₶.

Deux tuniques, adjugées à Sallé, pour 12 ₶ 5 ſ.

Deux tapis, adjugés à la femme Guidot, pour 4 ₶ 5 ſ.

Six morceaux de devants d'autel, adjugés à Richard, pour 2 ₶ 5 ſ.

Trois devants d'autel, adjugés à René Voisin, pour 13 ₶ 5 ſ.

Trois morceaux de devants d'autel, adjugés à Jean Mazure, pour 4 ₶ 15 ſ.

Plusieurs morceaux de linge, trois bannières, adjugés à Chanteloup, pour 20 ₶ 5 ſ.

Plusieurs morceaux de devants d'autel, adjugés à Sorin, pour 18 ₶.

Une custode, adjugée à Martin, pour 10 ₶.

Un tour de dais et son fond, adjugés à Dubois, pour 3 ₶ 15 ſ.

Plusieurs étoles, adjugées à Chanteloup, pour 8 ₶.

Vingt voiles, adjugés à Pineau, de Montaillé, pour 9 ₶.

Plusieurs bourses, un oreiller, adjugés à Chanteloup, pour 4 ₶ 5 ſ.

Un devant d'autel, une chasuble, adjugés à Champion, pour 9 ₶.

Deux aubes, adjugées à la fille Rossignol, pour 16 ₶ 5 ſ.

Trois aubes, adjugées à Paul, pour 34 ₶ 15 ſ.

Deux aubes, adjugées à Bourdin, pour 20 ₶.

Deux aubes, adjugées à René Gratin, pour 28 ₶ 15 ſ.

Deux aubes, adjugées à Bordilet, de Verniette, pour 18 ₶.

Deux aubes, adjugées à la fille Marthe Sorin, pour 14 ₶ 10 ſ.

Deux aubes, adjugées à la femme Gallienne, pour 18 ₶.

Trois nappes d'autel, adjugées à Jacques Beaslu, de Saint-Calais, pour 10 ₶ 10 ſ.

Trois nappes d'autel, adjugées à Martin, pour 11 ₶.

Plusieurs amicts et lavabos, adjugés à Pinçon, pour 4 ₶ 5 ſ.

Plusieurs amicts et cordons, adjugés à Pavy, pour 9 ₶ 15 ſ.

Sept nappes, adjugées à Champion, pour 16 ₶.

Sept nappes, adjugées à Pierre Richard, pour 9 # 10 s.

Trois purificatoires, un voile, un manipule, deux rochets, adjugés à la femme Dauphiné, pour 7 #.

Un devant d'autel, adjugé à la même, pour 16 #.

Deux chasubles, adjugées à Pinçon, pour 3 # 10 s.

VENTE DU MOBILIER

DE LA CI-DEVANT ÉGLISE DE SAINT-GERVAIS-DE-VIC

9 floréal an II. — Deux chasubles, adjugées à Ribot, pour 15 #.

Deux chasubles, adjugées à Abert, pour 5 # 5 s.

Une chasuble, une châsse, un drap, adjugés à Desruisseau, pour 34 #.

Deux tuniques, adjugées à la femme Paul, pour 5 # 10 s.

Deux chasubles, adjugées à Abert, pour 9 #.

Deux chasubles, adjugées à Crinière, pour 17 #.

Trois robes d'enfant de chœur, adjugées à Jean Ribot, pour 12 # 5 s.

Deux chasubles, adjugées à Laurent Landron, pour 7 # 10 s.

Trois robes d'enfant, adjugées à la femme Dauphiné, pour 8 #.

Deux chasubles, adjugées à Joseph Guinebault, pour 5 # 5 s.

Deux chasubles, adjugées à Robert, cordonnier, pour 7 #.

Deux chapes, adjugées à Bigot-Huet, pour 10 #.

Plusieurs étoles et manipules, adjugés à Chanteloup, pour 5 # 10 s.

Deux devants d'autel, adjugés à Martin, pour 18 #.

Deux devants d'autel, adjugés à Chanteloup, pour 5 #.

Deux devants d'autel, adjugés à François Liguré, pour 13 # 5 s.

Une chasuble, un devant d'autel, adjugés à la femme Pavie, pour 5 #.

Un devant d'autel, adjugé à Laurent Aubert, pour 15 # 10 s.

Un dais, adjugé à René Martelière, pour 19 #.

Un drap mortuaire, une chasuble, adjugés à Tafforeau, de Conflans, pour 11 # 10 s.

Une chape, une chasuble, adjugées à Jean Ribot, pour 12 #.

Une chape, une chasuble, un devant d'autel, adjugés à la femme Chardron, pour 14 ₶.

Un devant d'autel, un jupon, adjugés à la femme Duvallet, pour 5 ₶.

Deux aubes, adjugées à Champion, de Vibraye, pour 25 ₶.

Trois nappes et lavabos, adjugés à Pierre Ruflin, pour 9 ₶.

Deux nappes, adjugées à Pierre Ribot, pour 6 ₶.

Deux nappes, adjugées à Samfaçon, pour 4 ₶.

Deux aubes, adjugées à Hely, pour 25 ₶.

Un devant d'autel, adjugé à Leniau, pour 6 ₶ 5 ſ.

Une aube, un rochet, deux devants d'autel, adjugés à Louis Bois, pour 21 ₶.

Cinq aubes, un surplis, adjugés à Crinière, pour 40 ₶ 10 ſ.

Un rochet, six voiles, plusieurs linges, adjugés à Grignon, pour 17 ₶ 5 ſ.

Un surplis, adjugé à François Germain, pour 5 ₶ 5 ſ.

Un surplis, adjugé à Martin Leurché, pour 5 ₶.

Un rochet, adjugé à Fauvel, pour 1 ₶ 10 ſ.

Une aube, adjugée à Fouret, pour 6 ₶ 10 ſ.

Deux chapes et un morceau de devant d'autel, adjugés à Chanteloup, pour 8 ₶ 1 ſ.

Deux chapes et deux dais, adjugés à la femme Dauphiné, pour 75 ₶ 10 ſ.

VENTE DU MOBILIER

DE LA CI-DEVANT ÉGLISE DE LA CHAPELLE-GAUGAIN

12 floréal an II. — Un drap mortuaire, trois chasubles, deux devants d'autel, adjugés à la femme Duvallet, pour 52 ₶ 5 ſ.

Une chape, un tour de dais, adjugés à Michel Gautier, de Saint-Calais, pour 43 ₶.

Une chape, un devant d'autel, trois chasubles, adjugés à Champion, pour 32 ₶.

Une chape et deux chasubles, adjugées à Gerberon, de Saint-Osmane, pour 30 ₶.

Deux chapes, adjugées à Delante, pour 42 ₶.

Un rideau, un devant d'autel, adjugés à François Sorin, pour 7 ₶ 10 s.

Une chasuble, un drap mortuaire, adjugés à Jean Barrault, pour 5 ₶ 10 s.

Deux tuniques, deux chasubles, adjugées à Lormeau, pour 10 ₶.

Deux chasubles, adjugées à Louis Plais, de Tresson, pour 3 ₶.

Quatre voiles, adjugés à Pinguet, de Saint-Calais, pour 1 ₶ 10 s.

Plusieurs étoles, adjugées à Louis Peregouin, pour 5 ₶.

VENTE DU MOBILIER

DE LA CI-DEVANT ÉGLISE DE LAVARÉ

7 floréal an II. — Six nappes d'autel, adjugées à la femme Julien Legueret, pour 22 ₶ 10 s.

Deux chapes noires, adjugées à Crinière, pour 15 ₶ 15 s.

Quatre chapes, adjugées à Cartereau, pour 107 ₶ 5 s.

Sept nappes d'autel, adjugées à Victoire Patin, pour 17 ₶ 5 s.

Sept voiles, adjugés à Richard, pour 18 ₶.

Trois chapes, deux chasubles, adjugées à Chanteloup, pour 21 ₶.

Quatre chapes, deux chasubles, un drap mortuaire, adjugés à Champion père et fils, pour 14 ₶.

Trois chasubles, adjugées à Cartereau, pour 21 ₶ 10 s.

Un morceau de linge, adjugé à Laferté, pour 10 ₶.

Plusieurs morceaux de linge, adjugés à la femme Dauphiné, pour 5 ₶ 10 s.

Six voiles, adjugés à Louis Mazure, pour 1 ₶ 16 s.

Quinze devants d'autel, une toile, adjugés à la femme Sallé, pour 6 ₶ 5 s.

Un rideau d'autel, un devant d'autel, adjugés à la femme Martellière, pour 9 ₶.

Un paquet d'étoles, adjugé à Chanteloup, pour 6 ₶ 5 s.

Deux chasubles, adjugées à la femme Lerel, pour 9 ₶ 10 s.

Deux chasubles, adjugées à Champion, pour 2 ₶.

Une bannière, un tour de dais, adjugés à Dubois, pour 10 tt 5 s.

Trois chasubles, adjugées à Crinière, pour 6 tt.

Deux petites chasubles, adjugées à la femme Sallé, pour 1 tt.

VENTE DU MOBILIER

DE LA CI-DEVANT ÉGLISE DE LAVENAY

12 floréal an II. — Un tour de dais et son fond, adjugés à Richard, pour 36 tt.

Seize étoles, seize manipules, deux tuniques, quatre voiles, plusieurs morceaux d'indienne, adjugés à la femme Duvallet, pour 12 tt.

Huit amicts et une nappe d'autel, adjugés à Louis Valliot, pour 8 tt.

Petits linges, adjugés à Mercier, pour 3 tt 5 s.

Une chape noire, adjugée à la femme Duvallet, pour 19 tt.

Une chape, une bannière, quatre tuniques, deux chasubles, adjugées à Lormeau, pour 45 tt.

Deux chapes, adjugées à Martin, pour 40 tt.

Quatre rideaux, adjugés à Mercier, pour 7 tt.

Deux chasubles, adjugées à Champion, pour 10 tt 5 s.

Un devant d'autel, une chasuble, adjugés à René Pinçon, de Montaillé, pour 12 tt.

Un dessus d'autel, adjugé à François Sorin, pour 3 tt 5 s.

Trois chasubles, plusieurs bourses et dix corporaux, adjugés à Louis Ruppé, pour 13 tt 5 s.

Une chape, une chasuble, adjugées à Javary, pour 34 tt.

Deux chasubles, adjugées à Jean Champion, pour 5 tt 5 s.

Trois chasubles, une tunique, adjugées à François Augé, de Saint-Calais, pour 17 tt.

Deux tuniques, adjugées à Louis Ruppé, pour 6 tt 5 s.

VENTE DU MOBILIER

DE LA CI-DEVANT ÉGLISE DE LOCQUENAY (1)

11 floréal an II. — Une toile peinte, un drap mortuaire, deux chasubles, adjugés à Hubert Rondeau, de Conflans, pour 65 # 10 f.

Une chape, deux étoles, seize manipules, adjugés à Chanteloup, pour 24 # 9 f.

Deux chapes, adjugées à Richard, pour 11 #.

Deux rideaux, adjugés à la femme Dauphiné, pour 28 #.

Quatre rideaux, adjugés à la femme Duvallet, pour 19 #.

Deux tuniques, adjugées à Ploutin-Ploux, pour 15 #.

Cinq chasubles, une bannière, adjugées à Jean Ribot, pour 13 # 5 f.

Deux chasubles, adjugées à Louis Bodineau, pour 3 # 5 f.

Trois chasubles, adjugées à Chardron, pour 13 # 5 f.

Deux chasubles, adjugées à Bigot-Tapage, pour 40 # 10 f.

Quatre nappes, une chemise, deux rochets, deux aubes, adjugés à Richard, pour 99 # 10 f.

Trois aubes, adjugées à Crinière, pour 42 #.

Un dais, adjugé à Hubert Rondeau, pour 22 # 5 f.

Deux aubes, adjugées à la femme Antoine Rossignol, pour 16 # 15 f.

Deux chasubles, deux devants d'autel, adjugés à Tafforeau, de Conflans, pour 12 # 10 f.

Quatre rideaux, adjugés à Ploutin-Ploux, pour 13 # 5 f.

Quatre rideaux, adjugés à la femme Duvallet, pour 16 # 5 f.

Une tunique, une toile peinte, un devant d'autel, adjugés à Chardron, pour 14 #.

Plusieurs morceaux de linge, adjugés à François Ruffin, pour 3 # 10 f.

(1) Lisez : Saint-Mars-de-Locquenay.

VENTE DU MOBILIER

DE LA CI-DEVANT ÉGLISE DES LOGES

8 floréal an II. — Quatre chasubles, adjugées à Chanteloup, pour 6 #.

Deux chasubles, adjugées à Leniau, pour 6 # 7 ſ 6 д.

Six nappes, un devant d'autel, deux chasubles, adjugés à Champion fils, pour 114 # 10 ſ.

Une bannière, une chasuble, un surplis, adjugés à Richard, pour 17 # 5 ſ.

Trois chasubles, adjugées à la femme Dauphiné, pour 20 # 10 ſ.

Plusieurs étoles et morceaux de linge, adjugés à Chanteloup, pour 12 #.

Un drap mortuaire, adjugé à Grassin, pour 6 #.

Deux devants d'autel, adjugés à Pavé, pour 7 # 6 ſ.

Plusieurs morceaux de linge, adjugés à Pierre Leniau, pour 2 # 10 ſ.

Une nappe, adjugée à Jacques Gaudret, pour 3 # 15 ſ.

Plusieurs voiles, adjugés à Leniau. pour 8 #.

Quatre nappes, adjugées à Nicolas Ménager, pour 5 #.

Deux aubes, un devant d'autel, adjugés à Michel Lecoq, pour 10 # 10 ſ.

Trois rochets, adjugés à Monteau, pour 16 # 10 ſ.

Deux rideaux, un tour de dais et son fond, adjugés à François Sonis, pour 41 #.

Plusieurs voiles et amicts, adjugés à Pierre Boulard, de Valennes, pour 2 # 1 ſ.

Plusieurs voiles et amicts, adjugés à Jean Robin, pour 1 # 18 ſ.

Plusieurs amicts, adjugés à la femme Nicolas Augé, pour 6 # 15 ſ.

Deux chapes, adjugées à Paty-Common, pour 37 # 10 ſ.

Trois robes d'enfant, adjugées à Jean Barrault, pour 16 ҥ 15 ſ.
Une chape, adjugée à Champion père, pour 5 ҥ 5 ſ.
Deux chapes, adjugées à Pinçon, pour 30 ҥ 5 ſ.
Deux chasubles, adjugées à Common, pour 14 ҥ 10 ſ.
Trois chapes, adjugées à Mercier, pour 8 ҥ.
Deux chapes, une chasuble, adjugées à la femme Rossignol-Daguet, pour 24 ҥ.
Deux chasubles, adjugées à la femme David, pour 5 ҥ.
Deux chasubles, adjugées à Ploust, pour 9 ҥ.
Un drap mortuaire, une chasuble, adjugés à Michel Lecoq, pour 18 ҥ 5 ſ.
Une chape, une chasuble, adjugées à Laurent Mercier, pour 14 ҥ 10 ſ.
Deux aubes, adjugées à Goupil, pour 18 ҥ.
Quatre aubes, adjugées à Simon Guillaume, d'Écorpain, pour 46 ҥ 5 ſ.
Un rochet, deux aubes, adjugés à la femme Rossignol, pour 19 ҥ.
Trois aubes, adjugées à Grassin, pour 19 ҥ 5 ſ.
Plusieurs étoles et un manipule, adjugés à Richard, pour 17 ҥ.
Une aube, un surplis, une nappe, adjugés à la femme Glauné, pour 11 ҥ 5 ſ.
Cinq nappes, adjugées à la femme Hurion-Devaux, pour 9 ҥ 10 ſ.
Une nappe, adjugée à Rousselet, jardinier, pour 10 ҥ.
Cinq devants d'autel, une chape, adjugés à Champion père, pour 23 ҥ 5 ſ.
Deux chapes, adjugées à la fille Notin, pour 18 ҥ 10 ſ.
Trois chasubles, adjugées à Pinçon, pour 9 ҥ.
Six chapes, adjugées à Victoire Patin, pour 12 ҥ.
Quatre nappes, adjugées à Augustin Loiseau, pour 4 ҥ 10 ſ.
Plusieurs morceaux d'indienne, adjugés à Leniau, pour 20 ҥ 15 ſ.
Trois devants d'autel, adjugés à Sallé, pour 14 ҥ.
Une chape, un devant d'autel, adjugés à la femme Jacques Renou, pour 9 ҥ 10 ſ.
Un dais, adjugé à Martin, pour 17 ҥ.
Plusieurs guenilles, adjugées à Leniau, pour 3 ҥ.

Deux couvre-autel, des voiles, adjugés à Bardet, pour 13 " 10 f.

Trois soutanes, adjugées à Michel, pour 13 " 10 f.

VENTE DU MOBILIER

DE LA CI-DEVANT ÉGLISE DE MAISONCELLES

5 floréal an II. — Soixante corporaux et lavabos, adjugés Jacques Vallée, pour 10 " 17 f.

Deux nappes d'autel, adjugées à Jean Ribot, pour 10 ".

Deux soutanes, adjugées à la femme Dauphiné, pour 5 ".

Deux rideaux, adjugés à la femme Duvallet, pour 5 " 10 f.

Un lot de linge, adjugé à Lubineau père, pour 12 ".

Un lot de linge, adjugé à Antoine Métais, de Sargé, pour 6 " 2 f.

Un lot de linge, adjugé à François Rabot, pour 20 ".

Trois devants d'autel, adjugés à Foucault, geôlier, pour 17 " 5 f.

Deux chapes, adjugées à Crinière, pour 25 " 5 f.

Quatre chapes, adjugées à Rossignol, pour 24 ".

Quatre surplis, adjugés à René Meunier, pour 30 " 5 f.

Deux chasubles, adjugées à la femme Duvallet, pour 20 " 10 f.

Plusieurs voiles, adjugés à la femme Bourgouin, pour 5 " 12 f.

Plusieurs étoles, deux chasubles, adjugées à la femme Duvallet, pour 40 " 5 f.

Quatre surplis, adjugés à Jacques Vallée, pour 17 " 5 f.

Quatre surplis, adjugés à Marin Brulé, de Rahay, pour 8 " 10 f.

Deux tuniques, adjugées à René Sorin, pour 8 ".

Trois tuniques, deux chasubles, adjugées à Rossignol-Daguet, pour 13 " 10 f.

Trois chasubles, adjugées à Paly Cornemont, pour 16 " 10 f.

Deux chasubles, adjugées à Vervin, pour 10 " 5 f.

VENTE DU MOBILIER

DE LA CI-DEVANT ÉGLISE DE MAROLLES

11 floréal an II. — Une aube, deux surplis, trois chasubles, une chape, adjugés à la femme Dauphiné, pour 41 # 10 ʃ.

Quatre aubes, adjugées à Richard, de Mondoubleau, pour 30 #.

Une chasuble, un devant d'autel, adjugés à la femme Antoine Rossignol, pour 5 # 5 ʃ.

Deux rideaux, une bannière, adjugés à la femme Duvallet, pour 20 #.

Une chasuble, trois voiles, un morceau de linge, adjugés à Louis Huvet, pour 4 # 6 ʃ.

Un drap mortuaire, adjugé à Louis Huger, pour 16 # 10 ʃ.

Une chape, adjugée à Pierre Houlan, pour 5 #.

Un devant d'autel, adjugé à Foucault, sellier, pour 3 # 5 ʃ.

Plusieurs morceaux de linge, adjugés à Gaudret, pour 2 # 11 ʃ.

Quatre voiles, adjugés à Dolidon, pour 5 #.

Un morceau de linge, une chape, une chasuble, adjugés à la femme Haudouin, pour 4 # 15 ʃ.

Plusieurs étoles et bourses, adjugées à la femme Poirier, pour 9 # 15 ʃ.

Vingt-six voiles, adjugés à Bardel, pour 9 #.

Plusieurs voiles, lavabos et cordons, adjugés à Crinière, pour 3 #.

Une chape, une chasuble, adjugées à Jean Ribot, pour 18 # 15 ʃ.

VENTE DU MOBILIER

DE LA CI-DEVANT ÉGLISE DE MONTAILLÉ

9 floréal an II. — Trois devants d'autel, adjugés à Sallé, pour 4 # 10 s.

Deux draps mortuaires, adjugés à Louis Foucault, pour 4 # 15 s.

Un devant d'autel et un côté, adjugés à la femme Duvallet, pour 7 # 15 s.

Cinq devants d'autel, adjugés à Crinière, pour 11 # 15 s.

Deux devants d'autel, une chasuble, adjugés à la femme Dauphiné, pour 5 #.

Un devant d'autel, adjugé à la femme Dupré, pour 13 # 15 s.

Deux tabliers, adjugés à la femme Dagues, pour 13 # 15 s.

Plusieurs étoles et manipules, adjugés à Chanteloup, pour 4 # 10 s.

Deux chapes, deux tuniques, adjugées à Martin, pour 9 #.

Deux tuniques, adjugées à la femme Linger-Sorin, pour 13 #.

Une chape, une chasuble, adjugées à Lorette-Gautier, pour 6 #.

Trois robes d'enfant, adjugées à la femme Duvallet, pour 11 # 10 s.

Une chape, adjugée à Crinière, pour 11 # 10 s.

Une chape, adjugée à Gaudré, pour 2 # 1 s.

Deux rideaux, adjugés à Panneau, pour 5 # 10 s.

Deux devants d'autel, un cotillon, adjugés à la femme Poirier, pour 9 # 15 s.

Trois chapes, adjugées à la femme René Cartereau, pour 81 #.

Deux chapes, une chasuble, adjugées à la femme Dauphiné, pour 60 # 5 s.

Une chasuble, adjugée à Bigot, pour 5 # 10 s.

Deux chasubles, adjugées à Ribot, pour 8 # 15 s.

Deux chapes, adjugées à Chanteloup, pour 28 #.

Deux chasubles, adjugées à Champion, pour 5 # 15 s.

Deux chasubles, adjugées à Champion fils, pour 6 ₶ 10 ƒ.

Deux aubes, plusieurs voiles, une chape, un morceau de toile, adjugés à Martin, pour 43 ₶.

Deux nappes, adjugées à Crinière, pour 12 ₶ 5 ƒ.

Plusieurs lavabos, adjugés à Louis Terreaux, pour 4 ₶.

Deux nappes, adjugées à Charles Tafloreau, de Conflans, pour 20 ₶.

Un rochet, adjugé à la femme René Lereteau, pour 4 ₶ 5 ƒ.

Une aube, adjugée à Martin, pour 12 ₶.

Un morceau d'indienne, adjugé à René Verrier, pour 3 ₶.

Quatre chapes, adjugées à Laurent Aubert, pour 41 ₶ 10 ƒ.

VENTE DU MOBILIER

DE LA CI-DEVANT ÉGLISE DE MONTREUIL-LA-SAISON (1)

5 floréal an II. — Deux surplis, adjugés à Louis Hertereau, de Saint-Georges, pour 7 ₶ 5 ƒ.

Quatre corporaux, adjugés à Nigaut, serrurier, pour 6 ₶.

Dix-huit bourses, adjugées à la femme Simon Diami, pour 2 ₶ 1 ƒ.

Deux surplis adjugés à Boiron, de Cogners, pour 12 ₶ 10 ƒ.

Deux surplis, adjugés Bodineau, pour 5 ₶.

Deux surplis, adjugés à Nicolas Belami, pour 24 ₶ 10 ƒ.

Quatre nappes, adjugées à Jean Pineau, pour 4 ₶.

Quatre nappes, adjugées à Jacques Panneau, pour 8 ₶ 10 ƒ.

Deux nappes, adjugées à Louis Voisin, d'Évaillé, pour 15 ₶ 10 ƒ.

Un dais, adjugé à Huger, pour 6 ₶ 10 ƒ.

Six voiles, un calice, adjugés à la femme Fauchet, pour 1 ₶ 10 ƒ.

Huit voiles, adjugés à Crinière, pour 13 ₶ 12 ƒ.

(1) Lisez : Montreuil-le-Henri.

Deux rideaux, un drap mortuaire, deux tabliers, deux cotillons (sic), adjugés à la femme Duval, pour 19 # 2 f.

Trois rideaux, adjugés à Pierre Lépiné, pour 24 #.

Un drap noir, adjugé à Louis Ruflin, pour 8 # 7 f.

Un drap mortuaire, adjugé à la femme Rouillard, pour 33 # 10 f.

Onze côtés d'autel, adjugés à Nigaut, serrurier, pour 6 # 15 f.

Six morceaux de devant d'autel, adjugés à Goullet, pour 6 # 1 f.

Deux devants d'autel, adjugés à Champoiseau, pour 7 # 1 f.

Deux devants d'autel, adjugés à la femme Duval, pour 3 # 5 f.

Six devants d'autel, adjugés à Louis Lhommeau, du Grand-Lucé, pour 11 #.

Cinq devants d'autel, adjugés à Jean Chevallier, de Cogners, pour 11 # 10 f.

Vingt et une étoles, adjugées à Ruflin, pour 8 # 12 f.

Vingt-une étoles, cinq chasubles, adjugées à Lormeau, pour 56 # 5 f.

Deux dalmatiques, adjugées à Nigaut, pour 20 # 10 f.

Deux chasubles, adjugées au citoyen Dauphiné, pour 16 #.

Quatre chasubles, adjugées à Pierre Chopin, de Thorigné, pour 10 #.

Deux chasubles, adjugées à Goulet, pour 5 #.

Quatre chasubles, adjugées à René Meunier, de Semur, pour 19 # 5 f.

Deux chasubles, adjugées à Beucher, pour 3 # 5 f.

Deux chasubles, adjugées à Crinière, pour 9 # 5 f.

Une chape, adjugée à Valin, pour 27 # 5 f.

Trois rideaux noirs, adjugés à la fille Rossignol, pour 12 #.

Deux chasubles, adjugées à Michel Chenier, pour 27 #.

Deux chasubles, adjugées à Lormeau, pour 14 #.

Trois amicts et plusieurs cordons, adjugés à Lemau, pour 5 # 5 f.

Deux devants d'autel, adjugés à Charbonnier, pour 6 #.

Une doublure de devant d'autel, adjugée à Ruflin, pour 1 # 12 f.

VENTE DU MOBILIER

DE LA CI-DEVANT ÉGLISE DE PONCÉ

9 floréal an II. — Quatre chasubles, huit voiles, adjugés Richard, pour 17 ₶.

Plusieurs étoles et manipules, voiles, amicts, une aube cordons, adjugés à Ribot, pour 27 ₶ 10 ſ.

Plusieurs morceaux de linge, adjugés à Gaudré, pour 10 ſ.

Plusieurs morceaux de linge, adjugés à Champion père, pour 3 ₶ 5 ſ.

Un tour de dais et son fond, adjugés à Aubert, pour 9 ₶.

Deux chasubles, adjugées à Pierre Bordelet, pour 15 ſ.

Une chape et deux chasubles, trois devants d'autel, adjugés la femme Paumeau, pour 20 ₶.

Sept devants d'autel, une bannière, adjugés à Chantelou pour 18 ₶ 10 ſ.

Un devant d'autel, adjugé à Jean Lamarre, pour 3 ₶ 12 ſ.

Une chape et un devant d'autel, adjugés à la femme Dauphin pour 2 ₶.

Quatre devants d'autel, adjugés à Abert, pour 9 ₶ 15 ſ.

VENTE DU MOBILIER

DE LA CI-DEVANT ÉGLISE DE RAHAY

9 floréal an II. — Deux chapes, deux dais, adjugés à Crinier pour 26 ₶ 15 ſ.

Deux dais, adjugés à Neveu, pour 16 ₶ 5 ſ.

Un drap mortuaire, adjugé à Pinçon, pour 11 ₶.

Une robe, adjugée à Martin, pour 2 ₶ 5 ſ.

Trois robes, adjugées à Jean Barrault, pour 4 ₶ 5 ſ.

Quatre rideaux, plusieurs morceaux de chape, adjugés à la femme Duvallet, pour 25 #.

Un morceau de toile peinte, quatre chapes, deux chasubles, un devant d'autel, adjugés à Chanteloup, pour 42 # 15 f.

Une chape et deux tuniques, adjugées à André Guignier, pour 10 # 5 f.

Deux chasubles et une nappe, adjugées à François Laguéré, pour 58 #.

Deux nappes, adjugées à Crinière, pour 80 # 10 f.

Une chape et deux chasubles, adjugées à Lobineau fils, pour 6 # 10 f.

Une chape et un morceau de linge, adjugés à Chanteloup, pour 9 # 15 f.

Trois cotillons, adjugés à la femme Houdouin, pour 7 #.

Deux chasubles, adjugées à Crinière, pour 4 # 5 f.

Plusieurs voiles et manipules, adjugés à Cartereau, pour 23 # 10 f.

Plusieurs étoles et une chasuble, adjugées à Richard, pour 6 #.

Deux étoles, adjugées à Pinçon, pour 9 # 10 f.

Plusieurs portefeuilles et manipules, adjugés à Chanteloup, pour 10 #.

Trois étoles, adjugées à Sorin, pour 2 # 5 f.

VENTE DU MOBILIER

DE LA CI-DEVANT ÉGLISE DE SAINT-CALAIS

12 floréal an II. — Deux chasubles, adjugées à Champoiseau, pour 120 #.

Trois chasubles, adjugées à Richard, pour 130 #.

Trois chasubles, adjugées à Plais, de Tresson, pour 82 # 10 f.

Une chape, adjugée à Jacques Vallet, pour 15 # 15 f.

Une chape, adjugée à Lormeau, pour 12 #.

Une chape, adjugée à Jacques Lory, pour 12 # 10 f.

Deux tuniques, adjugées à Antoine Riande, de Conflans, pour 20 #.

Deux tuniques, adjugées à Chenier, pour 23 ₶.
Deux tuniques, adjugées à Champion, pour 39 ₶.
Deux tuniques, adjugées à Louis Ruppé, pour 15 ₶.
Cinq tuniques, adjugées à Mercier, pour 14 ₶.
Deux chasubles, adjugées à Javary, pour 11 ₶ 5 s.
Deux chasubles, adjugées à Rochelle, des Loges, pour 23 ₶.
Une chasuble, deux tuniques, adjugées à Champion, de La Ferté, pour 38 ₶ 10 s.
Un fond de dais, adjugé à Bodineau, de Saint-Gervais, pour 13 ₶ 12 s.
Deux chasubles, adjugées à Richard, pour 50 ₶.
Deux cadres et un *porte-bondieu* (sic), adjugés à la femme Michel Robair, pour 19 ₶.
Plusieurs étoles et manipules, deux chapes, adjugés à Chanteloup, pour 48 ₶.
Une bannière, plusieurs étoles et manipules, adjugés à Delantes, pour 15 ₶ 10 s.
Plusieurs voiles, étoles, manipules et deux devants d'autel, adjugés à Chanteloup, pour 14 ₶.
Plusieurs voiles, adjugés à la femme Barteluré, pour 21 ₶.
Deux chasubles, un devant d'autel, un dessus d'autel, adjugés à Chanteloup, pour 42 ₶ 14 s.
Un devant d'autel, adjugé à Louis Fouant, pour 17 ₶ 5 s.
Un devant d'autel, adjugé à Louis Huvet, de Saint-Calais, pour 5 ₶ 5 s.
Un devant d'autel, adjugé à Jean Ribot, pour 10 ₶ 5 s.
Un devant d'autel, adjugé à François Mercier, pour 6 ₶ 10 s.
Un cadre et sa carrie, adjugés à la femme Dauphiné, pour 4 ₶ 5 s.
Deux cadres, adjugés à Antoine Rossignol, pour 1 ₶ 2 s.
Un *porte-bondieu* (sic), adjugé à Giguon, pour 3 ₶ 15 s.
Plusieurs morceaux de linge, adjugés à Louis Foucault, pour 5 ₶.
Un morceau de dais, adjugé à Louis-René Martelière, pour 20 ₶ 5 s.
Un brancard, adjugé à Antoine Rossignol, pour 1 ₶.
Deux portes-dais, adjugés à Poirier, pour 10 ₶ 12 s.
Plusieurs morceaux de dais, adjugés à Chanteloup, pour 1 ₶ 10 s.

Une boîte remplie de bouquets, adjugée à la femme R pour 3 # 10 ƒ.

Deux robes d'enfant, adjugées à Jean Barrault, pour 11 »

Deux robes, adjugées à Jean Barrault, pour 11 # 10 ƒ.

Plusieurs cordons et une boîte, adjugés à Huger pour 1 # 10 ƒ.

Plusieurs cordons, plusieurs linges, un grand cadre, adj à la femme Dauphiné, pour 27 # 5 ƒ.

Plusieurs lots de linge, deux devants d'autel, adjugés à teloup, pour 36 #.

Plusieurs nappes, adjugées à la Ploust, pour 17 #.

Plusieurs cadres, adjugés à Michel Leguéré, pour 5 #.

Deux nappes, quatre cadres, adjugés à la femme Du pour 4 # 16 ƒ.

Plusieurs corporaux, adjugés à Bodineau, de Saint pour 13 # 15 ƒ.

Plusieurs petits linges, adjugés à la femme Bourelière, 11 # 5 ƒ.

Plusieurs autres linges, adjugés à Roquin, pour 5 #.

Un autre lot semblable, adjugé à Lory, pour 8 #.

Un autre lot, adjugé à la femme Dauphiné, pour 6 # 5 ƒ.

Un autre lot, adjugé à François Neveu, pour 7 #.

Un autre lot, adjugé à Pierre Chartier, pour 12 # 10 ƒ.

Seize morceaux de linge, adjugés à Louis Huvet, pour 3

Plusieurs guenilles, un panier, adjugés à Javary, pour 10 ƒ.

Quinze morceaux de linge, un devant d'autel, adjugés à teloup, pour 6 #.

Un devant d'autel, adjugé à Deniau, pour 20 # 5 ƒ.

Un devant d'autel, adjugé à Laurent Aubert, pour 13 #.

Deux cadres, adjugés à la femme Poirier, pour 1 # 15 ƒ.

Quatre cadres, plusieurs guenilles, deux dessus d'autel, aube, adjugés à la femme Dauphiné, pour 56 # 10 ƒ.

Deux cadres, un tabernacle, adjugés à Connerie fils, 6 # 13 ƒ.

Un cadre, adjugé à la fille Gachel, pour 15 ƒ.

Une glace, adjugée à Antoine Rossignol, pour 26 #.

Un cadre, adjugé à la femme Duvallet, pour 5 ƒ.

gal an II. — Quatre morceaux de toile peinte, un devant
l, adjugés à la femme Duvallet, pour 10 #.
ieurs morceaux de linge, deux devants d'autel, trois cha-
, une chape, trois reliques, un dais, un autre lot de mor-
de linge, adjugés à Chanteloup, pour 49 # 15 f.
s devants d'autel, adjugés à François Lehoux, pour 2 #.
aube, plusieurs guenilles, adjugées à Leniau, pour 26 #

boites, adjugées à Crinière, pour 20 # 10 f.
re morceaux de linge, adjugés à Richard, pour 4 #.
eurs lavabos, adjugés à Noury-Miot, pour 2 # 2 f.
boîte remplie de lavabos et de purificatoires, adjugée à
azière, pour 5 # 5 f.
evant d'autel, deux tuniques, quatre voiles et des cordons,
à Delante, pour 20 # 15 f.
chasubles, adjugées à Richard, pour 6 #.
chasubles, adjugées à Nigaut, pour 9 #.
chasubles, adjugées à Crinière, pour 4 #.
manipules, adjugés à Roullet, pour 1 # 5 f.
cadres, adjugés à François Lecoin, pour 1 # 5 f.
cadres, adjugés à Peslier, de Saint-Calais, pour 10 #.
eurs morceaux de linge, adjugés à Noury-Miot, pour 1 #

eurs doublures, adjugées à Sallé, pour 3 # 5 f.
eurs lavabos, une nappe, adjugés à Michel Beauchamp,
#.
chape, adjugé à la femme René Martellière,
#.
ube, une nappe, adjugées à Jacques Coudray, pour 16 # 5 f.
eurs petits lavabos, adjugés à Gérard, pour 16 f.
re tabourets, adjugés à Alix Crinière, pour 6 # 10 f.
rideaux, adjugés à Dauphiné pour 18 # 10 f.
rideaux, adjugés à Javary, pour 5 #.
aubes, un rochet, deux rideaux, un serpent, quatre mor-
marbre, une chasuble, un voile, une étole et son mani-
jugés à la femme Dauphiné, pour 117 #.
rideaux, un carré d'autel, adjugés à la femme Duvallet,
15 f.

Reliure serrée

Un porte-croix, deux portes livres, deux plats, un balais, une robe d'enfant, plusieurs burettes, adjugés à Jean Ribot, pour 15 # 10 ƒ.

Plusieurs cadres, deux chasubles, deux manipules, adjugés à Chanteloup, pour 18 # 10 ƒ.

Deux soutanes noires, adjugées à Monteau, pour 13 #.

Une aube noire, adjugée à Coudray, de Conflans, pour 12 #.

Plusieurs morceaux de chandeliers, adjugés à Michel Lecouy, pour 1 # 10 ƒ.

Une aube, adjugée à Soulard, de Saint-Mars, pour 17 #.

Plusieurs morceaux de bois, adjugés à Ploust-Thibault, pour 13 #.

Neuf prophètes avec des paniers, adjugés à la Dauphinié, pour 3 #.

Deux rideaux adjugés à la femme Louis Grivard, pour 10 #.

Deux boites et un arrosoir, adjugés à Leinau, pour 1 # 10 ƒ.

Deux chasubles, adjugées à Javary, pour 4 # 5 ƒ.

Une chape, deux chasubles, une étole, un manipule, adjugés à Richard, pour 13 #.

Plusieurs étoles et manipules, deux voiles, adjugés à Bardet, pour 3 #.

Trois chasubles, une étole, un manipule, un voile, adjugés à Jean Ribot, pour 14 #.

Une chasuble, une étole, un manipule, un voile, adjugés à la femme Duvallet, pour 15 #.

Plusieurs voiles, adjugés à Girard, menuisier, pour 2 # 6 ƒ.

Plusieurs couvre-fauteuils, adjugés à Théodore Montagne, pour 3 # 6 ƒ.

Une chape, adjugée à Javary, pour 16 # 5 ƒ.

Trois dessus d'autel, adjugés à la femme Duvallet, pour 23 # 10 ƒ.

Deux chasubles, adjugées à la femme Louis Rossignol, pour 8 #.

Un morceau de velours, deux chapes, plusieurs doublures de chasubles, adjugés à Marin Valiot, pour 78 # 5 ƒ.

Une chape, adjugée à Delantes, pour 33 # 10 ƒ.

Un morceau de devant d'autel, deux chapes, adjugés à la femme Poirier, pour 82 # 9 ƒ.

Plusieurs morceaux de chape et chasuble, adjugés à Antoine Rossignol, pour 9 # 10 ƒ.

Une chasuble, un couvre-autel, adjugés à Richard, pour 33 #.
Une chape, adjugée à Ploust-Thibault, pour 20 #.
Plusieurs morceaux de linge, un morceau de chape violette, adjugés à Nicolas Robin, pour 8 # 11 f.
Plusieurs guenilles, adjugées à Vaillot, pour 8 # 11 f.
Plusieurs chasubles de la chapelle de Courtenvaux, adjugées à Ribot, pour 6 # 7 f.
Plusieurs guenillons, adjugés à Ribemond, pour 1 # 3 f.
Un cadre, adjugé à Lorin père, pour 1 # 12 f.
Quatre morceaux de dais, adjugés à Richard, pour 5 #.
Une doublure de chasuble, adjugée à la femme Dauphiné pour 9 # 10 f.
Deux morceaux de taffetas, adjugés à Lapaix, pour 10 # 15 f.
Une doublure de chape, deux aubes, un rideau, un christ, adjugés à la femme Dauphiné, pour 142 # 5 f.
Plusieurs morceaux de doublure, adjugés à Antoine Rossigno pour 1 # 10 f.
Douze pierres, adjugées à François Landron, pour 3 #.
Deux aubes, un tabernacle, une doublure de chape, adjugés à Chanteloup, pour 56 #.
Deux aubes, adjugées à Julien Renvoisé, de Montaillé, pour 36 #.
Deux nappes, une aube, adjugées à Crinière, pour 24 # 5 f.
Une aube, adjugée à Jean Ribot, pour 8 #.
Une aube, adjugée à Jean Audray, pour 20 # 5 f.
Une aube, une chape, adjugées à Delante, pour 53 # 10 f.
Un rideau, adjugé à Louis Rossignol, pour 20 # 10 f.
Plusieurs doublures, adjugées à Jean Gautelier, de Saint-Calais, pour 5 # 5 f.
Un devant d'autel, une aube d'enfant, adjugés à François Lemoine, pour 12 # 10 f.
Une aube, adjugée à Chardon, pour 23 #.
Plusieurs guenilles, adjugées à Delante, pour 4 #.
Plusieurs guenilles, adjugées à Ploust, pour 3 #.
Plusieurs doublures de chasubles, adjugées à Richard, pour 6 # 10 f.
Une doublure de chape, adjugée à la femme Dauphiné, pour 10 # 5 f.

Un fauteuil, adjugé à Michel Leguéré, pour 6 ₶ 10 f.
Deux fauteuils, adjugés à Quentin, pour 30 ₶.
Plusieurs tapis, adjugés à la municipalité de Saint-Calais, pour 5 ₶ 10 f.
Deux tabourets, adjugés à Crinière, pour 5 ₶ 5 f.
Quatre tabourets, adjugés à Chardon, pour 5 ₶ 5 f.
Trois chandeliers à plusieurs branches, deux pupitres avec branches, plusieurs morceaux de bois, quatre petites armoires, adjugés à Maurice Truquet, pour 50 ₶ 17 f.
Plusieurs morceaux de bois, adjugés à Poirier, chaisier à Saint-Calais, pour 6 ₶.
Deux boîtes, adjugées à Ruflin, pour 1 ₶.
Deux confessionnaux, adjugés à Chardon-Gebert, pour 8 ₶ 10 f.
Une boîte, adjugée à Truquet, pour 3 ₶ 15 f.
Deux bancs et un marchepied, adjugés à Champoiseau, pour 3 ₶ 12 f.
Un lot de bois, adjugé à Jourdin, pour 1 ₶ 6 f.
Trois bénitiers, plusieurs morceaux de bois, deux cadres, adjugés à Beucher, pour 40 ₶ 10 f.
Une armoire, adjugée à Maurice Hugué, pour 31 ₶ 15 f.
Une armoire, adjugée à Jourdin, pour 18 ₶.
Une armoire, adjugée à Chanteloup, pour 6 ₶.
Une boîte, adjugée à Ricochet, pour 1 ₶ 10 f.
Une armoire, adjugée à Leniau, pour 22 ₶.
Une bouteille, adjugée à Pineau, pour 10 f.
Une commode, adjugée à Poirier, pour 2 ₶ 10 f.
Un carreau, adjugé à Rossignol, pour 1 ₶ 10 f.
Plusieurs morceaux de linge, adjugés à Vaillot, pour 10 ₶.
Un drap mortuaire, adjugé à Richard, pour 31 ₶.
Un devant d'autel, adjugé à Crinière, pour 35 ₶ 10 f.
Une chaise, une tablette, un pichet, adjugés à Foucault, pour 5 ₶.
Plusieurs morceaux de bois, adjugés à Beucher, pour 5 ₶.
Plusieurs morceaux de bois, adjugés à David Renou, pour 9 ₶.
Une armoire et plusieurs morceaux de bois, adjugés à Chardon, pour 26 ₶ 6 f.
11 floréal an II. — Des plumets et vases dorés, adjugés à Champion, pour 10 ₶.

Le marbre du pied du grand autel, adjugé à Goupy, pour 12 # 10 f.

Un grand buffet, adjugé à François Leguéré, pour 75 #.

L'autel en bois de la Vierge, adjugé à Charles Bardet, bottier à Saint-Calais, pour 57 #.

Une grande armoire, située dans le clocher, adjugée à Bardet, pour 180 #.

VENTE DU MOBILIER

DE LA CI-DEVANT ÉGLISE DE SAINT-GEORGES

11 floréal an II. — Deux rideaux, adjugés à la femme Dauphiné, pour 16 #.

Trois chasubles, adjugées à Ruflin, pour 8 # 15 f.

Une chasuble, une nappe, adjugées à François Ribot, pour 26 # 10 f.

Quatre tuniques, adjugées à Rondeau, pour 8 # 5 f.

Plusieurs morceaux de linge, adjugés à Manieau, pour 8 # 5 f.

Quatre rideaux, adjugés à Bourdin, pour 8 #.

Un drap mortuaire, deux tuniques, plusieurs étoles et manipules, adjugés à Thibault Ploust, pour 13 # 15 f.

Deux chasubles, trois lavabos, un morceau de tapisserie, adjugés à Chanteloup, pour 11 # 5 f.

Trois devants d'autel, une toile peinte, une chape, adjugés à la femme Duvallet, pour 27 # 5 f.

Deux devants d'autel, adjugés à Julien Leguéré, pour 9 # 5 f.

Un lot de linge, adjugé à Ruflin, pour 1 # 5 f.

Un tour de dais, une chasuble, adjugés à Michel Gautier, pour 96 #.

Deux aubes, adjugées à Antoine Rossignol, pour 17 # 10 f.

VENTE DU MOBILIER

DE LA

CI-DEVANT ÉGLISE DE SAINT-MICHEL-DE-CHAVAIGNES

7 floréal an II. — Plusieurs cordons de fil, adjugés à François Sonis, pour 1 # 5 f.

Neuf rideaux, adjugés à la femme Duvallet, pour 20 # 5 f.

Trois grands devants d'autel et deux petits, adjugés au citoyen Richard, pour 10 #.

Quatre morceaux d'indienne, adjugés à Lamenteur, pour 6 #.

Deux soutanes, trois jupons, adjugés à Jacques Dubois, de Vibraye, pour 4 #.

Un devant d'autel, un drap mortuaire, adjugés à Renois, pour 12 #.

Trois chasubles, adjugées à Gabriel Blin, pour 21 # 5 f.

Quatre chasubles et une chape, adjugées à Cartereau, pour 54 # 15 f.

Cinq chasubles, adjugées à Champion, pour 6 # 10 f.

Trois chasubles et tuniques, adjugées à la femme Dauphiné, pour 15 # 10 f.

Sept chasubles, quatre chapes, adjugées à Chanteloup, pour 55 #.

Une chasuble, un tour de dais, trois chapes, adjugés à la femme Duvallet, pour 100 # 15 f.

Quatorze voiles, adjugés à la femme Cartereau, pour 13 #.

Vingt-une étoles et manipules, adjugés à Richard, pour 20 #.

Six aubes, un rochet, adjugés à Champion, pour 43 #.

Trois aubes, un surplis, adjugés à la femme Duvallet, pour 21 #.

Une aube, deux surplis, un rochet, adjugés à Louis Teneux, de Montaillé, pour 20 # 10 f.

Trois rochets, adjugés à Chanteloup, pour 20 # 5 f.

Trois nappes, un amict, adjugés à la femme Michelle Robin, pour 15 #.

Quarante morceaux de lavabos et amicts, adjugés à Soudard, pour 6 # 15 ƒ.

Vingt-trois amicts, adjugés à la femme Boulifard, pour 2 # 10 ƒ.

VENTE DU MOBILIER
DE LA CI-DEVANT ÉGLISE DE SAINT-OSMANE

11 floréal an II. — Vingt étoles, vingt-trois manipules, deux rideaux, deux chasubles, adjugés à la femme Duvallet, pour 20 # 5 ƒ.

Quatre devants d'autel, adjugés à Chanteloup, pour 6 # 10 ƒ.

Une chape, un drap mortuaire, adjugés à Pierre Basile, pour 1 # 15 ƒ.

Sept devants d'autel, adjugés à Jumet, pour 5 #.

Une toile, adjugée à Gervais, pour 2 # 15 ƒ.

Une chape, une tunique, adjugées à René Poirier, pour 4 #.

Trois chapes, adjugées à Jean Ribot, pour 11 # 5 ƒ.

Trois devants d'autel, une ceinture, un tablier, adjugés à Rigault, pour 5 # 5 ƒ.

Deux rideaux, adjugés à la femme Dauphiné, pour 8 # 10 ƒ.

Trois chasubles, adjugées à Ancennière, pour 1 # 10 ƒ.

Cinq tuniques, une chasuble, adjugées à Richard, pour 7 # 15 ƒ.

Plusieurs cordons, dix-neuf purificatoires, quarante-neuf lavabos, adjugés à Jacques Puceau, pour 8 # 15 ƒ.

Deux chasubles, adjugées à la femme Chapin, de Conflans, pour 3 # 10 ƒ.

Deux tuniques, adjugées à Jacques Cherel, pour 3 # 2 ƒ.

Dix voiles, adjugés à Bodineau, pour 5 # 10 ƒ.

Douze voiles, adjugés à Richard, pour 5 # 10 ƒ.

Deux chasubles, une aube, plusieurs bourses, adjugées à la femme Dauphiné, pour 33 #.

Deux chasubles, adjugées à Langlois, pour 6 #.

Deux aubes, adjugées à Louis Luly, pour 23 # 5 ƒ.

Trois aubes, adjugées à Crinière, pour 41 #.

VENTE DU MOBILIER

DE LA CI-DEVANT ÉGLISE DE SEMUR

7 floréal an II. — Un rideau, adjugé à Dolidon, pour 4 ₶ 10 s.

Un dessus et un devant d'autel, adjugés à la femme Gendrot, pour 3 ₶.

Deux rideaux, adjugés à la femme Duvallet, pour 37 ₶.

Un tour de dais et son fond, adjugés à Roux-Thibault, pour 30 ₶.

Un drap mortuaire, un devant d'autel, adjugés à Chanteloup, pour 6 ₶.

Une bannière et trois couvre-autel, adjugés à Richard, pour 7 ₶ 10 s.

Huit chapes, deux tuniques, trois chasubles, adjugées à Cartereau, pour 31 ₶ 15 s.

Deux rideaux, des bourses et un sac, adjugés à René Martelière, pour 28 ₶ 10 s.

Deux chapes, adjugées à Leniau, crieur, pour 12 ₶ 15 s.

Deux chasubles, une tunique, adjugées à Jean Champion, de La Ferté, pour 12 ₶ 10 s.

Trois chapes, adjugées à Crinière, pour 63 ₶ 10 s.

Trois tuniques, trois chapes, adjugées à Champion, de Vibraye, pour 27 ₶.

Trois chasubles, adjugées à la femme Michel Morin, pour 19 ₶ 10 s.

Deux chapes, adjugées à Lacottereau (femme Cottereau), pour 3 ₶.

Deux chapes, adjugées à la femme Dauphiné, pour 20 ₶ 15 s.

Deux rideaux, adjugés à la femme Duvallet, pour 5 ₶ 5 s.

Deux chasubles, un bonnet, adjugés à Champion, pour 4 ₶ 5 s.

Vingt étoles, seize manipules, adjugés à Richard, pour 18 ₶ 15 s.

Plusieurs morceaux de bois, adjugés à René Martelière, pour 1 ₶ 2 s.

Quatre devants d'autel, adjugés à Rossignol-Duguet, pour 8 ₶.
Six devants d'autel, adjugés à Chanteloup, pour 12 ₶ 11 s.
Trois rochets, un surplis, six aubes, adjugés à Louis Huger, pour 50 ₶ 5 s.
Quatre aubes, adjugées à Cartereau, pour 53 ₶ 15 s.
Deux rochets, adjugés à la femme Duvallet, pour 37 ₶.
Six amicts, une aube, adjugés à la femme Percheron, pour 15 ₶ 2 s.

VENTE DU MOBILIER

DE LA CI-DEVANT ÉGLISE DE THORIGNÉ

5 floréal an II. — Sept morceaux de linge, adjugés à la femme Jean Robin, pour 17 ₶.
Un tapis, une toile peinte, un morceau de tapis, adjugés aux officiers municipaux de Saint Calais, pour 11 ₶ 5 s.
Quatre morceaux de dais, adjugés à Ruppé, pour 9 ₶ 5 s.
Deux aubes, adjugées à Poirier, de Bouloire, pour 15 ₶.
Deux surplis, adjugés à René Huger, de Saint-Mars-de-Locquenay, pour 11 ₶ 15 s.
Deux aubes, deux surplis, adjugés à Cartereau, de Bouloire, pour 44 ₶ 10 s.
Deux aubes, adjugées à Michel Guillaume, maréchal à Ecorpain, pour 26 ₶.
Deux aubes, adjugées à Jean Houdayer, d'Écorpain, pour 24 ₶.
Deux surplis, deux aubes, quatre nappes d'autel, adjugés à Poirier, de Bouloire, pour 23 ₶ 10 s.
Deux aubes, adjugées à Michel Huvet, de Maisoncelles, pour 18 ₶ 5 s.
Deux aubes, adjugées à Soudard, pour 18 s.
Deux aubes, adjugées à Lelièvre, pour 23 ₶ 15 s.
Deux aubes, adjugées à la femme Bigot, pour 16 ₶ 5 s.
Deux surplis, adjugés à la femme Demelle, pour 7 ₶ 10 s.
Deux surplis, adjugés à Lelièvre, pour 27 ₶ 3 s.
Deux dettes (sic), adjugées à Martin, pour 6 ₶.

Une nappe d'autel, vingt-sept corporaux, adjugés à Chardon, pour 10 ₶ 5 s.

Trois nappes, adjugées à Leniau, crieur, pour 6 ₶ 15 s.

Cinq soutanes et un morceau, adjugés à Dauphiné, pour 21 ₶ 10 s.

Un devant d'autel, une bannière, adjugés à la femme Bigot-Tapage, pour 12 ₶.

Quatre devants d'autel, et un morceau de cuir peint, adjugés à Foucault-la-Jaule, pour 3 ₶ 15 s.

Cinq rideaux, adjugés à la femme Chanteloup, pour 43 ₶ 7 s.

Deux rideaux, adjugés à Choplin, pour 30 ₶ 5 s.

Quatre rideaux, adjugés à la femme Habert, pour 43 ₶ 5 s.

Deux rideaux blancs, adjugés à Cartereau, pour 22 ₶ 5 s.

Un devant d'autel, un drap mortuaire, adjugés à Poirier, de Bouloire, pour 7 ₶.

Deux devants d'autel, adjugés à Choplin, pour 17 ₶.

Quatre devants d'autel, adjugés à Plais, huilier, pour 11 ₶ 10 s.

Quatre devants d'autel, adjugés à Ruppé, de Bouloire, pour 9 ₶ 10 s.

Quatre rideaux, adjugés à Guillaume, pour 30 ₶.

Quatre tuniques, adjugées à Ruppé, pour 46 ₶ 10 s.

Vingt-une étoles, vingt manipules, adjugés à Habert, pour 8 ₶.

Trois chapes, adjugées à René Sauvage, pour 20 ₶ 10 s.

Deux tuniques, adjugées à Ruppé l'aîné, pour 13 ₶.

Cinq tuniques et deux chasubles, adjugées à Ruppé, pour 39 ₶ 5 s.

Sept chapes, adjugées à Guillaume, pour 191 ₶.

Trois tuniques, adjugées à Poirier, pour 16 ₶.

Trois chapes, adjugées à Jouvet, pour 66 ₶.

Trois voiles, un paquet de cordons, huit chapes, adjugés à Lelièvre, pour 33 ₶ 15 s.

Trois chapes, deux chasubles, une tunique, adjugées à Louis Ruppé le jeune, pour 99 ₶.

Deux tuniques, un drap mortuaire, adjugés à Richard, pour 8 ₶ 5 s.

Trois chapes, un devant d'autel, cinq soutanes, une chasuble, adjugés à la femme Sallé, de Saint-Calais, pour 58 ₶ 10 s.

Trois chapes, adjugées à Poirier, pour 130 ₶ 15 s.

Pagination incorrecte — date incorrecte

NF Z 43-120-12

crieur, par eux choisis pour exposer les dits effets en vente qui sont déposés dans la salle d'adjudication de la maison du collège national de la Flèche (1).

21 fructidor an II. — Dix chasubles de différentes couleurs, adjugées au citoyen Plessis, tailleur, pour 35 ₶ 5 ʄ.

Huit chapes, adjugées à Chotard, fripier, pour 105 ₶ 10 ʄ.

Huit devants d'autel, six aubes, cent-vingt-un morceaux de toile, adjugés à la veuve Lemer, pour 23 ₶ 17 ʄ.

Six chasubles, adjugées au citoyen Gautier, rue du collège, pour 19 ₶.

Six aubes, adjugées au citoyen Potier, pour 16 ₶ 5 ʄ.

Cent morceaux de toile, amicts et purificatoires, adjugés à Jean Genest, pour 9 ₶ 15 ʄ.

Cent morceaux de toile, amicts et purificatoires, adjugés à Rivière, pour 7 ₶ 5 ʄ.

Six chasubles, six devants d'autel, douze morceaux de soie, six morceaux de dais, adjugés à la citoyenne Gautier, marchande, rue du collège, pour 113 ₶ 10 ʄ.

Cinq dalmatiques, adjugées au citoyen Piard, pour 18 ₶ 5 ʄ.

Quatre devants d'autel, deux bannières, adjugés au citoyen Poté, pour 36 ₶.

Dix aubes, quatorze devants d'autel, adjugés à la femme Rayon, pour 110 ₶ 10 ʄ.

Huit chapes, adjugées à Chotard, fripier, pour 94 ₶.

Douze morceaux de soie, adjugés au même, pour 44 ₶.

Six devants d'autel, adjugés à la veuve Lemer, pour 24 ₶ 5 ʄ.

---

(1) 13 pluviose an II. — Vente des effets des églises des Carmes et des Capucins de la Flèche; ces églises destinées à faire des écuries pour le corps de cavalerie stationné à La Flèche.

Boisure de l'église des ci-devant Carmes, adjugée au citoyen Dolbeau, menuisier, pour quatre-vingt-une livres.

Boisure de la sacristie, des ci-devant Carmes, adjugée au même, pour vingt-cinq livres.

Un autel en marbre, adjugé au citoyen Lusson, tailleur de pierres, pour quatre-vingt livres.

Boisure de l'église des ci-devant Capucins, adjugée au citoyen Lusson, pour cent-neuf livres.

Boisure du chœur de la ci-devant église des Capucins, adjugée au citoyen Dolbeau, pour cent cinquante-cinq livres.

Six rochets et un surplis, adjugés au citoyen Trèze, pour 15 ₶.

Quatre chapes, adjugées à Plessis, 15 ₶ 15 s.

Six morceaux de chasubles et bannières, adjugés au citoyen Besnard, pour 18 ₶ 1 s.

Six rochets et quatre morceaux de toile à jour, adjugés à Hamelin, pour 29 ₶ 5 s.

Deux draps mortuaires, adjugés à la femme Chaudemanche, pour 13 ₶ 4 s.

Deux draps mortuaires, adjugés à Besnard, pour 16 ₶ 3 s.

Deux chasubles, deux devants d'autel, deux dalmatiques, adjugés à la femme Legendre, pour 14 ₶ 5 s.

Deux cent-dix-neuf morceaux de toile, amicts et purificatoires, vingt-deux autres morceaux et une couverture de tabernacle, adjugés à la femme Bonneau, pour 122 ₶.

Quatre aubes, adjugées à la femme Chapillon, pour 20 ₶ 10 s.

Cent morceaux de toile, adjugés à la femme Pinot, pour 12 ₶.

Vingt étoles, deux chapes, une dalmatique, une chasuble, six nappes, adjugées à Rayon, pour 37 ₶.

Six aubes, adjugées à Hamelin, pour 19 ₶.

Une bannière, cinq morceaux de dais, adjugés à la femme Legendre, pour 14 ₶.

Douze étoles, vingt-quatre morceaux de soie, adjugés au citoyen Gautier, pour 63 ₶.

Dix-huit étoles, quatre morceaux de dais, adjugés à Poté, pour 18 ₶.

Deux aubes, deux rochets, deux surplis, adjugés à Hamelin, pour 24 ₶.

Six aubes, adjugées à la fille Marguerite Morice, pour 20 ₶ 5 s.

Six devants d'autel, adjugés à Hamelin, pour 60 ₶ 10 s.

Vingt-deux morceaux de velours, adjugés à Rivière, pour 14 ₶ 5 s.

Quatre chasubles, une dalmatique, un devant d'autel, deux chapes, une chasuble, adjugés à la citoyenne Haillot, pour 23 ₶.

Deux nappes, adjugées à Lambert, pour 10 ₶.

Deux draps mortuaires, adjugés à la femme Legendre, pour 25 ₶.

Six aubes, adjugées à Planchard, pour 26 ₶ 10 s.

Quarante-deux morceaux de soie, adjugés à la femme Marquise, pour 26 # 15 f.

Quarante autres morceaux de soie, adjugés à la femme Chaudemanche, pour 20 # 5 f.

Six aubes, adjugées à Lambert, pour 25 # 10 f.

Sept aubes, trois rochets, adjugés à Planchard, pour 18 # 5 f.

Six aubes, adjugées à la femme Rayon, pour 27 # 15 f.

Deux draps mortuaires, une bannière, une chape, un cierge, adjugés à Hamelin, pour 32 #.

Soixante-douze morceaux de linge, trois linges d'autel, un rochet, une aube, deux morceaux de toile noire, adjugés à la femme Lindé, pour 14 # 10 f.

Trente-deux morceaux de soie, adjugés à la fille Morice, pour 12 #.

Un lot de morceaux de soie, adjugé à la femme Chapillon, pour 8 #.

Une chape, treize morceaux de velours, adjugés à René Chotard, fripier, pour 37 #.

22 fructidor. — Six chasubles, adjugées à la citoyenne Millerau, pour 11 #.

Six chasubles, onze nappes, adjugées à la femme Rayon, pour 31 #.

Cinq couvertures de tabernacle, adjugées à la femme Frican, pour 15 # 5 f.

Soixante-huit morceaux de toile, adjugés à Buisneau, pour 14 #.

Dix nappes, adjugées à Hamelin, pour 30 #.

Quinze voiles et cinq nappes, adjugés à la femme Chaudemanche, pour 18 #.

Quatorze morceaux de dais, adjugés à Besnard, pour 19 # 5 f.

Quatorze chapes, adjugées à la femme Chapillon, pour 28 # 15 f.

Vingt-cinq étoles et un manipule, quatre chasubles, adjugés à la veuve Plessis, pour 11 #.

Onze nappes, adjugées à la femme Taffary, pour 18 #.

Douze bourses, deux dalmatiques, un drap mortuaire, une bannière, un devant d'autel, vingt-quatre étoles, trois aubes, vingt-trois morceaux de toile à jour, adjugés à Hamelin, pour 24 # 10 f.

Cent morceaux de toile, deux nappes d'autel, adjugés à la fille Marguerite Morice, pour 15 ₶.

Cinq chapes, adjugées à Paul Ory, crieur, pour 21 ₶ 15 ſ.

Douze morceaux de dais, adjugés à la femme Buisneau, pour 20 ₶ 5 ſ.

Onze morceaux de taffetas, seize morceaux de toile, une bannière, adjugés à Morice, pour 31 ₶.

Treize étoles, un manipule et quatre chasubles, adjugés à Rivière, pour 10 ₶.

Douze nappes, adjugées à Pinot, pour 24 ₶.

Cent morceaux de toile et trois chapes, adjugés à la citoyenne Lepron, pour 109 ₶.

Douze nappes, adjugées à la femme Branchu, pour 20 ₶.

Douze nappes, adjugées à Baugel, pour 24 ₶.

Trois chapes, un drap mortuaire, adjugés à Thourault, pour 32 ₶.

Six chasubles, adjugées au citoyen Genest, pour 15 ₶ 10 ſ.

Une chape, trois chasubles, adjugées à Chaudemanche, pour 32 ₶ 15 ſ.

Cent morceaux de petits linges, adjugés à Ory, pour 11 ₶ 15 ſ.

Dix morceaux de doublure, adjugés à Rivière, pour 11 ₶ 15 ſ.

Onze nappes, adjugées à la citoyenne Branchu, pour 26 ₶.

Douze bourses, une bannière, un voile, un devant d'autel, un morceau de soie, trois nappes, adjugés à Chotard, pour 63 ₶.

Six devants d'autel, adjugés à Coudret, pour 15 ₶ 5 ſ.

Douze nappes, six devants d'autel, vingt-cinq étoles et manipules, adjugés à Hamelin, pour 72 ₶ 10 ſ.

Cinq nappes, treize bourses, un lot de morceaux de toile, adjugés à la femme Lepron, pour 17 ₶ 10 ſ.

Six devants d'autel, adjugés à la fille Morice, pour 34 ₶ 15 ſ.

Six devants d'autel, adjugés à la femme Lindé, pour 25 ₶ 10 ſ.

Vingt étoles et manipules, six devants d'autel, vingt-cinq manipules, huit nappes, adjugés à la veuve Lemer, pour 48 ₶ 15 ſ.

Douze voiles et trois nappes, adjugés à Marlette, pour 38 ₶ 5 ſ.

Vingt étoles et manipules et sept nappes, adjugés à Pinot, pour 23 ₶ 10 ſ.

Vingt-neuf manipules et étoles, six devants d'autel, adjugés à la Rayon, pour 16 ₶ 5 ſ.

Seize manipules et six nappes, adjugés à la femme Boiret, pour 25 » 5 f.

Vingt-cinq manipules et étoles, trois chapes, adjugés à la femme Chaudemanche, pour 25 » 5 f.

Trois chapes, trente manipules et étoles, adjugés à Gaignard, pour 34 » 15 f.

Quinze voiles, huit devants d'autel, deux chapes, adjugés à Thourault, pour 57 ».

Vingt-cinq manipules, cinq chasubles, adjugés à Rivière, pour 20 » 10 f.

Douze voiles et six chasubles, adjugés à la femme Rouleau, pour 23 » 19 f.

Six nappes, vingt-cinq étoles et manipules, adjugés à la veuve Lanoue, pour 22 » 5 f.

Trois chapes, dix-huit voiles, adjugés à la femme Gautier, pour 16 ».

Huit devants d'autel, vingt-six étoles et manipules, adjugés à la veuve Lemer, pour 19 ».

Vingt-cinq voiles, trois chapes, adjugés à la femme Milleron, pour 27 ».

Dix-neuf voiles, trois chapes, adjugés à Marquis, pour 21 » 5 f.

Quarante manipules et étoles, trois chapes, adjugés à Berne, pour 25 » 10 f.

Huit nappes, quarante manipules et étoles, adjugés à la femme Rayon, pour 10 » 5 f.

Vingt-huit voiles, trois chasubles, adjugés à la femme Batton, pour 16 » 5 f.

Trois chapes, six nappes, dix-sept manipules, un morceau de dais, adjugés à Hamelin, pour 45 ».

Vingt-quatre étoles et manipules, six nappes, adjugés à la femme Haillot, pour 21 ».

Sept voiles et nappes, adjugés à Chotard, pour 35 ».

Sept nappes et six voiles, adjugés à la femme Lindé, pour 32 ».

Six devants d'autel, vingt-un voiles, adjugés à la femme Legendre, pour 22 » 5 f.

Deux chapes, adjugées à Besnard, pour 23 ».

23 fructidor. — Six chasubles, un lot de vieilles chapes, vingt-

cinq étoles, six dalmatiques, vingt étoles, quatre chasubles, adjugés à la fille Morice, pour 57 # 5 ƒ.

Six dalmatiques, adjugées à Fricard, pour 18 # 5 ƒ.

Six dalmatiques, quarante-cinq étoles et manipules, six autres dalmatiques, adjugés à Besnard, pour 27 # 10 ƒ.

Six nappes, cinquante étoles, six dalmatiques et étoles, adjugées à Hamelin, pour 27 # 5 ƒ.

Cinquante petits linges, adjugés à la femme Chapillon, pour 12 #.

Cent-cinquante petits linges, vingt-quatre étoles, quatre chasubles, seize morceaux de toile, adjugés à Pellerin, pour 18 # 10 ƒ.

Trois chapes, treize étoles et manipules, six nappes, trente-deux étoles, trois chapes, adjugés à la citoyenne Lepron, pour 90 #.

Vingt-cinq étoles, cinquante morceaux de linge, adjugés à la femme Despierre, pour 14 #.

Six nappes, dix-sept étoles, adjugées à la veuve Lanoue, pour 17 #.

Quatre chasubles, deux dalmatiques, adjugées à Rayon, pour 13 # 10 ƒ.

Trois chapes, adjugées à Rouleau, pour 70 #.

Deux devants d'autel, un morceau de toile grise, soixante morceaux de petits linges, adjugés à la veuve Lelueau, pour 24 #.

Douze morceaux de toile à jour, trois chapes, adjugés à la femme Martin, pour 51 #.

Quatorze nappes, un lot de petits morceaux de linge, quatre chapes, adjugés à Hamelin, pour 79 # 15 ƒ.

Six dalmatiques, adjugées à la citoyenne Boutteville, pour 40 #.

Quatre chapes, adjugées à Poté, restaurateur, pour 30 # 5 ƒ.

Huit nappes, cinq morceaux de toile à jour, adjugés à la citoyenne Raveneau, pour 14 # 5 ƒ.

Six dalmatiques, adjugées à la femme Berton, pour 17 # 5 ƒ.

Six nappes d'autel, adjugées à la citoyenne Lepron, pour 45 #.

Six dalmatiques, adjugées à Besnard, pour 25 #.

23 fructidor. — Trois dalmatiques, deux chasubles, trois nappes, un lot de petit linges, six aubes, adjugés à Chotard, pour 105 #.

Sept dalmatiques, adjugées a Lindé, pour 8 ".

Six chasubles, vingt-cinq étoles, adjugées à Gazoger, pour 10 " 5 f.

Trois chapes, adjugées à la femme Moreau, pour 35 ".

Six chasubles, un lot de petits linges, adjugés à la femme Vaidie, pour 26 " 5 f.

Six chasubles, dix-huit nappes d'autel, adjugées à la femme Rayon, pour 27 ".

Dix-huit nappes d'autel, adjugées à Landais, pour 16 ".

Un lot de petits linges, adjugés à Dubois, pour 11 " 5 f.

Un lot de petits linges, adjugé à Thourault, pour 17 ".

Huit nappes, adjugées à la femme Maillet, pour 23 ".

Sept dalmatiques, adjugées à la femme Vaidie, pour 11 ".

Six aubes, sept nappes d'autel, trente-sept chasubles, quinze étoles, huit rochers, trois devants d'autel, une chape, une dalmatique et un lot de soierie, adjugés à Hamelin, pour 217 ".

Un lot d'amicts de soixante morceaux, adjugé à Ory, pour 34 " 5 f.

Douze chasubles, adjugées à la femme Rayon, pour 31 " 15 f.

Six chasubles, vingt-cinq manipules et étoles, trois aubes adjugés à Bonneau, pour 48 " 5 f.

Six chasubles, vingt-cinq étoles, adjugées à Thourault, pour 15 ".

Six devants d'autel, un lot de petits linges, adjugés à Besnard, pour 60 " 15 f.

Trois aubes, adjugées à Chotard, pour 10 " 10 f.

Quatre aubes, adjugées à Pioger, pour 29 " 10 f.

Trois aubes, adjugées à Plessis, pour 40 ".

24 fructidor. — Trois chapes, cinquante-quatre étoles et manipules et six chasubles, adjugés à la femme Rayon, pour 47 " 15 f.

Six chapes, cinquante-cinq étoles et manipules, six aubes, sept devants d'autel, vingt étoles et manipules, douze chasubles, adjugés à Hamelin, pour 171 ".

Huit devants d'autel, vingt-huit étoles, trente-deux voiles, adjugés à la femme Batas, pour 38 " 10 f.

Six chasubles, huit étoles, adjugées à Lindé, pour 12 " 10 f.

Six chasubles, adjugées à la femme Chapillon, pour 17 ".

Six aubes, deux nappes, deux morceaux de soie, adjugés à Chotard, pour 59 #.

Douze chasubles, huit nappes, trois aubes, adjugées à Bourge, pour 84 #.

Trois chapes, adjugées à la citoyenne Plessis, pour 30 #.
Trois chapes, adjugées à Gaudin, pour 33 # 5 /.
Trois chapes, adjugées à Besnard, pour 23 #.
Six chasubles, adjugées à Cruau, pour 10 #.
Trente-trois voiles, adjugés à Chapillon, pour 12 #.
Quatre chasubles, adjugées à Fayet, pour 18 #.
Six devants d'autel, adjugés à Mignereau, pour 15 # 15 /.
Six chasubles, adjugées à la femme Buisneau, pour 16 # 10 /.
Douze chasubles, adjugées à la fille Morice, pour 59 #.
Deux chapes, adjugées à Thourault, pour 89 #.
Six chasubles, adjugées à Hubert, pour 9 # 15 /.
Six devants d'autel, adjugés à Jardin, pour 14 #.
Six chasubles, adjugées à Rayon, pour 10 #.
Trois chapes, adjugées à Chotard, pour 30 #.
Six chasubles, adjugées à Chaudemanche, pour 25 #.
Douze chasubles, adjugées à Thourault, pour 51 # 15 /.
Trois aubes, six chasubles, adjugées à Lindé, pour 33 #.
Six chasubles, adjugées à Allory, pour 10 # 15 /.
Douze chasubles, adjugées à Moreau, pour 27 # 5 /.
Six aubes, adjugées à Balas, pour 15 #.
Six chasubles, adjugées à Duhail, pour 66 # 10 /.
Six aubes, adjugées à Mariette, pour 7 #.
Six devants d'autel et une dalmatique, adjugés à M. Mayer, pour 19 # 10 /

Six nappes, trois rochers, deux aubes, adjugés à Besnard, pour 62 #.

Trois nappes d'autel, adjugées à la femme Morice, pour 35 #.
Six chasubles, adjugées à Rivière, pour 13 # 5 /.
Six chasubles, trente-sept voiles, adjugés à la femme Lanoue, pour 35 #.

Six morceaux de taffetas, adjugés à Lemercier, pour 27 # 5 /.
Six morceaux de taffetas, adjugés à Jardin, pour 23 #.
Deux chasubles, six nappes et deux chapes, adjugées à Chotard, pour 54 # 10 /.

Quatre aubes, adjugées à Besnard, pour 15 # 15 f.

Seize morceaux de taffetas et satin, sept chapes, adjugés à la femme Martin, pour 51 #.

Deux nappes et un voile, adjugés à Guiesche, pour 13 # 10 f.

26 fructidor. — Six chasubles, six nappes, adjugées à Chotard, pour 87 #.

Six chasubles, huit devants d'autel, adjugés au citoyen Gilbert, pour 50 # 10 f.

Six chasubles, six dalmatiques, adjugées à la femme Rayon, pour 34 # 5 f.

Huit devants d'autel, adjugés à Coudret, pour 18 #.

Huit devants d'autel, adjugés à la femme Morice, pour 11 # 10 f.

Six chasubles, adjugées à Rivière, pour 20 # 5 f.

Six chasubles, adjugées à la femme Maillet, pour 10 # 5 f.

Six chasubles, adjugées au citoyen Gautier, pour 18 #.

Six dalmatiques, adjugées à la femme Lindé, pour 21 # 5 f.

Six dalmatiques, adjugées à Gilbert, pour 30 #.

Six chasubles, adjugées à la femme Fricard, pour 18 #.

Huit devants d'autel, six chasubles, adjugés à la femme Rayon, pour 40 # 5 f.

Huit devants d'autel, adjugés au citoyen Beaufils, pour 25 # 5 f.

Douze chasubles, adjugées à Rivière, pour 32 # 15 f.

Douze dalmatiques, adjugées à la citoyenne Lemer, pour 38 #.

Huit devants d'autel, adjugés à la femme Chaudemanche, pour 25 # 5 f.

Huit devants d'autel, adjugés à la femme Fricard, pour 11 #.

Six chasubles, adjugées à Hamelin, pour 12 #.

Six nappes, adjugées au citoyen Jamin, juge de paix, pour 25 #.

Six chasubles, adjugées à la femme Lindé, pour 20 # 15 f.

Trois aubes, adjugées à la fille Morice, pour 30 #.

Douze chasubles, adjugées à Gilbert, pour 45 #.

Six aubes, adjugées à Chotard, pour 49 #.

Huit devants d'autel, adjugés à la femme Raveneau, pour 12 # 15 f.

Onze devants d'autel, adjugés à la veuve Lanoue, pour 10 #.

Vingt-deux morceaux de soie, adjugés à la citoyenne Lepron, pour 18 # 5 f.

Trois chapes, adjugées à la femme Moreau, pour 70 tt.

Quatre chapes, adjugées à la citoyenne Péan, pour 109 tt.

Trois chapes, six chasubles, adjugées à Chotard, pour 69 tt 10 s.

Neuf devants d'autel et quatre rideaux, adjugés à la veuve Laneue, pour 39 tt.

Trois chapes, un lot de chiffons, adjugés à la femme Lelion, pour 25 tt 5 s.

Six chapes, adjugées à la femme Moreau, pour 45 tt 10 s.

Deux chapes, adjugées à Besnard, pour 48 tt 15 s.

Six chapes, adjugées à la femme Hardy, pour 45 tt 10 s.

Trois chapes, quatre dalmatiques, une chasuble, adjugées à la femme Rayon, pour 75 tt 10 s.

Trois aubes, trois chapes, adjugées à la veuve Lemer, pour 31 tt.

Trois chapes, adjugées à Gilbert, pour 20 tt 5 s.

Deux chasubles, une dalmatique, quatre devants d'autel, adjugés à Chotard, pour 12 tt 5 s.

Six nappes, adjugées à la fille Morice, pour 35 tt.

Trois ordos, adjugés à la femme Leluau, pour 29 tt.

Trente-un morceaux de voile, adjugés à la femme Touraud, pour 16 tt 5 s.

Vingt bourses et dix-huit morceaux de soie, adjugés à la femme Batas, pour 13 tt 5 s.

Douze étoles et manipules, adjugés à la femme Rayon, pour 15 tt 15 s.

Quarante voiles, adjugés à la femme Maillet, pour 10 tt.

Trois aubes, quarante-huit morceaux de soie, adjugés à la veuve Lemer, pour 39 tt 10 s.

Trois chapes, adjugées à la citoyenne Dolbeau, pour 20 tt.

Six nappes, adjugées à la citoyenne Connuau, pour 28 tt 10 s.

Trois rideaux, adjugés à la veuve Leluau, pour 22 tt 10 s.

Vingt-une bourses, six étoles, une dalmatique, trois devants d'autel, adjugés à la femme Batas, pour 20 tt.

Cinq nappes, adjugées à Beslingaud, pour 27 tt.

Trois aubes, adjugées à la femme Rayon, pour 36 tt.

27 fructidor. — Cinq dalmatiques, quatre morceaux de siamoise, adjugés à la veuve Martin, pour 31 tt 10 s.

Six dalmatiques, adjugées à la femme Mericeau, pour 6 tt 10 s.

Trente-six voiles, adjugés à la fille Morice, pour 27 ₶.

Six chasubles, adjugées à la veuve Lemer, pour 22 ₶ 10 s.

Deux chapes, quatre chasubles, deux dalmatiques, adjugées à Chotard, pour 50 ₶ 10 s.

Six chasubles, adjugées à Martin, pour 12 ₶ 10 s.

Deux draps mortuaires, adjugés à la femme Rayon, pour 6 ₶ 15 s.

Deux draps mortuaires, un morceau de toile, adjugés à Besnard, pour 7 ₶ 5 s.

Trois aubes, adjugées à Mitonneau, pour 35 ₶.

Sept morceaux de tapisserie, adjugés à Panneau, pour 58 ₶.

Trois morceaux de tapisserie, adjugés à Chardonnet, pour 28 ₶.

Un morceau de tapisserie, adjugé à Delangle, pour 22 ₶.

Deux morceaux de tapisserie, adjugés à Lamotte, pour 24 ₶.

Deux chapes, quatre morceaux de dais, adjugés à Balas, pour 65 ₶ 15 s.

Trois dalmatiques, vingt-huit voiles, quinze étoles, trois chapes, adjugés à Chardonnet, pour 66 ₶ 10 s.

Trois chapes, adjugées à la femme Lindé, pour 27 ₶.

Sept dalmatiques, deux chasubles, sept devants d'autel, une bannière, vingt-quatre étoles et manipules, adjugés à la veuve Lemer, pour 42 ₶.

Trois chapes, trois chasubles, une dalmatique, vingt-cinq étoles, et manipules, adjugés à Besnard, pour 33 ₶.

Trois aubes, six chapes, adjugées à la femme Rayon, pour 58 ₶ 5 s.

Deux chasubles, une chape, une dalmatique, trois devants d'autel, adjugés à la femme Chaudemanche, pour 22 ₶ 10 s.

Trois aubes, adjugées à Dolbeau, pour 18 ₶ 10 s.

Trois aubes, adjugées à la citoyenne Lepron, pour 30 ₶.

Quatre dalmatiques, deux morceaux de tapisserie, adjugés à la fille Morice, pour 36 ₶.

Un plafond de dais, une bannière, une dalmatique, un tapis, adjugés à Chotard, pour 52 ₶.

Deux chasubles, huit dalmatiques, quatre étoles et manipules, adjugés à la fille Marguerite Morice, pour 18 ₶ 5 s.

Vingt-cinq étoles et manipules, trois chapes, adjugés à la veuve Lemer, pour 20 ₶ 5 s.

Six dalmatiques, vingt-cinq étoles, deux aubes, adjugées à Chardonnet, pour 50 ₶ 15 s.

Trois chapes, vingt étoles et manipules, adjugés à Pelerin, pour 24 ₶.

Quatre chasubles, vingt-deux étoles et manipules, adjugés à Gilbert, pour 11 ₶ 10 s.

Trois rideaux d'indienne, adjugés à la femme Moreau, pour 36 ₶ 15 s.

Trois rideaux, une couverture de tabernacle, adjugés à la citoyenne Besnard, pour 26 ₶.

Deux morceaux de couverture, adjugés à Chaudemanche, pour 40 ₶.

Trois chasubles, une dalmatique, vingt-cinq étoles, adjugées à la femme Boutteville, pour 21 ₶ 10 s.

Trois chapes, vingt-cinq étoles et manipules, adjugés à Genest, pour 26 ₶.

Deux chapes, trois devants d'autel, une bannière, vingt-cinq étoles, un manipule, adjugés à la femme Charrière, pour 22 ₶.

Deux rideaux, quatre morceaux d'indienne, adjugés à la veuve Lanoue, pour 30 ₶ 10 s.

Vingt-cinq étoles, deux plafonds de dais, adjugés à la femme Rouleau, pour 28 ₶.

Vingt-cinq étoles et manipules, quatre bannières, quatre morceaux de bannières, adjugés à la femme Balas, pour 15 ₶ 10 s.

Six morceaux de dais, vingt-cinq étoles et manipules, adjugés à la femme Maillet, pour 14 ₶.

Deux dalmatiques, une chasuble, un devant d'autel, vingt-cinq étoles et manipules, adjugés à la femme Tournon, pour 15 ₶ 15 s.

Huit morceaux d'indienne, adjugés à la femme Balas, pour 26 ₶.

Six morceaux d'indienne, adjugés à la veuve Lanoue, pour 28 ₶.

Vingt-quatre voiles, vingt-cinq étoles et manipules, adjugés à la femme Chaudemanche, pour 12 ₶ 5 s.

Un tapis vert, quatre bourses, vingt voiles, une bannière, une dalmatique, un petit rideau, six manipules, adjugés à Besnard, pour 7 ₶ 15 s.

Six morceaux d'indienne, adjugés à la femme Connuau, pour 23 ₶.

Deux nappes, une aube, adjugées à la femme Morice, pour 22 ₶ 5 s.

Deux aubes, quatre chasubles, un tapis et quatre morceaux de tapis, adjugés à la femme Rayon, pour 36 ₶ 5 s.

28 fructidor. — Quatre chasubles, quatorze devants d'autel, cinq tapis, un lot de mauvaise toile, sept morceaux de tapis, deux morceaux de tapisserie, adjugés à la femme Chotard, pour 122 ₶

Six chasubles, adjugées à Ory, pour 13 ₶ 15 s.

Six chapes, adjugées à la femme Lindé, pour 61 ₶.

Un lot de guenilles, adjugé à la femme Motrieu, pour 30 ₶.

Un tapis, un morceau de tapisserie, adjugés à Gilbert, pour 30 ₶ 10 s.

Quatre morceaux de tapis, adjugés à la femme Jardin, pour 8 ₶.

Douze morceaux de tapisserie, adjugés à la femme Batas, pour 23 ₶ 5 s.

Une bannière, neuf morceaux de toile, huit devants d'autel, un lot de guenilles, adjugés à la veuve Lanoue, pour 23 ₶ 5 s.

Un lot de morceaux de soie, adjugé à Marquis, pour 31 ₶ 5 s.

Trois chapes, adjugées à Duhaillon, pour 30 ₶ 5 s.

Deux morceaux de tapisserie, adjugés à Lory, pour 11 ₶ 5 s.

Deux morceaux de tapisserie, quatre nappes, adjugés à la veuve Baud, pour 23 ₶.

Deux morceaux de tapisserie, huit nappes, adjugés à la veuve Lanoue, pour 73 ₶ 5 s.

Deux chapes, adjugées à Rimbault, pour 9 ₶ 10 s.

Un morceau de tapisserie, adjugé à Thourault, pour 12 ₶ 10 s.

Trois chapes, adjugées à la femme Motrieu, pour 5 ₶ 15 s.

Trois chapes, adjugées à la femme Marquis, pour 12 ₶ 10 s.

Dix morceaux de devants d'autel, adjugés à la femme Batas, pour 15 ₶.

Neuf devants d'autel, adjugés à Delangle, pour 14 ₶ 10 s.

Trois aubes, adjugées à Chotard, pour 10 ₶.

Six chasubles, adjugées à la femme Rayon, pour 17 ₶ 5 s.

Six chasubles, six aubes, adjugées à Dubois, pour 27 ₶ 10 s.

Six aubes, adjugées à Chaumier, pour 13 ₶ 5 s.

Six aubes, adjugées à Marguerite Morice, pour 12 ₶.

Douze aubes, adjugées à Pelerin, pour 24 # 10 s.
Six chasubles, adjugées à la veuve Leluau, pour 17 #.
Six chasubles, adjugées à la femme Lamer, pour 9 # 15 s.
Six chasubles, adjugées à la femme Chaudemanche, pour 9 #.
Six chasubles, adjugées à la femme Marquis, pour 19 #.
Trois chapes, adjugées au citoyen Poté, pour 16 # 10 s.
Six chasubles, adjugées à la veuve Poté, pour 15 # 10 s.
Six chasubles, trois nappes, adjugées à la femme Chaudemanche, pour 28 # 15 s.
Six devants d'autel, adjugés à la femme Morice, pour 6 #.
Six chasubles, adjugées à Gilbert, pour 12 #.
Six chasubles, adjugées à la femme Rouleau, pour 18 # 15 s.
Six chasubles, adjugées à Moiré, pour 10 # 10 s.
Trois aubes, adjugées à la fille Morice, pour 12 # 10 s.
Six morceaux de tapisserie, adjugés à Hérisson, pour 16 #.
Deux devants d'autel, six morceaux de rideaux et un morceau de toile, adjugés à la femme Rayon, pour 33 #.
Trois morceaux d'indienne, trois tapis, adjugés à la femme Balas, pour 14 # 10 s.
Trente-six voiles, adjugés à Genest, pour 9 #.
Dix-neuf étoles et manipules, six chasubles, adjugés à la femme David, pour 12 #.
Quatre nappes, quatre morceaux de toile, trois chasubles, adjugés à la femme Chotard, pour 42 #.
Six chasubles, adjugées à la femme Boutteville, pour 13 #.
Trois aubes, adjugées à la femme Moreau, pour 19 #.
Six chasubles, adjugées à la femme Maillet, pour 11 #.
Quatre chasubles, une chape, adjugées à la femme Lindé, pour 20 #.
Trois chapes, une chasuble, adjugées à Guchery, pour 18 #.
Deux rochets, deux aubes, adjugés à la femme Moreau, pour 20 #.
Cinq nappes, adjugées à Landais, pour 12 # 10 s.
Trois aubes, adjugées à la femme Chotard, pour 24 #.
Douze aubes, deux petites nappes, deux morceaux de toile, adjugés à la femme Rayon, pour 19 #.
29 fructidor. — Six chapes, adjugées à Hamelin, pour 67 # 10 s.
Quatre chasubles, adjugées à Gilbert, pour 22 #.

Deux morceaux de tapisserie, adjugés à la veuve Lanoue, pour 30 ₶ 10 s.

Huit devants d'autel, adjugés à la femme Boulteville, pour 15 ₶.

Cinq tapis, adjugés à Besnard, pour 15 ₶ 5 s.

Un tapis, trois morceaux de tapisserie, huit devants d'autel, adjugés à la femme Morice, pour 61 ₶ 10 s.

Deux tapis, adjugés à la veuve Lemer, pour 10 ₶.

Trois chapes, adjugées à Gautier, pour 25 ₶.

Quatre nappes, adjugées à Besnard, pour 40 ₶ 10 s.

Deux aubes, un lot de cordons, adjugés à Thourault, pour 23 ₶.

Trois tapis, adjugés à la femme Moriceau, pour 18 ₶ 5 s.

Quatre nappes, adjugées à la veuve Lemer, pour 17 ₶.

Quatre nappes, trois aubes, adjugées à Hamelin, pour 38 ₶.

Cinq nappes, adjugées à la femme Moreau, pour 15 ₶ 15 s.

Une aube, deux rochets, neuf morceaux de tapisserie, adjugés à Marguerite Morice, pour 36 ₶.

Trois chapes, douze bourses, adjugées à la femme Fosse, pour 40 ₶.

Neuf nappes, trois rochets, une aube, adjugés à Duhail, pour 73 ₶ 19 s.

Quatre aubes, adjugées à la femme Lindé, pour 20 ₶.

Sept chapes, seize morceaux de toile, six aubes, adjugés à Hamelin, pour 79 ₶.

Trois aubes, adjugées à la femme Rayon, pour 20 ₶.

Quarante bourses, adjugées à Ory, pour 6 ₶.

Sept nappes, adjugées à Chotard, pour 41 ₶.

Quatre aubes, adjugées à Chauveau, pour 18 ₶.

Trois chapes, adjugées à la femme Jardin, pour 36 ₶ 10 s.

Neuf morceaux de toile, adjugés à Morice, pour 11 ₶.

Huit morceaux de linge, adjugés à la femme Lelion, pour 17 ₶.

Trois nappes, adjugées à la femme Selle, pour 10 ₶.

Quatre chasubles, une bannière, adjugées à la femme Boulteville, pour 15 ₶ 5 s.

Deux draps mortuaires, adjugés à la femme Rayon, pour 40 ₶.

Cinq robes d'enfants de chœur, adjugées à Pelerin, pour 20 ₶.

Trois aubes, adjugées à la femme Gendre, pour 33 ₶ 10 s.

Huit nappes, adjugées à la citoyenne Branchu, pour 63 ₶.

Quatre rochets, un surplis, une aube, deux nappes, un tapis en indienne, adjugés à Hamelin, pour 56 # 5 *s*.

Trois aubes, adjugées à Duhail, pour 30 #.

Trois aubes, adjugées à la citoyenne Cosnard, pour 27 # 10 *s*.

Vingt aubes, deux surplis, quatre nappes, adjugés à Piogé, pour 193 # 15 *s*.

Huit nappes, adjugées à la veuve Lanoue, pour 32 #.

Trois aubes, adjugées à Besnard, pour 45 #.

Trois aubes, adjugées à Chotard, pour 36 # 5 *s*.

Deux aubes, un rochet, adjugés à la femme Coudret, pour 21 # 15 *s*.

1er jour complémentaire. — Trois aubes, dix-huit morceaux d'indienne, adjugés à Chotard, pour 79 #.

Trois aubes, adjugées à Bouttevain, pour 25 #.

Six aubes, adjugées à la femme Rayon, pour 28 # 15 *s*.

Neuf aubes, adjugées à Pioger, pour 126 #.

Six aubes, adjugées à Bouttevain, pour 54 #.

Quatre devants d'autel, adjugés à Leclal, pour 20 #.

Deux draps, adjugés à la femme Rayon, pour 21 #.

Huit morceaux d'indienne, adjugés à Lindé, pour 46 #.

Six aubes, adjugées à Duhail, pour 51 # 5 *s*.

Trois aubes, adjugées à la femme Reveillau, pour 21 # 15 *s*.

Deux rochets, un lot de petit linge, adjugés à la femme Rayon, pour 14 # 5 *s*.

Dix tapis, une bannière, une couverture de tabernacle, adjugés à Dolbeau, menuisier, pour 21 #.

Trois aubes, adjugées à Bryer, pour 19 # 5 *s*.

Cinq soutanes, trois draps mortuaires, adjugés à Rivière, pour 10 #.

Deux mauvaises chasubles, deux chapes, adjugées à la femme Drapierre, serrurière, pour 8 #.

Quatre nappes, adjugées à Lindé, pour 15 # 15 *s*.

Huit mauvais tapis, adjugés à Vilaine, pour 11 # 15 *s*.

Huit mauvais tapis, deux mauvais draps mortuaires, trois aubes, adjugés à la femme Lefèbre, pour 41 #.

Trois petites aubes, adjugées à la femme Richard, pour 18 #.

Dix-neuf morceaux d'indienne, six aubes, adjugés à Pelerin, pour 42 #.

Huit mauvais tapis, adjugés à la femme Rivière, pour 6 ₶ 5 ſ.

Cinq morceaux de doublure, deux tapis, cinq morceaux de soierie, cinq morceaux de toile et indienne, trois aubes, adjugés à Hamelin, pour 52 ₶ 10 ſ.

Trois aubes, adjugées à la femme Hardy, pour 31 ₶ 5 ſ.

Douze morceaux de doublure, adjugés à la femme Lindé, pour 10 ₶.

Quatre rochets, adjugés à la fille Maurice, pour 24 ₶.

Trois aubes, adjugées à la femme Chapillon, pour 23 ₶ 15 ſ.

Trois nappes, adjugées à la femme Guilier, pour 21 ₶ 10 ſ.

Un plafond de dais, adjugé à la citoyenne Lemercier, pour 10 ₶.

Trois aubes, adjugées à la femme Rayon, pour 19 ₶.

Six mauvais tapis, six morceaux de mauvaise indienne, adjugés à la citoyenne Lefèbvre, de Durtal, pour 42 ₶ 10 ſ.

Trois aubes, adjugées à la femme Hérisson, pour 25 ₶ 15 ſ.

Trois mauvais tapis, adjugés à Gilbert, pour 18 ₶.

Trois aubes, adjugées à la femme Cholard, pour 18 ₶.

Six morceaux d'indienne, trois aubes, adjugés à la femme Pinot, pour 44 ₶ 5 ſ.

Six aubes, adjugées à la citoyenne Richard, pour 56 ₶ 5 ſ.

Dix morceaux d'indienne, adjugés à Tureau, pour 31 ₶ 10 ſ.

Dix-huit morceaux d'indienne, adjugés à Gruau, pour 18 ₶.

Un tapis, adjugé à Gaudin, pour 2 ₶ 5 ſ.

Qui sont tous les effets provenant des églises du district et qui ont été vendus publiquement dans la salle des adjudications.

DISTRICT DE LA FERTÉ-BERNARD

La vente des effets provenant de la dépouille des églises du district de la La Ferté-Bernard a eu lieu les 1ᵉʳ, 2, 3, 4, 5, 8, 9, 11, 12 et 27 brumaire an III. Ils étaient déposé dans l'église des religieuses de la Ferté-Bernard. Il nous a été impossible de publier cette vente, les objets n'étant désigné que par les numéros de l'inventaire et cette pièce nous fait défaut.

DISTRICT DE MONT-SUR-LOIR

INVENTAIRE DES ÉGLISES DE CHATEAU-DU-LO

8 octobre 1792. — Le conseil général de Château-du-Loi pour se conformer à la loi du 17 septembre dernier, relative à l confection de l'inventaire des meubles, effets et ustensiles en et en argent employés au service du culte, a nommé les citoyen Grandhomme, maire; Galeau, officier municipal; Lecamus e Pichon, notables, pour commissaires, les quels se sont transporté dans l'église de Saint-Guingalois et ont trouvé :

1° Une grande croix et son bâton, composée de quatre pièce pesant ensemble douze marcs, quatre onces.

2° Un encensoir avec sa navette et petite cuillère, pesant cin marcs trois gros.

3° Deux chandeliers d'autel, garnis de plomb dans le fond, pesant neuf marcs, cinq onces.

4° Une croix d'autel, deux burettes, pesant trois marcs.

«On nous a représenté un reliquaire portant l'effigie représentative de saint Guingalois portant sur ses bras les ossements de saint, qui nous a paru de valeur. Les reliques sont incrustée en la dite figure. »

Dans l'église de Saint-Martin, on a trouvé :

1° Une grande croix d'argent sans bâton, pesant huit marc deux onces trois gros.

2° Un encensoir avec sa navette et sa petite cuillère, pesan six marcs deux gros.

3° Deux burettes et son plateau, pesant un marc cinq once quatre gros.

4° Une figure représentant saint Martin, pesant un marc cinq onces deux gros et demi.

A l'hôtel-Dieu les sœurs ont remis : Un plateau, deux burettes, pesant deux marcs trois onces; une petite croix d'autel, pesant deux marcs cinq onces quatre gros. Signé : Lepetit, greffier.

INVENTAIRE DE L'ÉGLISE DE MAYET

Le 9 octobre 1792, le maire, le procureur de la commune, les officiers municipaux de Mayet, assistés du secrétaire greffier se transportent dans l'église de la commune pour se conformer à la loi du 17 septembre dernier relative à la confection de l'inventaire des meubles, effets et ustensiles en or et en argent employés au service du culte. Ils y ont rencontré Charles Fouqué, sacristain, qui leur a fait l'ouverture de toutes les armoires; on a trouvé :

Une croix en bois, plaquée de feuilles d'argent, pesant trois livres quatre onces.

Un encensoir d'argent, pesant onze onces un gros.

Deux chopinettes d'argent, pesant quatre onces deux gros.

« Nous nous sommes nantis de ces objets et les avons envoyés le même jour au district de Château-du-Loir, par le citoyen Chevallier, un de nos membres, et Charpentier, notre procureur. Nous avons laissé dans la dite église, les vases sacrés, un soleil, deux saints ciboires, quatre calices et platines d'argent.

Signés : E. Galpin, maire; J. Robert, J. Daupierre, M. Berger, . Chevallier, R. Dangueul ; Charpentier, procureur ; Ch. Fouqué, sacristain ; M Blottière, secrétaire-greffier.

VENTE DU MOBILIER

DE LA CI-DEVANT ÉGLISE DE MAYET

Les administrateurs du directoire du district du Mans, adressent aux citoyens officiers municipaux des communes de la Sarthe leur arrêté du 7 prairial an II les chargeant de faire passer au magasin du district :

1° Toutes les matières d'or, d'argent, de cuivre, de bronze, de potin, d'étain, de plomb, provenant de la dépouille des églises et même le fer qui pourrait se détacher, sans détériorer ;

2° De déposer au dit magasin, les linges des ci-devant églises et sacristies qui doivent servir aux hôpitaux militaires ;

3° De faire le tri des ornements galonnés, brochés et tissus en or et en argent, pour les déposer aussi au dépôt du district;

4° Tous les autres effets qui n'auraient aucun galon, ni garniture en or et en argent, ni de la nature de ceux compris dans les articles ci-dessus, doivent être vendus dans la commune par les officiers municipaux après publications faites et le prix en provenant être versé, dans la huitaine, dans la caisse du district par les officiers municipaux.

La municipalité de Mayet s'est empressée de satisfaire à cet arrêté. Elle a chargé François Gasse, agent national, commissaire chargé de la vente des meubles, linge et ornements de la ci-devant église de Mayet; lequel a choisi Jean Besnard, marchand à Mayet, pour crieur de la vente.

La vente a eu lieu les 11, 12 et 21 vendémiaire an III. En voici le détail : trois nappes d'autel, adjugées à la citoyenne Guimier, de Mayet, pour 41 # 5 f.

Trois nappes d'autel, adjugées à Jacques Dronne, marchand à Mayet, pour 22 #.

Deux nappes, adjugées à François Poisson, chapelier à Mayet, pour 8 # 10 f.

Deux nappes d'autel, une aube, adjugées à François Loyau, couvreur à Mayet, pour 78 # 10 f.

Trois rideaux en toile qui servent à couvrir les statues, adjugés au citoyen Louis Dansot, trieur d'étain (laine), demeurant à Mayet, pour 9 #.

Trois autres rideaux, servant à couvrir les statues, adjugés à Joseph Garnier, de Mayet, pour 12 # 15 f.

Trois autres rideaux, adjugés à Menant, pour 15 #.

Deux nappes d'autel de toile fine, adjugées à Mathurin Blottière, marchand à Mayet, pour 18 # 5 f.

Deux aubes et un rochet, adjugés à Guillaume Chicouasne, marchand à Mayet, pour 66 # 10 f.

Une aube, adjugée à Charles Menant, bordager à la Libaudière, commune de Mayet, pour 28 # 5 f.

Une aube, adjugée à François Renault, bordager à Mayet, pour 26 # 10 f.

Une aube, adjugée à Joseph Chesneau, marchand à Mayet, pour 18 #.

Une aube, adjugée à Joseph Rousseau, menuisier à Mayet, pour 25 #.

Une aube, adjugée à François Serizier, bordager à Mayet, pour 26 #.

Une aube, adjugée à François Bignon, marchand à Mayet, pour 26 #.

Une aube, adjugée à René Dangeul, marchand à Mayet, pour 36 #.

Six corporaux, adjugés au citoyen Garnier, de la Robinière à Mayet, pour 13 # 10 s.

Six corporaux, adjugés à Mathurin Boulay, de Baigneux à Mayet, pour 13 #.

Six corporaux, adjugés au citoyen Michel Brossard, boulanger à Mayet, pour 13 # 5 s.

Six corporaux, adjugés au citoyen Garnier, de la Loge à Mayet, pour 12 # 15 s.

Six corporaux, adjugés à Jean Daublerre, pour 16 #.

Six corporaux, adjugés au citoyen Beucher, de Sablé à Mayet, pour 8 #.

Dix corporaux, adjugés à la citoyenne veuve Bouttevin, pour 11 # 10 s.

Six amicts, adjugés à Charles Perroux, pour 9 # 10 s.

Six amicts, adjugés à Charles Jolivet, pour 8 # 10 s.

Cinq petits morceaux de linge, adjugés à Pierre Chevalier, marchand à Mayet, pour 10 # 5 s.

Douze lavabos, adjugés à Etienne Bruneau, de Garganne à Mayet, pour 3 # 5 s.

Douze lavabos, douze petits morceaux de linge, adjugés à François Renault, pour 7 # 12 s.

Vingt-quatre lavabos, douze morceaux de linge, adjugés au citoyen Le Roi, pour 9 #.

Douze lavabos, adjugés à Jacques Houdayer, pour 3 # 10 s.

Douze petits morceaux de linge, adjugés à Etienne Bruneau, pour 4 # 16 s.

Vingt-cinq petits morceaux de linge ou lavabos, adjugés à Pierre Rocher, bordager à Mayet, pour 6 # 15 s.

Dix petits lavabos, adjugés à Martineau, pour 15 f.

Douze petits morceaux de linge, adjugés au citoyen Antoine Dudoy, bourrelier à Mayet, pour 1 » 5 f.

Douze petits lavabos, adjugés à Le Roi, pour 2 » 15 f.

Douze petits lavabos, adjugés à Marin Morançais, pour 2 » 17 f.

Douze autres lavabos, adjugés à Cador, des Baussans à Mayet, pour 3 » 6 f.

Douze lavabos, douze petits morceaux de linge, adjugés à François Leclou, marchand à Mayet, pour 8 ».

Douze petits lavabos, adjugés à Charles Perroux, pour 3 » 10 f.

Douze autres lavabos, adjugés à Marin Morançais, pour 1 » 10 f.

Six petits morceaux de linge, adjugés à la veuve Touchard, de Sablé à Mayet, pour 2 ».

Douze autres morceaux de linge, adjugés au citoyen Jean Besnard, marchand à Mayet, pour 8 » 6 f.

Douze lavabos, adjugés à Etienne Bruneau, pour 3 ».

Un petit morceau de mousseline rayée et festonnée, adjugé à Pierre Nourrisson, marchand à Mayet, pour 10 ».

Une chape, adjugée à Louis Chesneau, laboureur à Mayet, pour 12 ».

Un autre morceau de mousseline, servant de garniture d'autel, adjugé au citoyen Urbain Bardet, pour 13 ».

Deux chapes, dont une à fleurs, deux tuniques noires, adjugées à Louis Basse, pour 41 » 10 f. (1)

Une chape, adjugée à Nicolas Cauchas, pour 18 » 10 f.

Une chape à fleurs brodées, adjugée à Guillaume Chicouasne, marchand à Mayet, pour 60 ».

Une chape, adjugée à François Loyau, couvreur, pour 26 » 10 f.

Une chape neuve à fleurs et une autre aussi neuve, adjugées à Guillaume Chicouasne, pour 90 ».

---

(1) Louis Basse a été clerc chez Me Raguideau, notaire à Mayet; de l'an II à l'an V, juge de paix; il avait alors 28 ans. — Il était né à Roézé le 23 mai 1763. — En l'an VI, il fut nommé commissaire du pouvoir exécutif près le tribunal de police correctionnelle du Mans; en l'an IX, il devint maire du Mans; en 1837, il fut élu député de la Sarthe et fit partie du Conseil Général. Il est décédé le 18 juin 1851. (Voy. *Nécrologie et bibliographie contemporaine de la Sarthe*).

Une tunique noire et blanche, adjugée à Joseph Chesneau, pour 11 ».

Une tunique noire, adjugée à Antoine Dudoy, bourrelier, pour 7 » 5 ƒ.

Une chape à fleurs, adjugée à Joseph Rousseau, pour 20 ».

Une chasuble à fleurs, adjugée à François Renault, pour 13 ».

Une chasuble, adjugée au citoyen Bellanger, pour 12 ».

Une chasuble et étole, adjugées au citoyen Germain, administrateur du district de Château-du-Loir, pour 11 » 19 ƒ.

Une chasuble blanche, adjugée à François Leclou, pour 16 ».

Une chasuble, adjugée à Charles Perroux, pour 24 » 15 ƒ.

Un devant d'autel, adjugé à Etienne Touchard, de Mayet, pour 17 ƒ.

Un devant d'autel, adjugé à Nicolas Cauchas, pour 1 » 10 ƒ.

Un devant d'autel, adjugé à Pierre Chevalier, pour 4 » 3 ƒ.

Un voile, adjugé à François Poisson, pour 4 » 3 ƒ.

Un tapis et un devant d'autel, adjugés à François Bignon, pour 7 ».

Un devant d'autel, adjugé à Michel Robert, pour 6 ».

Un devant d'autel, adjugé à René Termault, pour 4 » 12 ƒ.

Une tunique, adjugée à François Tessier, de Mayet, pour 6 ».

Une tunique, adjugée à Gervais Leloup, pour 8 ».

Une tunique, adjugée à Gervais Leloup, cédée à Tessier, pour 6 » 5 ƒ.

Un devant d'autel adjugé à René Lebatteux, de Mayet, pour 5 ».

Un devant d'autel, adjugé à Nicolas Cauchas, de la Picotière à Mayet, pour 3 » 15 ƒ.

Un devant d'autel, adjugé à Jean Gasse, pour 2 » 15 ƒ.

Un devant d'autel, adjugé à François Tessier, pour 2 » 9 ƒ.

Un devant d'autel, adjugé à Robert, pour 2 » 7 ƒ.

Deux chasubles, adjugées au citoyen Michel Osmont, pour 30 » 5 ƒ.

Une chasuble, adjugée à François Loyau, pour 5 » 10 ƒ.

Une chasuble, adjugée à René Lebatteux, pour 4 ».

Une chasuble, adjugée à Jacques Bellanger, pour 4 ».

Deux chasubles, adjugées à Gervais Leloup, pour 9 » 5 ƒ.

Une chasuble, adjugée à Mathurin Lebouc, pour 4 ».

Une chasuble, adjugée à René Chaplain, pour 5 ».

Une mauvaise chasuble, adjugée à Louis Freulon, de Marigné, pour 2 # 5 f.

Une chasuble, adjugée à Jean Touchet, de Mayet, pour 4 # 7 f.

Une chasuble, adjugée à Michel Menager, pour 4 # 5 f.

Une chasuble, adjugée à Jean Touchet, pour 5 # 6 f.

Une étole, un voile, adjugés à François Ribassin, de Mayet, pour 4 # 5 f.

Une chasuble blanche, adjugée à Jacques Bellanger, marchand à Mayet, pour 21 # 5 f.

Une couverture d'autel, adjugée à Robert, pour 3 # 11 f.

Une autre couverture d'autel, adjugée à Michel Osmont, pour 7 #.

Un lot de mauvais cordons, adjugé à Bignon, pour 2 # 5 f.

Un devant d'autel, adjugé à Germain Nourrisson, cordonnier à Mayet, pour 13 # 5 f.

La bannière, un devant d'autel, une chape blanche, une tunique de couleur, une chasuble de couleur, une chasuble rouge, une tunique rouge, adjugés à Jacques Bellanger, pour 148 # 15 f.

Une chasuble noire, adjugée à François Loyau, couvreur à Mayet, pour 15 #.

Le devant d'autel de la ci-devant chapelle de la Roche, adjugé à Mathurin Blottière, pour 1 # 5 f.

Deux tapis, adjugés à Jacques Dronne, boulanger à Mayet, pour 12 # 10 f.

Plusieurs petits morceaux de linge adjugés à Julien Beichu, pour 2 # 2 f.

Un petit lot de linge, adjugé à Jean Gasse, pour 1 # 12 f.

Une chasuble fond rouge, adjugée à la veuve Gaspard Menant, pour 4 # 5 f.

Une chasuble fond rouge, adjugée à Pierre Galpin, pour 9 # 10 f.

Un rochet, une nappe d'autel, adjugés à Jean Gasse, pour 21 # 15 f.

Un rochet, adjugé à Jacques Dronne, pour 14 #.

Une nappe d'autel, adjugée à René Bouchet, bordager à Mayet, pour 6 #.

Une nappe d'autel, adjugée à Denis Gautron, tailleur de pierres à Mayet, pour 13 # 5 f.

Une nappe d'autel, adjugée à Etienne Touchard, pour 7 #.
Deux nappes, adjugées à François Poisson, pour 11 #.
Une nappe d'autel, adjugée à François Franjou, pour 25 #.
Une nappe d'autel, adjugée à Jean Dronne, pour 18 # 5 s.
Un rochet, adjugé à Pierre Galpin, pour 24 # 10 s.
Une mauvaise aube, adjugée au citoyen Boulay, pour 5 # 5 s.
Deux nappes d'autel, adjugées à Jacques Bellanger, marchand à Mayet, pour 5 # 5 s.
Deux nappes d'autel, adjugées à Denis Gautron, pour 7 # 10 s.
Deux autres mauvaises nappes, adjugées à Pierre Berger, pour 21 # 5 s.
Une garniture de mousseline découpée, adjugée à François Rignon, pour 7 # 10 s.
Une garniture de mousseline, adjugée au citoyen Abraham, pour 6 # 15 s.
Une nappe d'autel, adjugée à Mathurin Blottière, pour 13 # 10 s.
Une nappe d'autel, adjugée à Guillaume Chicouasne, pour 15 #.
Une mauvaise aube, adjugée à Gervais Leloup, pour 1 # 5 s.
Une vieille aube, adjugée au citoyen Cador, pour 4 #.
Un rochet, adjugé au citoyen Jean Besnard, boulanger à Mayet, pour 4 # 15 s.
Une aube, adjugée au citoyen Abraham, pour 6 # 10 s.
Une nappe de communion, adjugée au citoyen Le Roi, de Gevron à Mayet, pour 13 #.
Une aube, adjugée à Jacques Bellanger, marchand à Mayet, pour 31 #.
Un rochet, adjugé à Jeanne Daublerre, de Mayet, pour 13 #.
Deux aubes, une petite aube, adjugées à Jacques Boulay, pour 71 #.
Une mauvaise aube, adjugée à Germain Nourrisson, cordonnier, pour 5 # 10 s.
Un rochet, adjugé à Jacques Martineau, menuisier, pour 20 # 15 s.
Une aube garnie, adjugée au citoyen Galpin, chirurgien, pour 55 # 5 s.
Une aube, adjugée au citoyen René Chevalier, pour 36 # 10 s.
Un surplis, adjugé à Louis Basse, pour 47 #.

Une aube, adjugée à François Bignon, pour 38 ₶.

Un rochet, adjugé à Urbain Fouqué, pour 18 ₶.

Une mauvaise nappe, adjugée à Jean Bouchet, des Lustières à Mayet, pour 7 ₶ 10 s.

Six amicts, adjugés à Louis Basse, pour 21 ₶.

Six amicts, adjugés à Michel Brossard, pour 16 ₶.

Six amicts, adjugés à Marin Mancourt, menuisier à Mayet, pour 4 ₶ 10 s.

Dix garnitures d'étoffe, adjugées à François Loyau, couvreur, pour 10 ₶ 12 s.

Douze garnitures et étoles, adjugées à Cador, des Bois à Mayet, pour 1 ₶ 10 s.

Douze garnitures, adjugées à Joseph Leroux, pour 1 ₶ 10 s.

Douze garnitures de cordons, adjugées à Louis Basse, pour 2 ₶.

Deux morceaux de peau violette, adjugés à Joseph Rousseau, pour 5 ₶ 5 s.

Une armoire à deux battants en bois de noyer, adjugée à François Franjou, pour 72 ₶.

Qui sont tous les meubles, effets, linge et ornements provenant de la ci-devant église de Mayet.

Un pressoir et ses ustensiles dépendant de la cure et placé dans lesdits bâtiments, ont été adjugés à François Galpin, chirurgien à Mayet, pour 60 ₶ 5 s.

Un autre pressoir et ses ustensiles dans la grange dîmeresse de Bonneval, à Mayet, ont été adjugés au citoyen Raguideau, notaire à Mayet, pour 6 ₶ 15 s.

Signé : Gasse, commissaire, et Jean Besnard, crieur de la vente.

VENTE DU MOBILIER

DE LA CI-DEVANT ÉGLISE DE MONTABON

21 et 22 brumaire an III. — Quatre corporaux, deux morceaux de dentelle, deux mauvaises nappes d'autel, deux rochets de mauvaise toile blanche, une aube de toile blanche, adjugés à la citoyenne Riou, pour 36 ₶ 10 s.

Deux nappes de commun, de chacun deux aunes de long, un tiers de large, adjugés à Pierre Bourgoin, pour 4 ₶.

Une nappe de toile de brin de une aune et demie de long, une nappe d'autel de toile commune, adjugées à Jacques Lefèvre, pour 16 ₶.

Deux nappes de toile blanche, une nappe d'autel à dentelle, une mauvaise nappe de toile ouvrée, deux aubes d'enfants de toile blanche, adjugées à la citoyenne Jouffrau, pour 36 ₶ 2 ſ.

Une nappe d'autel à dentelle, adjugée à Charles Tessier, pour 13 ₶.

Deux petites nappes de toile à dentelle, deux aubes de toile blanche, adjugées à René Lemasson, pour 20 ₶ 15 ſ.

Une mauvaise aube à dentelle, adjugée à la femme Perroux, pour 6 ₶ 5 ſ.

Trois mauvais morceaux de toile blanche, une mauvaise aube à dentelle, adjugés à Julien Bourgoin, pour 23 ₶.

Une aube, adjugée à Lefèvre, pour 9 ₶ 19 ſ.

Deux aubes d'enfant en toile blanche, adjugées à Louis Goullet, pour 6 ₶ 10 ſ.

Une aube, adjugée au citoyen Bardet, pour 30 ₶ 15 ſ.

Une aube de grosse toile, deux rideaux en toile peinte servant au ci-devant autel, une nappe noire en damas, le tour blanc, adjugés à Pierre Bourgoin, pour 58 ₶ 10 ſ.

Quatre nappes de grosse toile blanche, une chasuble de damas à fleur rouge, une mauvaise chasuble à fleurs, fond blanc, six voiles de différentes couleurs, adjugés à la femme Jouffrau, pour 37 ₶ 2 ſ.

Huit lavabos, douze purificatoires, huit amicts de toile blanche, adjugés à Lemasson, pour 12 ₶ 19 ſ.

Un rochet de toile, adjugé à la citoyenne Hemond, pour 34 ₶. 5 ſ.

Deux nappes de commun, trois mauvais morceaux de toile peinte, un morceau de serge noire, une chape en moire verte, le chaperon en dauphine à fleurs, une mauvaise chasuble violette, une chasuble de dauphine fond blanc, adjugés à la femme Riou, pour 30 ₶ 17 ſ.

Une chasuble fond blanc, brodée en velours cramoisi, adjugée à Tessier, pour 6 ₶.

Une bannière en damas rouge, adjugée à la femme Bardel, pour 3d #.

Deux chapes en dauphine à fleurs rouge, adjugées à Lefèvre, pour 37 # 5 f.

Quatre voiles de différentes couleurs, adjugés à la femme de Lanzerai, pour 4 # 15 f.

Une chasuble en moire rouge, adjugée à Joseph Bourgoin, pour 11 # 5 f.

Huit étoles, six manipules de différentes couleurs, une chasuble mort-doré (sic), adjugés à la citoyenne Jouffrau, pour 5 #.

Une chape noire, adjugée à Louis Goullet, pour 4 #.

Quatre étoles, six manipules, adjugés à Joseph Bourgoin, pour 7 # 5 f.

Une chasuble verte, adjugée à la femme Riou, pour 4 # 5 f.

Deux mauvaises dalmatiques noires, quatre touffes de soie, deux chasubles rouges, une chasuble violette, adjugées à Lefèvre, pour 34 #.

Une dalmatique noire à tête de mort (mauvais), adjugée à la femme Peroux, pour 2 # 5 f.

Six étoles, six manipules de différentes couleurs, un drap mortuaire noir et blanc, une chasuble verte, une mauvaise chasuble blanche, adjugés à la femme Jouffran, pour 16 # 10 f.

Neuf voiles de différentes couleurs, adjugés au citoyen Jeromme, pour 16 #.

Une chasuble noire, une à barre blanche en forme de croix au milieu, adjugées au citoyen Michel Bardel, pour 5 #.

Six étoles, six manipules, adjugés à Louis Lequeu, pour 2 # 10 f.

Un tour de dais en gros de Tours, fond vert, de différentes couleurs, adjugé à Charles Tessier, pour 17 #.

Deux dalmatiques en laine, adjugées à Lemasson, pour 27 #.

Une chasuble verte, adjugée à Joseph Bourgoin, pour 6 # 2 f.

Une chasuble brune en bouracan, adjugée à la citoyenne Hemond, pour 8 #.

Une mauvaise chasuble noire et blanche, une mauvaise chasuble violette, le derrière blanc, un devant d'autel à deux faces à fleurs, un devant d'autel couleur *mordoré* à fleurs, un mauvais devant d'autel en damas noir, deux mauvaises soutanes noires, plusieurs mauvais couvre-autels, plusieurs morceaux de taffetas et plusieurs galons, un tabernacle, adjugés à Joseph Bourgoin, pour 31 # 5 ſ.

Un devant d'autel blanc, avec sa carie, un devant d'autel en damas violet, un devant d'autel fond blanc, un devant d'autel à fleurs, fond vert, plusieurs mauvaises robes noires d'enfant, deux chasubles, l'une verte, l'autre satin barré, trois morceaux de dentelle, une nappe, plusieurs morceaux de toile de coton, plusieurs morceaux de carton, deux coussins, trois voiles, les quatre batons du dais, trois petites burettes, pour mettre des fleurs, adjugés à Riou, pour 69 # 12 ſ.

Deux mauvais devant d'autel, et une mauvaise tapisserie, adjugés à la femme Hemond, pour 5 # 15 ſ.

Un devant d'autel, quatre pots à fleurs, un corbillon, trois tables d'autel, adjugés à Lefèvre, pour 10 # 10 ſ.

Deux mauvais devant d'autel, adjugés à la femme Jouffrau, pour 8 #.

Un paquet de chiffes de différentes couleurs, plusieurs cadres, adjugés à la femme Bardet, pour 8 #.

Un corporal, un morceau de dentelle, adjugés à la femme Jouffrau, pour 1 # 15 ſ.

Qui sont tous les effets trouvés dans la ci-devant église.

Signé : Bourgoin, maire ; R. Lemasson, officier ; Jacques Lefeuvre, L. Rocher, procureur ; Bourgevin, officier.

EXTRAIT

DE L'INVENTAIRE DE L'ÉGLISE DE VAAS

1ᵉʳ novembre 1792. — L'inventaire constate que, dans l'église et la sacristie de Vaas où les autorités sont allées elles, ont ouvert une armoire où devaient être les vases sacrés, elles n'y ont trouvé qu'une lampe d'argent du poids de trois livres quatre onces, et un encensoir du poids de deux livres sept onces, puis elles sont allées chez Mᵐᵉ de Létang pour faire l'inventaire des effets et ustensiles qu'il pouvait y avoir dans sa chapelle, elle leur a répondu : qu'il n'y avait ni vase sacré, ni effet, soit en or ou en argent.

Signé : J. Hubert, V. Piron, P. Lepingleux, Havard, Julien, Groussin, officiers municipaux; Chevallier, procureur, Pottier, maire.

EXTRAIT

DE L'INVENTAIRE DE L'ÉGLISE DE VERNEIL-LE-CHÉTIF

10 octobre 1792. — Les officiers municipaux de Verneil déclarent au directoire qu'il n'y a dans l'église de la commune aucun effet en or ou en argent employés au service du culte ; il y a seulement un soleil, un ciboire et deux calices d'argent.

Signé : Remusson, maire ; P. Maubert, Léproust, Papin, officiers municipaux.

FIN

TABLE

	Pages
Au Lecteur.	1

District du Mans.

	Pages
Vente du mobilier du couvent des Capucins du Mans.	1
— — des Cordeliers	3
— — des Jacobins	8
— — de la Psalette du chapitre de Saint-Julien	12
— — du Séminaire de Saint-Charles.	13
— — de l'église Saint-Michel-du-Cloître.	14
— — de Saint-Pierre-de-la-Cour.	15
— — de Saint-Pierre-le-Réitéré.	17
— — de la communauté des Minimes	18
— — de l'église de Saint-Pavin-la-Cité.	23
— — de l'église de Saint-Hilaire.	24
— — de l'église de Gourdaine	25
— — de l'église de Saint-Nicolas	27
— — de l'église de la Madeleine	28
— — de l'église de Saint-Jean-de-la-Chevrie.	28
Vente d'ornements et meubles des églises et communautés supprimées de la ville du Mans.	30
— — de l'église de La Mission.	43
Vente aux profits des pauvres, de différents ornements et linge trouvés dans les églises du Mans.	45
— des ornements et autres effets.	51
Vente du mobilier de l'église de Saint-Benoît.	56
Location de l'église de Saint-Benoît	57
— de l'église de l'abbaye du Pré.	57
Extrait de la visite et montrée de l'église de Sainte-Croix.	58
Vente du mobilier de l'église du Pré.	58
— — de l'église de Saint-Vincent.	59
— — de l'église de Saint-Pavin.	60
Extrait de l'inventaire de l'église de Saint-Pavin	60
Vente des effets de l'église d'Aigné.	61
Location de l'église d'Arnage.	61
Vente du mobilier de l'église d'Ardenay	62
Location de l'église d'Allonnes.	64
Vente du mobilier de l'église de Ballon.	64
État de l'église de Saint-Georges-de-Ballon.	68

	Pages
Vente du mobilier de la chapelle de Notre-Dame de Piété, à Ballon	68
— — de la chapelle de Notre-Dame-des-Champs, à Ballon	69
— — de l'hôpital de Ballon	70
— — de l'église de Brains	71
Location de l'église de Brains	72
— de l'église du Breil	73
Vente du mobilier de l'église de Brette	73
— — de l'église de Challes	74
— — de l'église de Champagné	76
Extrait de la visite et montrée de l'église de Champagné	78
Location de l'église de Changé	78
Vente du mobilier de l'église de Chaufour	78
Location de l'église de Chaufour	80
Vente du mobilier de l'église de Chemiré-le-Gaudin	80
— — de l'église de Chevaigné	82
Location de l'église de Chavaigné	83
Vente du mobilier de l'église de Connerré	84
— — de l'église de Courcebœufs	84
— — de l'église de Coulans	86
Location de l'église de Coulans	89
Vente du mobilier de l'église de Courcemont	89
— — de l'église de Crannes	91
Location de l'église de Cures	92
— — de l'église de Degré	93
— — de l'église d'Ecommoy	93
Vente du mobilier de l'église de N.-D. d'Étival	93
— — du temple de la Raison, de Fatines	94
— — de l'église de Fay	96
Location de l'église de Fay	98
Vente du mobilier de l'église de Fillé	98
Location de l'église de Flacé	100
Vente du mobilier de l'église de Guécélard	100
Location de l'église de Guécélard	101
— — de l'église de La Bazoge	101
Vente du mobilier de l'église de La Chapelle-Saint-Fray	101
— — de l'église de La Guierche	103
— — de l'église de La Milesse	105
— — de l'église de La Quinte	106
Location de l'église de La Suze	107
Vente du mobilier de l'église de Lavardin	107

	Pages
Vente du mobilier de l'église de Lombron	106
Extrait de l'état de lieu de l'église de Moncé-en-Belin	110
Vente du mobilier de l'église de Montbizot	110
Location de l'église de Montbizot	113
Vente du mobilier de l'église de Montfort	113
— — de Montreuil-sur-Sarthe	115
Location de l'église de Montreuil-sur-Sarthe	115
— de l'église de Muisanne	116
Vente des effets et ornements de N.-D. des-Champs	116
Vente du mobilier de N.-D. de Torcé	118
— — de l'église de Neuville-sur-Sarthe	120
Location de l'église de Parigné-le-Pôlin	121
Vente du mobilier de l'église du Pont-de-Gennes	121
— — de l'église de Pontlieue et de la chapelle d'Arnage	123
— — de l'église de Pruillé	124
— — de l'église de Roizé	126
Location de l'église et du cimetière de Roizé	127
Vente du mobilier de l'église de Rouillon	127
— — de l'église de Ruaudin	128
Location de l'église de Ruaudin	129
Vente du mobilier de l'église de Saint-Aubin	130
Location de l'église de Saint-Aubin	130
Extrait de l'état de lieu de Saint-Benoît-sur-Sarthe	131
Location de l'église de Saint-Bié	131
Vente du mobilier de l'église de Saint-Célerin	131
Location de l'église de Saint-Célerin	134
Vente du mobilier de l'église de Saint-Corneille	135
État de lieu de l'église de Saint-Georges-du-Bois	136
Vente du mobilier de l'église de Saint-Georges-du-Plain	136
Location de l'église de Saint-Gervais-en-Belin	137
Vente du mobilier de l'église de Saint-Jean-d'Assé	137
Location de l'église de Saint-Jean-d'Assé	139
Vente du mobilier de l'église de Saint-Julien-en-Champagne	129
— — de l'église de Saint-Léonard-de-Louplande	140
Location de l'église de Saint-Léonard-de-Louplande	141
Vente du mobilier de l'église de Saint-Mars-sous-Ballon	141
Extrait de l'état de lieu de l'église de Saint-Mars-sous-Ballon	145
Vente du mobilier de l'église de Saint-Pavace	146
— — de l'église de Saint-Rémy-des-Bois	146
Extrait de l'état de lieu de l'église de Saint-Saturnin	146
Vente du mobilier de l'église de Sainte-Sabine et Poché	147

	Pages
Location de l'église de Sainte-Sabine et Poché	148
Vente du mobilier de l'église de Savigné-lès-le-Mans	149
Extrait de l'état de lieu de l'église de Savigné-lès-le-Mans	152
Vente du mobilier de l'église de Saussay	153
— — de l'église de Sillé-le-Philippe	154
— — de l'église de Souligné-sous-Ballon	155
— — de l'église de Souligné-sous-Vallon	157
Location de l'église de Soulitré	158
Vente du mobilier de l'église de Spay	158
Location de l'église de Spay	160
Vente du mobilier de l'église de Surfond	160
Location de l'église de Téloché	161
Etat de lieu de l'église et du cimetière de Torcé	162
— — de l'église de Trangé	162
Vente du mobilier de l'église de Voivres	163
Location de l'église d'Yvré-sur-Huisne	163

District de Saint-Calais.

	Pages
Vente du mobilier de l'église de Berfay	164
— — de l'église de Bessé	164
— — de l'église de Cogners	166
— — de l'église de Conflans	167
— — de l'église de Coudrecieux	168
— — de l'église de Dollon	168
— — de l'église d'Ecorpain	169
— — de l'église d'Evaillé	171
— — de l'église de Saint-Gervais-de-Vic	173
— — de l'église de La Chapelle-Gaugain	174
— — de l'église de Lavaré	175
— — de l'église de Lavenay	176
— — de l'église de Locquenay	177
— — de l'église des Loges	178
— — de l'église de Maisoncelles	180
— — de l'église de Marolles	181
— — de l'église de Montaillé	182
— — de l'église de Montreuil-la-Saison	183
— — de l'église de Poncé	185
— — de l'église de Rahay	185
— — de l'église de Saint-Calais	186
— — de l'église de Saint-Georges	193
— — de l'église de Saint-Michel-de-Chavaignes	194
— — de l'église de Saint-Osmane	195
— — de l'église de Semur	196

	Pages
Vente du mobilier de l'église de Thorigné	197
— — de l'église de Tresson	199
— — de l'église de Valennes	200
— — de l'église de Vancé	201
— — de l'église de Vibraye	203
— — de l'église de Volnay	205
District de la Flèche	206
— de La Ferté-Bernard	223

District de Mont-sur-Loir.

Inventaire des églises de Château-du-Loir	224
— de l'église de Mayet	225
Vente du mobilier de l'église de Mayet	229
— — de l'église de Montabon	232
Extrait de l'inventaire de l'église de Vaas	235
— — de l'église de Verneil-le-Chétif	236

Le Mans. — Impr. Leguicheux et Cie.

OUVRAGES DU MÊME AUTEUR

EN VENTE CHEZ MM. LEGUICHEUX ET Cⁱᵉ
IMPRIMEURS-LIBRAIRES

Recherches historiques sur Mayet, Vaas, Lavernat, Aubigné, Sarcé et Coulongé, 6 vol. in-12.

Le Guide du Voyageur au Mans, 1 vol. in-12.

Nécrologie et Bibliographie contemporaines de la Sarthe, 1 vol. in-8°.

Les Rues du Mans. Notes historiques, 1 vol. in-12.

Mayet avant 1789. Noblesse et peuple, des inhumations dans les églises, brochure in-8°.

Compte-Rendu analytique de l'ouvrage du R. P. dom Paul Piolin, intitulé : l'Église du Mans durant la Révolution, brochure in-8°.

Documents inédits. — Testaments de Pierre de Courthardy et de son épouse. — Une dénonciation en 1791, brochure in-18.

Recherches historiques sur Saint-Pavin et Saint-Georges-du-Plain, deux brochures in-8°.

Vente des Biens nationaux du canton de Mayet et de quelques Établissements religieux du Mans, brochure in-8°.

Inventaire sommaire des Registres de l'État civil antérieurs à 1790, des paroisses d'Aubigné, Coulongé, Lavernat, Sarcé, Vaas et Verneil-le-Chétif, brochure in-8°.

Notes historiques sur la ville du Mans. — Robert Garnier et le couvent des Cordeliers. — Compagnie du Papegault, brochure in-8°.

Documents historiques sur la vente des Biens nationaux dans le département de la Sarthe, 3 vol. in-8°.

Recherches historiques sur Malicorne, brochure in-8°.

www.ingramcontent.com/pod-product-compliance
Lightning Source LLC
Chambersburg PA
CBHW070656170426
43200CB00010B/2255